ŒUVRES

COMPLÈTES

D'ANDRÉ DE CHÉNIER.

IMPRIMERIE DE BAUDOUIN FILS,
RUE DE VAUGIRARD, n° 36.

SUR
LA VIE ET LES OUVRAGES
D'ANDRÉ CHÉNIER.

L'écrivain dont nous publions pour la première fois les ouvrages, n'avait laissé dans le souvenir de quelques amis des Muses qu'un nom promis à la célébrité, et une gloire moins fondée sur des titres que sur des regrets. Son talent n'était attesté que par quelques fragmens du genre de l'Élégie; mais ses vers étaient empreints de tant de grâce, ils avaient un tel parfum du génie antique, qu'il semblait que la mémoire des gens de goût et la tradition du plaisir qu'on éprouvait à les connaître, dût, sans les circonstances qui nous ont livré ses autres essais, remplacer pour lui les honneurs des éditions successives.

Peut-être fallait-il laisser à ce poëte, à la fois inconnu et célèbre, le prestige de sa destinée: peut-être y a-t-il quelque chose d'irréligieux à soulever le voile qui couvre une renommée d'innocence et de mystère. Pourquoi livrer les fruits imparfaits de cette muse aux hasards de nos préoccupations, et demander deux fois au jugement des hommes ce qu'ils accordent si difficilement? Nous eussions obéi à ces considérations, sans la crainte de n'être frappé de ces idées que parce qu'elles sont naturelles à ceux qui ne sont pas nés pour un grand nom, et de céder, par des abnégations faciles, à cette indifférence de la gloire qui ne suppose aucun sacrifice.

C'est surtout aux poëtes que s'adresse l'espoir de notre zèle, en mettant au jour ce recueil; c'est au peu d'hommes restés fidèles à un culte délaissé, que cette lecture peut offrir un sujet d'étude et de méditations profitables. Les livres ne manquent pas aux idées positives de ce siècle; pourquoi n'en apparaîtrait-il pas un pour ces esprits qui n'ont pas encore déserté tous les champs de l'imagination? Leur estime peut consoler Chénier de l'indifférence qu'il doit attendre de la critique; et c'est dans cette espérance que nous allons jeter un coup-d'œil sur ses ouvrages et sur sa vie si rapide.

André-Marie de Chénier naquit à Constantinople, le 29 octobre 1762. Sa mère était une Grecque dont l'esprit et la beauté sont célèbres. Il fut le troisième fils de M. Louis de Chénier, consul-général de France. Le plus jeune des quatre frères était Marie-

Joseph, auteur de *Fénélon*, de *Charles IX* et de *Tibère*.

Conduit en France à l'âge le plus tendre, André Chénier fut envoyé à Carcassonne et confié, jusqu'à neuf ans, aux soins d'une tante, sœur de son père. Il commença sous le ciel du Languedoc, aux bords de l'Aude dont les souvenirs le charmaient sans cesse, une éducation toute libre et toute rêveuse. Son père revint à Paris vers 1773 et le plaça, avec ses deux frères aînés, au collége de Navarre. Son goût pour la poésie se développa de très-bonne heure ; il savait le grec à seize ans ; il traduisit au collége une Ode de Sapho ; et cette pièce, sans être digne de voir le jour, porte déjà le caractère d'un talent très-original.

A vingt ans, il entra comme sous-lieutenant dans le régiment d'Angoumois en garnison à Strasbourg. Mais il y cherchait la gloire ; et ne trouvant dans cette vie oisive, dans les habitudes frivoles des officiers de ce temps-là, que de l'ennui et des dégoûts incompatibles avec son caractère, il revint, après six mois, recommencer à Paris des études fructueuses, parce qu'il les poursuivit sans distractions et sans maîtres.

Il recherchait le commerce de tout ce que les arts, les sciences, les lettres possédaient de talens distingués. Il mérita, dès cette époque, l'honorable amitié de Lavoisier, de Palissot, de David et de Lebrun. Animé de la passion de l'étude, il se levait avant le jour pour s'occuper de ses travaux : les seuls rêves de l'ambition qu'il ait connue étaient d'atteindre à l'universalité des connaissances humaines.

L'excès du travail lui causa une maladie violente. Les deux frères Trudaine, ses amis d'enfance, après avoir hâté sa guérison, le décidèrent à les accompagner en Suisse. Il fit ce voyage à vingt-deux ans. On a retrouvé quelques notes de ses impressions passagères ; mais rien qui se rapporte à l'idée d'écrire un ouvrage. On y sent même l'embarras d'une admiration trop excitée, et cette impuissance de l'enthousiasme qui a besoin pour créer de la magie des souvenirs.

Au retour de cette excursion toute poétique, le marquis de la Luzerne, ambassadeur en Angleterre, l'emmena avec lui. Il paraît qu'il passa à Londres des jours pénibles. Mécontent de son sort et de sa dépendance, déjà tourmenté d'une maladie qui l'obséda toujours, il épuisa en de fréquens voyages quelques années d'une vie errante, inquiète, incertaine, et ne se fixa enfin à Paris qu'en 1788.

C'est alors, à vingt-six ans, qu'il mit dans ses travaux commencés et dans le plan des ouvrages qu'il voulait faire, une suite et un ordre constans. Charmé des Grecs, il forma son style sur leurs divins modèles ; mais, frappé de l'intolérante obstination de quelques esprits à prétendre enfermer le vol des Muses dans le cercle de leurs étroites idées, il résolut de s'en affranchir, d'essayer des routes nouvelles, et consacra ce projet dans le poëme intitulé *l'Invention*. L'amour de la nature et des vertus de cet âge naïf où l'on méconnut l'emploi de l'or, tourna ses idées vers l'Églogue. C'est une vocation des ames pures. Chatterton, dont la destinée présente avec celle de notre poëte plus d'un rapport, s'exerça aussi dans ce genre. Cette sorte de composition était assez justement discréditée parmi nous, à cause des noms de Ronsard, de Fontenelle et quelques autres ; mais Chénier chercha les traces des maîtres, et quelquefois il les a rencontrées.

Un sentiment plein d'analogie avec la poésie s'empara des inspirations de ce cœur ; il retrouva pour le peindre toute la grâce oubliée des formes antiques. Amour, qui accables et soutiens les jours du poëte, nul peut-être n'était destiné à te rendre avec plus d'éloquence. Il prend sur sa lyre des accens d'une vérité déchirante, ce sentiment qui tient à la douleur par un lien, par tant d'autres à la volupté.

Au milieu de ces agitations, il jeta les idées premières de plusieurs poëmes dont les plans n'étaient point arrêtés. Sous le titre vague d'*Hermès*, il

B

voulait, comme Lucrèce, expliquer *la nature des choses* par le secours de nos connaissances modernes. Il voulait chanter l'*Amérique* pour faire de la faiblesse et de l'innocence ses héros ; retracer l'*Art d'aimer*, si profond, si étudié dans les mœurs françaises ; enfin, dans un poëme de *Suzanne*, s'emparer de toute la poésie des livres saints et de la primitive élégance de Jacob.

Il ne confiait le secret de ces espérances qu'à bien peu de personnes. Son frère, Lebrun, MM. de Pange et de Brazais étaient à peu près tout son aréopage. Il fuyait, comme un autre les cherche, les occasions éphémères de briller, mûrissait ses talens en silence, et dédaignait l'éclair d'une réputation qui devance ses titres.

Il était livré à ces travaux assidus, quand d'imposans événemens vinrent l'arracher à cette carrière. L'année 1789 venait de briller pour la France : les cœurs généreux palpitaient d'espoir ; et celui d'André Chénier ne pouvait demeurer indifféremment dans les intérêts des lettres, quand ceux de la patrie s'agitaient. Eût-il été digne de la poésie, s'il n'eût aimé la liberté ?

Il lui prêta son appui ; quitta la langue harmonieuse des Muses pour la pressante logique des discussions, et fit à la raison publique qui demandait à s'éclairer, le sacrifice de sa chère obscurité. Réuni à quelques écrivains de mérite, entre autres à ses amis MM. de Pange et Roucher, il établit dans le *Journal de Paris* une énergique opposition aux principes d'anarchie et aux résistances aristocratiques qui se développaient de toutes parts. C'était former sur sa tête cette tempête qui devait l'engloutir.

On a dit assez généralement que les deux Chénier avaient professé en politique, et montré dans le cours de notre révolution des opinions opposées. C'est ici le lieu de rectifier cette erreur. Leur dissidence ne s'établit que sur un point; sur un point essentiel à la vérité, mais explicable par la seule différence de leurs caractères.

Lorsque les *Amis de la Constitution* fondèrent leur club, sous ce titre d'abord respectable, Marie-Joseph consentit d'en faire partie. Son frère, plus éclairé, plus âgé que lui (on l'oublie souvent), pressentit quelle sinistre influence allait exercer cette association et quel tort, peut-être irréparable, elle allait faire à une cause glorieuse. Il fut des premiers à combattre ses doctrines et son pouvoir sanguinaires par de courageux écrits. Marie-Joseph, qui trouvait dans cette assemblée d'ardens amis, peut-être quelques prôneurs, quelques appuis pour ses efforts à la tribune et au théâtre, se défendit quelque temps de croire à leurs coupables vues. Il imprima dans les feuilles publiques que les écrits de son frère ne renfermaient point sa pensée ; mais peu de temps après il s'éloigna avec horreur de cette société devenue trop célèbre sous la dénomination des *Jacobins*.

Son erreur avait été courte, car elle s'était dissipée avant les premiers excès de ses collègues. Mais c'en était assez pour avoir frappé les esprits. Divisés sur un point, on établit que les deux frères l'étaient sur tous ; et de-là cette opinion, encore répétée, qu'André Chénier appartenait à la cause des priviléges et des injustices. On conçoit qu'une telle conquête ait tenté l'ambition de certain parti ; mais là, comme ailleurs, ses prétentions s'évanouissent devant l'évidence.

Doué d'une raison supérieure et de ce courage civil, rare en France où la valeur est commune, André Chénier devait se placer dans les rangs peu nombreux de ces hommes que n'approchent ni l'ambition, ni la crainte, ni l'intérêt personnel. La plupart des esprits ne sauraient comprendre qu'on ne tienne à aucun parti, à aucune secte, et qu'on ose penser tout seul : c'est le propre des amis de la liberté. Ceux-là se placent au milieu des factions qui se combattent ; et il ne faut pas croire que s'ils suivent cette ligne, que s'ils s'exposent dans cette carrière, la plus périlleuse de toutes, ils en méconnaissent le désavantage. N'accusons point leur habileté pour nous dispenser d'honorer leur courage.

Le caractère d'André Chénier était armé contre toute hypocrisie et tout arbitraire : il ne voulait pas plus, comme il l'a dit lui-même, des fureurs démocratiques que des iniquités féodales; des brigands à piques que des brigands à talons rouges; de la tyrannie des patriotes que de celle de la Bastille; des priviléges des dames de cour que de ceux des dames de halle. Il eût rougi de choisir entre Coblentz et les jacobins. On le verra, au péril de cette vie qui lui fut arrachée, s'offrir à défendre Louis XVI; et quand la cause d'une grande infortune lui parut sacrée, la plume qu'il lui prêta avait tracé les plus fortes paroles qu'on ait écrites contre cette résistance que le pouvoir monarchique voudrait opposer à la juste liberté des peuples.

Cependant les événemens se précipitaient : Chénier avait mérité la haine des factieux; il avait célébré Charlotte Corday, flétri Collot-d'Herbois, attaqué Robespierre; et le procès de Louis XVI vint réveiller la vengeance de ses puissans ennemis. Après avoir épuisé, dans les journaux du temps, tout ce que la raison des ames généreuses pouvait avoir de force pour faire changer les formes de cette procédure, il proposa à M. de Malesherbes de partager près du Roi les périls de sa tâche; et lorsque la sentence mortelle fut prononcée, son dévouement sembla redoubler.

On sait que le Roi avait demandé à l'Assemblée, par une lettre pleine de calme et de dignité, le droit d'appeler au peuple du jugement qui le condamnait. Cette lettre, signée dans la nuit du 17 au 18 janvier, est d'André Chénier. Elle a été imprimée dans ce volume sur la minute écrite de sa propre main, et corrigée en plusieurs passages sur les avis de M. de Malesherbes.

Tant d'imprudentes vertus avaient compromis les jours de Chénier. On le décida à quitter Paris vers 1793. Il alla d'abord à Rouen, puis à Versailles où Marie-Joseph avait réuni des suffrages populaires. L'amitié des deux frères s'était entretenue par de continuels et de réciproques témoignages. Nous publions une lettre de l'auteur d'Henri VIII, où se peint la plus ancienne et la plus fidèle affection. C'est à son frère qu'il dédia sa tragédie de *Brutus et Cassius*. André, à son tour, prend sa défense contre les injurieuses déclamations de Burke; il adresse à Marie-Joseph la première de ses Odes, et se plaît sans cesse à rappeler dans ses ouvrages le souvenir de leur mutuel appui.

A Versailles, son frère le protégea de son crédit; il choisit lui-même la maison qui lui servit d'asile; et là, dans ces murs devenus une solitude, abandonné à des jours de tristesse et de paix, notre poëte eût été conservé à la France, sans le plus déplorable et le plus inattendu des événemens.

André apprit qu'un de ses amis, M. Pastoret, venait d'être arrêté à Passy. Il y vole; il veut offrir à sa famille quelques paroles de consolation. Des commissaires chargés d'une visite de papiers, jugèrent *suspectes* les personnes trouvées dans ce domicile, et les conduisirent toutes en prison. On rechercha l'origine de ce qu'on supposait un acte de quelque comité ; on voulut connaître de quel pouvoir il pouvait émaner, afin de le fléchir : ces démarches furent inutiles. Quelqu'un offrit une somme considérable pour cautionner la liberté du prisonnier; nulle autorité n'osa la lui rendre, et il était arrêté sans ordre ! *

Cependant les ennemis de la faction anarchique étaient tous recherchés, et les arrêts du tribunal révolutionnaire couvraient Paris de deuil. L'unique sauve-garde des prisonniers était l'oubli où ils tombaient à la faveur de leur nombre. Ceux qui sont sortis à cette époque de la terrible épreuve des cachots se souviennent que c'est à ce moyen de salut que tendait la sollicitude de leurs amis. Il fallait se faire oublier ou périr. Marie-Joseph, alors insulté à la tribune, devenu l'objet de la haine particulière de Robespierre qui redoutait ses principes et enviait ses talens, n'aurait eu que le crédit de faire

---

* La maison où Chénier fut arrêté, à Passy, est devenue la propriété d'un homme qui aime les lettres et les cultive avec succès. Il a consacré, dans ses jardins, un souvenir à ce funeste événement.

hâter un supplice ; il s'abstenait même de paraître à la Convention. Il pouvait mourir avec son frère, non le sauver.

Heureux si l'on eût suivi ses conseils ! si l'on se fût renfermé, pour André, dans cette prudence qui conserva les jours de M. Sauveur de Chénier, détenu en même temps à la Conciergerie.

Nous n'expliquons point ces détails pour réfuter la basse calomnie qui essaya de rendre Marie-Joseph responsable du sort de son frère. Cette justification serait une injure à sa mémoire. Les plus violens adversaires de ses principes, les plus injustes détracteurs de son talent n'ont jamais trempé dans ces vils soupçons quand ils ont mérité l'honneur de le combattre. Certes, on ne connaît point à M. de Châteaubriand de raison d'aimer Chénier. Son successeur à l'Académie a peut-être, dans un discours fameux, laissé revivre trop de ressentimens contre lui ; mais dans ce discours, il ajoute : « Chénier a su, comme moi, ce que c'est que de perdre un frère tendrement aimé ; il serait sensible à l'hommage que je rends à ce frère, car il était naturellement généreux. » On sait que les amis de l'un furent ceux de l'autre jusqu'à la mort. Et sa mère, dit le respectable M. Daunou, en parlant de la victime si malheureusement immolée, sa mère qui l'a pleuré quatorze ans, demeura tant qu'elle vécut avec Marie-Joseph. C'était lui qui la consolait.

Mais le père des deux poëtes fatiguait de plaintes inutiles les hommes puissans de cette sanguinaire époque. Imprudent vieillard! il parvint à s'en faire entendre. « Quoi! lui dit un de ces agens de terreur, que je ne nommerai point parce qu'il vit encore, est-ce parce qu'il porte le nom de Chénier, parce qu'il est le frère d'un Représentant, que depuis six mois on ne lui a pas encore fait son procès? Allez, Monsieur, votre fils sortira dans trois jours. »

Hélas! et en effet. Et quand le malheureux père allait parler aux amis de son fils, de ses espérances et de sa joie, on lui répondait: Puissiez-vous ne jamais accuser votre tendresse!

André Chénier retoucha, dans sa prison, des ouvrages que son frère aurait publiés sans doute, si le travail qu'il commença à ce sujet ne fût demeuré imparfait, à cause de la dispersion des manuscrits en plusieurs mains et en plusieurs lieux.

Oserons-nous dire quelle impression fut la nôtre, lorsque ces ouvrages, enfin rassemblés, tracés tous de sa propre main, nous furent confiés après vingt-trois ans d'oubli? Chargé de ce précieux dépôt, avec quel recueillement je contemplais les traces fragiles d'une pensée peut-être immortelle; je relus ces chants avec quelque chose de l'émotion que donne l'écrit d'une main chérie et les affections les plus près de notre cœur. Que d'affligeantes idées me rappelaient quelques-uns de ces caractères furtivement tracés ; ces lignes pressées sur d'étroits feuillets choisis pour être soustraits à l'inquisition d'un geolier! Le temps commençait de les attaquer ; et je les déployais avec un soin presque égal à celui que j'avais vu naguère employer à Naples à dérouler les manuscrits d'Épicure ou d'Anacréon. Une révolution de la nature avait presque anéanti ces beaux modèles ; et nos discordes, plus terribles encore, avaient long-temps menacé un de leurs glorieux disciples.

Toutefois, le jeune poëte ne fut jamais satisfait de ses esquisses. Le sens quelquefois douteux d'une pensée, les tours trop ellyptiques, les mots que pourra noter la critique, il les avait remarqués lui-même. Il se blâmait souvent ; et j'ai retrouvé des passages qu'il avait soulignés ou censurés de sa main. Ceux de nos juges pour qui la correction est le premier des mérites, et qui sont moins touchés des beautés d'un ouvrage qu'offensés de ses défauts, pourront trouver à exercer leur blâme dans ce Recueil, qui n'eût pas été si étendu sans des intérêts qu'il m'a fallu respecter. Mais ces esprits armés contre leur plaisir se souviendront peut-être que l'auteur ne parcourut de la carrière humaine que le temps des troubles et des passions. Si vous lui voulez une correction irréprochable, allez le redemander au tombeau qui se ferma sur lui à trente et un ans. Exigeront-ils les saveurs de l'automne d'un fruit naissant tombé sous les coups d'un orage?

L'ensemble de sa poésie donne l'enchantement. Elle a ce qui est le caractère des œuvres du génie : le pouvoir de vous ravir à vos propres idées, et de vous transporter dans le monde de ses créations. J'ai vu partager cette ivresse enthousiaste aux esprits les plus difficiles et les plus accoutumés, par la réflexion, à calculer l'effet de la pensée. La plupart de ses Idylles sont des modèles dont Théocrite avouerait l'ordonnance, et ses Élégies semblent des inspirations où Tibulle a jeté sa flamme, où La Fontaine a mêlé sa grâce.

Mais j'oublie à parler des choses qui feront vivre son nom, que quelques jours dans la captivité lui restent encore, et qu'il convient d'achever une tâche douloureuse. Les deux Trudaine partageaient sa captivité. Suvée, prisonnier comme eux, s'occupait de faire son portrait. Cette peinture, possédée aujourd'hui par M. de Vérac, est la seule image qui reste de lui. C'est à Saint-Lazare qu'il composa pour mademoiselle de Coigny cette Ode, *la Jeune Captive*, que peut-être on n'a jamais lue sans attendrissement. La veille du jour où il fut jugé, son père le rassurait encore en lui parlant de ses talens et de ses vertus. « Hélas ! dit-il, M. de Malesherbes aussi avait des vertus ! »

Il parut au tribunal sans daigner parler ni se défendre. Déclaré *ennemi du peuple*, convaincu d'avoir écrit *contre la liberté* et défendu *la tyran-*

nie, il fut encore chargé de l'étrange délit d'avoir *conspiré* pour s'évader. Ce jugement fut rendu pour être exécuté le 7 thermidor (25 juillet 1794); c'est-à-dire l'avant-veille de ce jour qui eût brisé ses fers et qui délivra toute la France.

MM. de Trudaine demandèrent la faveur de périr avec lui, mais on les avait réservés à l'exécution du lendemain; (du lendemain, 8 thermidor!) les bourreaux s'applaudissaient, alors, quand la victime pouvait reconnaître le sang de ses amis, à la place où ils allaient répandre le sien.

Chénier monta à huit heures du matin sur la charrette des criminels. Dans ces instans où l'amitié n'est jamais plus vivement réclamée, où l'on sent le besoin d'épancher ce cœur qui va cesser de battre, le malheureux jeune homme ne pouvait ni rien recueillir ni rien exprimer des affections qu'il laissait après lui. Peut-être il regardait avec un désespoir stérile ses pâles compagnons de mort : pas un qu'il connût! A peine savait-il, dans les trente-huit victimes qui l'accompagnaient, les noms de MM. de Montalembert, Créqui de Montmorency, celui du baron de Trenck, et de ce généreux Loiserolles, qui s'empressait de mourir pour sauver un fils à sa place. Mais aucun d'eux n'était dans le secret de son ame ; cet esprit qui entendit sa pensée, ce cœur parent du sien, comme a dit le poëte, Chénier l'appelait peut-être et frémissait de son vœu... quand tout-à-coup s'ouvrent les portes d'un cachot fermé depuis six mois, et l'on place à ses côtés sur le premier banc du char fatal, son ami, son émule, le peintre des Mois, le brillant, l'infortuné Roucher.

Que de regrets ils exprimèrent l'un sur l'autre ! « Vous, disait Chénier, le plus irréprochable de nos citoyens, un père, un époux adoré, c'est vous qu'on sacrifie ! — Vous, répliquait Roucher, vous vertueux jeune homme, on vous mène à la mort, brillant de génie et d'espérance ! — Je n'ai rien fait pour la postérité, répondit Chénier ; puis, en se frappant le front, on l'entendit ajouter : *Pourtant j'avais quelque chose là!* C'était la Muse, dit l'auteur de René et d'Atala, qui lui révélait son talent au moment de la mort. Il est remarquable que la France perdit sur la fin du dernier siècle trois beaux talens à leur aurore : Malfilâtre, Gilbert et André Chénier. Les deux premiers ont péri de misère, le troisième sur un échafaud. »

Cependant le char s'avançait. Et à travers les flots de ce peuple, que son malheur rendait farouche, leurs yeux rencontrèrent ceux d'un ami qui accompagna toute leur marche funèbre, comme pour leur rendre un dernier devoir; et qui raconta souvent au malheureux père, qui ne survécut que dix mois à la perte de son fils, les tristes détails de leur fin.

Ils parlèrent de poésie à leurs derniers momens.

XXII

Pour eux, après l'amitié, c'était la plus belle chose de la terre. Racine fut l'objet de leur entretien et de leur dernière admiration. Ils voulurent réciter ses vers, pour étouffer peut-être les clameurs de cette foule qui insultait à leur courage et à leur innocence. Quel fut le morceau qu'ils choisirent ? Quand je fis cette question à un homme dont l'âge et les malheurs commencent à glacer la mémoire, il hésita à me répondre. Il me promit de rechercher ce souvenir, de s'informer près de quelques personnes à qui, autrefois, il avait pu le raconter. Je demeurai dans une pénible attente, jusqu'à ce qu'on me dît, après quelques jours, et avec l'accent d'une sorte d'indifférence qui était bien loin de moi : C'était la première scène d'*Andromaque*.

Ainsi, tour à tour, ils récitèrent le dialogue qui expose cette noble tragédie. Chénier, que cette idée avait frappé le premier, commença ; et peut-être un dernier sourire effleura ses lèvres, lorsqu'il prononça ces beaux vers :

> Oui, puisque je retrouve un ami si fidèle,
> Ma fortune va prendre une face nouvelle ;
> Et déjà son courroux semble s'être adouci,
> Depuis qu'elle a pris soin de nous rejoindre ici.

Ces sentimens étaient dans son cœur ; l'époque où il succomba les explique. Pouvait-il regretter l'avenir? Il avait désespéré, en France, de la cause de la vertu et de la liberté.

Ainsi périt ce jeune cygne, étouffé par la main sanglante des révolutions. Heureux de n'avoir élevé de culte qu'à la vérité, à la patrie et aux Muses, on dit qu'en marchant au supplice, il s'applaudissait de son sort; je le crois. Il est si beau de mourir jeune! Il est si beau d'offrir à ses ennemis une victime sans tache, et de rendre au Dieu qui nous juge une vie encore pleine d'illusions!

Paris, 14 août 1819.

H. DE LATOUCHE.

ŒUVRES
COMPLÈTES
D'ANDRÉ DE CHÉNIER.

L'INVENTION,
POËME.

Audendum est.

O fils du Mincius, je te salue, ô toi
Par qui le dieu des arts fut roi du peuple roi !
Et vous, à qui jadis, pour créer l'harmonie,
L'Attique, et l'onde Égée, et la belle Ionie,
Donnèrent un ciel pur, les plaisirs, la beauté,
Des mœurs simples, des lois, la paix, la liberté,
Un langage sonore, aux douceurs souveraines,
Le plus beau qui soit né sur des lèvres humaines.
Nul âge ne verra pâlir vos saints lauriers,
Car vos pas inventeurs ouvrirent les sentiers ;

Et du temple des arts que la gloire environne
Vos mains ont élevé la première colonne.
A nous tous aujourd'hui, vos faibles nourrissons,
Votre exemple a dicté d'importantes leçons.
Il nous dit que nos mains, pour vous être fidèles,
Y doivent élever des colonnes nouvelles.
L'esclave imitateur naît et s'évanouit ;
La nuit vient, le corps reste, et son ombre s'enfuit.

Ce n'est qu'aux inventeurs que la vie est promise :
Nous voyons les enfans de la fière Tamise,
De toute servitude ennemis indomptés,
Mieux qu'eux, par votre exemple, à vous vaincre excités.
Osons ; de votre gloire éclatante et durable
Essayons d'épuiser la source inépuisable.
Mais inventer n'est pas, en un brusque abandon,
Blesser la vérité, le bon sens, la raison ;
Ce n'est pas entasser, sans dessein et sans forme,
Des membres ennemis en un colosse énorme ;
Ce n'est pas, élevant des poissons dans les airs,
A l'aile des vautours ouvrir le sein des mers ;
Ce n'est pas, sur le front d'une nymphe brillante,
Hérisser d'un lion la crinière sanglante :
Délires insensés ! fantômes monstrueux !
Et d'un cerveau malsain rêves tumultueux !
Ces transports déréglés, vagabonde manie,
Sont l'accès de la fièvre et non pas du génie :
D'Ormus et d'Ariman ce sont les noirs combats,
Où partout confondus, la vie et le trépas,
Les ténèbres, le jour, la forme et la matière,
Luttent sans être unis ; mais l'esprit de lumière

Fait naître en ce chaos la concorde et le jour :
D'élémens divisés il reconnaît l'amour,
Les rappelle ; et partout, en d'heureux intervales,
Sépare et met en paix les semences rivales.
Ainsi donc, dans les arts l'inventeur est celui
Qui peint ce que chacun pût sentir comme lui,
Qui, fouillant des objets les plus sombres retraites,
Étale et fait briller leurs richesses secrètes;
Qui, par des nœuds certains, imprévus et nouveaux,
Unissant des objets qui paraissaient rivaux,
Montre et fait adopter à la nature mère
Ce qu'elle n'a point fait, mais ce qu'elle a pu faire;
C'est le fécond pinceau qui, sûr dans ses regards,
Retrouve un seul visage en vingt belles épars;
Les fait renaître ensemble, et par un art suprême
Des traits de vingt beautés forme la beauté même.

   La nature dicta vingt genres opposés
D'un fil léger entre eux chez les Grecs divisés.
Nul genre, s'échappant de ses bornes prescrites,
N'aurait osé d'un autre envahir les limites;
Et Pindare à sa lyre, en un couplet bouffon,
N'aurait point de Marot associé le ton.
De ces fleuves nombreux dont l'antique Permesse
Arrosa si long-temps les cités de la Grèce,
De nos jours même, hélas! nos aveugles vaisseaux
Ont encore oublié mille vastes rameaux.
Quand Louis et Colbert, sous les murs de Versailles,
Réparaient des beaux arts les longues funérailles;
De Sophocle et d'Eschyle, ardens admirateurs,
De leur auguste exemple élèves inventeurs,

Des hommes immortels firent sur notre scène
Revivre aux yeux français les théâtres d'Athène.
Comme eux, instruit par eux, Voltaire offre à nos pleurs
Des grands infortunés les illustres douleurs ;
D'autres esprits divins, fouillant d'autres ruines,
Sous l'amas des débris, des ronces, des épines,
Ont su, pleins des écrits des Grecs et des Romains,
Retrouver, parcourir leurs antiques chemins.
Mais, ô la belle palme et quel trésor de gloire
Pour celui qui, cherchant la plus noble victoire,
D'un si grand labyrinthe affrontant les hasards,
Saura guider sa muse aux immenses regards
De mille longs détours à la fois occupée,
Dans les sentiers confus d'une vaste épopée !
Lui dire d'être libre, et qu'elle n'aille pas
De Virgile et d'Homère épier tous les pas,
Par leur secours à peine à leurs pieds élevée ;
Mais, qu'auprès de leurs chars, dans un char enlevée,
Sur leurs sentiers marqués de vestiges si beaux,
Sa roue ose imprimer des vestiges nouveaux.
Quoi ! faut-il, ne s'armant que de timides voiles,
N'avoir que ces grands noms pour nord et pour étoiles,
Les côtoyer sans cesse, et n'oser un instant,
Seul et loin de tout bord intrépide et flottant,
Aller sonder les flancs du plus lointain Nérée,
Et du premier sillon fendre une onde ignorée !
Les coutumes d'alors, les sciences, les mœurs
Respirent dans les vers des antiques auteurs.
Leur siècle est en dépôt dans leurs nobles volumes.
Tout a changé pour nous, mœurs, sciences, coutumes.

Pourquoi donc nous faut-il, par un pénible soin,
Sans rien voir près de nous, voyant toujours bien loin,
Vivant dans le passé, laissant ceux qui commencent,
Sans penser écrivant d'après d'autres qui pensent,
Retraçant un tableau que nos yeux n'ont point vu,
Dire et dire cent fois ce que nous avons lu?
De la Grèce héroïque et naissante et sauvage
Dans Homère à nos yeux vit la parfaite image.
Démocrite, Platon, Épicure, Thalès,
Ont de loin à Virgile indiqué les secrets
D'une nature encore à leurs yeux trop voilée.
Toricelli, Newton, Kepler et Galilée,
Plus doctes, plus heureux, dans leurs puissans efforts,
A tout nouveau Virgile ont ouvert des trésors.
Tous les arts sont unis : les sciences humaines
N'ont pu de leur empire étendre les domaines,
Sans agrandir aussi la carrière des vers.
Quel long travail pour eux a conquis l'univers!
Aux regards de Buffon, sans voile, sans obstacles,
La terre ouvrant son sein, ses ressorts, ses miracles,
Ses germes, ses coteaux, dépouille de Thétis :
Les nuages épais, sur elle appesantis,
De ses noires vapeurs nourrissant leur tonnerre,
Et l'hiver ennemi pour envahir la terre
Roi des antres du Nord : et, de glaces armés,
Ses pas usurpateurs sur nos monts imprimés ;
Et l'œil perçant du verre en la vaste étendue,
Allant chercher ces feux qui fuyaient notre vue.
Aux changemens prédits, immuables, fixés,
Que d'une plume d'or Bailly nous a tracés ;

Aux lois de Cassini les comètes fidèles;
L'aimant, de nos vaisseaux seul dirigeant les ailes,
Une Cibèle neuve et cent mondes divers,
Aux yeux de nos Jasons sortis du sein des mers.
Quel amas de tableaux, de sublimes images,
Naît de ces grands objets réservés à nos âges!
Sous ces bois étrangers qui couronnent ces monts,
Aux vallons de Cusco, dans ces antres profonds,
Si chers à la fortune et plus chers au génie,
Germent des mines d'or, de gloire et d'harmonie.
Pensez-vous, si Virgile, ou l'Aveugle divin,
Renaissaient aujourd'hui, que leur savante main
Négligeât de saisir ces fécondes richesses,
De notre Pinde auguste éclatantes largesses?
Nous en verrions briller leurs sublimes écrits :
Et ces mêmes objets que vos doctes mépris
Accueillent aujourd'hui d'un front dur et sévère,
Alors à vos regards auraient seuls droit de plaire ;
Alors, dans l'avenir, votre inflexible humeur
Aurait soin de défendre à tout jeune rimeur
D'oser sortir jamais de ce cercle d'images
Que vos yeux auraient vu tracé dans leurs ouvrages.
Mais qui jamais a su, dans des vers séduisans,
Sous des dehors plus vrais peindre l'esprit aux sens!
Mais quelle voix jamais, d'une plus pure flamme,
Et chatouilla l'oreille et pénétra dans l'ame!
Mais leurs mœurs et leurs lois, et mille autres hasards,
Rendaient leur siècle heureux plus propice aux beaux-arts.
Eh bien! l'ame est partout; la pensée a des ailes.
Volons, volons chez eux retrouver leurs modèles,

Voyageons dans leur âge, où libre, sans détour,
Chaque homme ose être un homme et penser au grand jour.
Au tribunal de Mars, sur la pourpre romaine,
Là du grand Cicéron la vertueuse haine
Écrase Céthégus, Catilina, Verrès;
Là tonne Démosthène; ici, de Périclès
La voix, l'ardente voix, de tous les cœurs maîtresse,
Frappe, foudroie, agite, épouvante la Grèce :
Allons voir la grandeur et l'éclat de leurs jeux.
Ciel! la mer appelée en un bassin pompeux!
Deux flottes parcourant cette enceinte profonde,
Combattant sous les yeux des conquérans du monde.
O terre de Pélops! avec le monde entier
Allons voir d'Épidaure un agile coursier,
Couronné dans les champs de Némée et d'Élide;
Allons voir au théâtre, aux accens d'Euripide,
D'une sainte folie un peuple furieux
Chanter : *Amour, tyran des hommes et des dieux.*
Puis, ivres des transports qui nous viennent surprendre,
Parmi nous, dans nos vers, revenons les répandre;
Changeons en notre miel leurs plus antiques fleurs;
Pour peindre notre idée, empruntons leurs couleurs;
Allumons nos flambeaux à leurs feux poétiques;
Sur des pensers nouveaux faisons des vers antiques.
 Direz-vous qu'un objet, né sur leur Hélicon,
A seul de nous charmer pu recevoir le don?
Que leurs fables, leurs dieux, ces mensonges futiles,
Des Muses noble ouvrage, aux Muses sont utiles?
Que nos travaux savans, nos calculs studieux,
Qui subjuguent l'esprit et répugnent aux yeux,

Que l'on croit malgré soi, sont pénibles, austères,
Et moins grands, moins pompeux que leurs belles chimères?
Voilà ce que Traités, Préfaces, longs discours,
Prose, rime, partout nous disent tous les jours.
Mais enfin, dites-moi, si d'une œuvre immortelle
La nature est en nous la source et le modèle ;
Pouvez-vous le penser que tout cet univers,
Et cet ordre éternel, ces mouvemens divers,
L'immense vérité, la nature elle-même,
Soit moins grande en effet que ce brillant système
Qu'ils nommaient la nature, et dont d'heureux efforts
Disposaient avec art les fragiles ressorts?
Mais quoi! ces vérités sont au loin reculées,
Dans un langage obscur saintement recelées :
Le peuple les ignore. O Muses, ô Phébus!
C'est là, c'est là sans doute un aiguillon de plus.
L'auguste poésie, éclatante interprète,
Se couvrira de gloire en forçant leur retraite.
Cette reine des cœurs, à la touchante voix,
A le droit, en tous lieux, de nous dicter son choix.
Sûre de voir partout, introduite par elle,
Applaudir à grands cris une beauté nouvelle,
Et les objets nouveaux que sa voix a tentés
Partout de bouche en bouche après elle chantés.
Elle porte, à travers leurs nuages plus sombres,
Des rayons lumineux qui dissipent leurs ombres ;
Et rit quand, dans son vide, un auteur oppressé
Se plaint qu'on a tout dit et que tout est pensé.
Seule, et la lyre en main, et de fleurs couronnée,
De doux ravissemens partout accompagnée,

Aux lieux les plus déserts, ses pas, ses jeunes pas,
Trouvent mille trésors qu'on ne soupçonnait pas.
Sur l'aride buisson que son regard se pose,
Le buisson à ses yeux rit et jette une rose.
Elle sait ne point voir, dans son juste dédain,
Les fleurs qui trop souvent, courant de main en main,
Ont perdu tout l'éclat de leurs fraîcheurs vermeilles;
Elle sait même encore, ô charmantes merveilles!
Sous ses doigts délicats réparer et cueillir
Celles qu'une autre main n'avait su que flétrir;
Elle seule connaît ces extases choisies,
D'un esprit tout de feu mobiles fantaisies,
Ces rêves d'un moment, belles illusions,
D'un monde imaginaire aimables visions,
Qui ne frappent jamais, trop subtile lumière,
Des terrestres esprits l'œil épais et vulgaire.
Seule, de mots heureux, faciles, transparens,
Elle sait revêtir ces fantômes errans :
Ainsi des hauts sapins de la Finlande humide,
De l'ambre, enfant du ciel, distille l'or fluide;
Et sa chute souvent rencontre dans les airs
Quelque insecte volant qu'il porte au fond des mers;
De la Baltique enfin les vagues orageuses
Roulent et vont jeter ces larmes précieuses,
Où la fière Vistule, en de nobles coteaux,
Et le froid Niémen expirent dans ses eaux.
Là les arts vont cueillir cette merveille utile,
Tombe odorante où vit l'insecte volatile,
Dans cet or diaphane il est lui-même encor,
On dirait qu'il respire et va prendre l'essor.

Qui que tu sois enfin ; ô toi, jeune poëte,
Travaille; ose achever cette illustre conquête.
De preuves, de raisons, qu'est-il encor besoin?
Travaille. Un grand exemple est un puissant témoin.
Montre ce qu'on peut faire, en le faisant toi-même;
Si pour toi la retraite est un bonheur suprême,
Si chaque jour les vers de ces maîtres fameux
Font bouillonner ton sang et dressent tes cheveux;
Si tu sens chaque jour, animé de leur ame,
Ce besoin de créer, ces transports, cette flamme,
Travaille. A nos censeurs, c'est à toi de montrer
Tous ces trésors nouveaux qu'ils veulent ignorer.
Il faudra bien les voir, il faudra bien se taire,
Quand ils verront enfin cette gloire étrangère
De rayons inconnus ceindre ton front brillant.
Aux antres de Paros le bloc étincelant
N'est aux vulgaires yeux qu'une pierre insensible.
Mais le docte ciseau, dans son sein invisible,
Voit, suit, trouve la vie, et l'ame, et tous ses traits.
Tout l'Olympe respire en ses détours secrets.
Là vivent de Vénus les beautés souveraines;
Là des muscles nerveux, là de sanglantes veines
Serpentent; là des flancs invaincus aux travaux
Pour soulager Atlas des célestes fardeaux.
Aux volontés du fer leur enveloppe énorme
Cède, s'amollit, tombe; et de ce bloc informe
Jaillissent, éclatans, des dieux pour nos autels :
C'est Apollon lui-même, honneur des immortels;
C'est Alcide vainqueur des monstres de Némée;
C'est du vieillard troyen la mort envenimée;

C'est des Hébreux errans le chef, le défenseur :
Dieu tout entier habite en ce marbre penseur.
Ciel ! n'entendez-vous pas de sa bouche profonde
Éclater cette voix créatrice du monde.
 O qu'ainsi parmi nous des esprits inventeurs
De Virgile et d'Homère atteignent les hauteurs!
Sachent dans la mémoire avoir comme eux un temple,
Et sans suivre leurs pas imiter leur exemple ;
Faire, en s'éloignant d'eux, avec un soin jaloux,
Ce qu'eux-même ils feraient s'ils vivaient parmi nous!
Que la nature seule, en ses vastes miracles,
Soit leur fable et leurs dieux, et ses lois leurs oracles;
Que leurs vers, de Thétis respectant le sommeil,
N'aillent plus dans ses flots rallumer le soleil ;
De la cour d'Apollon que l'erreur soit bannie,
Et qu'enfin Calliope, élève d'Uranie,
Montant sa lyre d'or sur un plus noble ton,
En langage des dieux fasse parler Newton!
 Oh! si je puis, un jour!... Mais, quel est ce murmure,
Quelle nouvelle attaque et plus forte et plus dure?
O langue des Français! est-il vrai que ton sort
Est de ramper toujours et que toi seule as tort?
Ou si d'un faible esprit l'indolente paresse
Veut rejeter sur toi sa honte et sa faiblesse?
Il n'est sot traducteur de sa richesse enflé,
Sot auteur d'un poëme, ou d'un discours sifflé,
Ou d'un recueil ombré de chansons à la glace,
Qui ne vous avertisse, en sa fière préface,
Que si son style épais vous fatigue d'abord,
Si sa prose vous pèse et bientôt vous endort;

Si son vers est gêné, sans feu, sans harmonie,
Il n'en est point coupable; il n'est pas sans génie,
Il a tous les talens qui font les grands succès :
Mais enfin, malgré lui, ce langage français,
Si faible en ses couleurs, si froid et si timide,
L'a contraint d'être lourd, gauche, plat, insipide.
Mais serait-ce Le Brun, Racine, Despréaux,
Qui l'accusent ainsi d'abuser leurs travaux ?
Est-ce à Rousseau, Buffon, qu'il résiste infidelle ?
Est-ce pour Montesquieu, qu'impuissant et rebelle,
Il fuit ? Ne sait-il pas, se reposant sur eux,
Doux, rapide, abondant, magnifique, nerveux,
Creusant dans les détours de ces ames profondes,
S'y teindre, s'y tremper de leurs couleurs fécondes ?
Un rimeur voit partout un nuage ; et jamais,
D'un coup d'œil ferme et grand, n'a saisi les objets ;
La langue se refuse à ses demi-pensées,
De sang-froid, pas à pas, avec peine amassées :
Il se dépite alors, et restant en chemin,
Il se plaint qu'elle échappe et glisse de sa main.
Celui qu'un vrai démon presse, enflamme, domine,
Ignore un tel supplice : il pense, il imagine ;
Un langage imprévu dans son ame produit,
Naît avec sa pensée, et l'embrasse et la suit ;
Les images, les mots que le génie inspire,
Où l'univers entier vit, se meut et respire,
Source vaste et sublime et qu'on ne peut tarir,
En foule en son cerveau se hâtent de courir.
D'eux-même ils vont chercher un nœud qui les rassemble :
Tout s'allie et se forme, et tout va naître ensemble.

Sous l'insecte vengeur envoyé par Junon,
Telle Io tourmentée, en l'ardente saison,
Traverse en vain les bois et la longue campagne,
Et le fleuve bruyant qui presse la montagne;
Tel le bouillant poëte, en ses transports brûlans,
Le front échevelé, les yeux étincelans,
S'agite, se débat; cherche en d'épais bocages
S'il pourra de sa tête apaiser les orages,
Et secouer le dieu qui fatigue son sein.
De sa bouche à grands flots ce dieu dont il est plein,
Bientôt en vers nombreux s'exhale et se déchaîne :
Leur sublime torrent roule, saisit, entraîne.
Les tours impétueux, inattendus, nouveaux,
L'expression de flamme aux magiques tableaux,
Qu'a trempés la nature en ses couleurs fertiles;
Les nombres tour à tour turbulens ou faciles :
Tout porte au fond du cœur le tumulte et la paix,
Dans la mémoire au loin tout s'imprime à jamais.
C'est ainsi que Minerve, en un instant formée,
Du front de Jupiter s'élance toute armée,
Secouant et le glaive et le casque guerrier,
Et l'horrible Gorgone à l'aspect meurtrier.
Des Toscans, je le sais, la langue est séduisante;
Cire molle à tout feindre habile et complaisante,
Qui prend d'heureux contours sous les plus faibles mains.
Quand le Nord, s'épuisant de barbares essaims,
Vint, par une conquête en malheurs plus féconde,
Venger sur les Romains l'esclavage du monde,
De leurs affreux accens la farouche âpreté
Du latin en tous lieux souilla la pureté :

On vit de ce mélange étranger et sauvage
Naître des langues sœurs, que le temps et l'usage,
Par des sentiers divers guidant diversement,
D'une lime insensible ont poli lentement,
Sans pouvoir en entier, malgré tous leurs prodiges,
De la rouille barbare effacer les vestiges.
De là du Castillan la pompe et la fierté,
Teint encor des couleurs du langage indompté,
Qu'au Tage transplantaient les fureurs musulmanes.
La grâce et la douceur sur les lèvres toscanes
Fixèrent leur empire; et la Seine à la fois
De grâce et de fierté sut composer sa voix.
Mais ce langage, armé d'obstacles indociles,
Lutte et ne veut plier que sous des mains habiles.
Est-ce un mal ? Eh! plutôt rendons grâces aux dieux;
Un faux éclat long-temps ne peut tromper nos yeux,
Et notre langue même à tout esprit vulgaire
De nos vers dédaigneux fermant le sanctuaire,
L'avertit dès l'abord que, s'il y veut monter,
Il faut savoir tout craindre et savoir tout tenter;
Et, recueillant affronts ou gloire sans mélange,
S'élever jusqu'au faîte ou ramper dans la fange.

IDYLLES.

L'OARISTYS,

IMITÉE

DE LA XXVIIᵉ IDYLLE DE THÉOCRITE.

DAPHNIS, NAÏS.

DAPHNIS.

Hélène daigna suivre un berger ravisseur ;
Berger comme Pâris, j'embrasse mon Hélène.

NAÏS.

C'est trop t'énorgueillir d'une faveur si vaine.

DAPHNIS.

Ah ! ces baisers si vains ne sont pas sans douceur.

NAÏS.

Tiens ; ma bouche essuyée en a perdu la trace.

DAPHNIS.

Eh bien ! d'autres baisers en vont prendre la place.

NAÏS.

Adresse ailleurs ces vœux dont l'ardeur me poursuit :
Va, respecte une vierge.

DAPHNIS.

Imprudente bergère,
Ta jeunesse te flatte ; ah ! n'en sois point si fière :
Comme un songe insensible elle s'évanouit.

NAÏS.

Chaque âge a ses honneurs, et la saison dernière
Aux fleurs de l'oranger fait succéder son fruit.

DAPHNIS.

Viens sous ces oliviers ; j'ai beaucoup à te dire.

NAÏS.

Non ; déjà tes discours ont voulu me tenter.

DAPHNIS.

Suis-moi sous ces ormeaux ; viens de grâce écouter
Les sons harmonieux que ma flûte respire :
J'ai fait pour toi des airs, je te les veux chanter ;
Déjà tout le vallon aime à les répéter.

NAÏS.

Va, tes airs langoureux ne sauraient me séduire.

DAPHNIS.

Eh quoi ! seule à Vénus penses-tu résister ?

IDYLLES.

NAÏS.

Je suis chère à Diane ; elle me favorise.

DAPHNIS.

Vénus a des liens qu'aucun pouvoir ne brise.

NAÏS.

Diane saura bien me les faire éviter.
Berger, retiens ta main...; berger, crains ma colère.

DAPHNIS.

Quoi ! tu veux fuir l'amour ! l'amour à qui jamais
Le cœur d'une beauté ne pourra se soustraire ?

NAÏS.

Oui, je veux le braver... Ah !... si je te suis chère...
Berger..., retiens ta main..., laisse mon voile en paix.

DAPHNIS.

Toi-même, hélas ! bientôt livreras ces attraits
A quelque autre berger bien moins digne de plaire.

NAÏS.

Beaucoup m'ont demandée, et leurs désirs confus
N'obtinrent, avant toi, qu'un refus pour salaire.

DAPHNIS.

Et je ne dois comme eux attendre qu'un refus.

NAÏS.

Hélas ! l'hymen aussi n'est qu'une loi de peine ;
Il n'apporte, dit-on, qu'ennuis et que douleurs.

DAPHNIS.

On ne te l'a dépeint que de fausses couleurs :
Les danses et les jeux, voilà ce qu'il amène.

NAÏS.

Une femme est esclave.

DAPHNIS.

Ah! plutôt elle est reine.

NAÏS.

Tremble près d'un époux et n'ose lui parler.

DAPHNIS.

Eh! devant qui ton sexe est-il fait pour trembler?

NAÏS.

A des travaux affreux Lucine nous condamne.

DAPHNIS.

Il est bien doux alors d'être chère à Diane.

NAÏS.

Quelle beauté survit à ces rudes combats?

DAPHNIS.

Une mère y recueille une beauté nouvelle :
Des enfans adorés feront tous tes appas ;
Tu brilleras en eux d'une splendeur plus belle.

NAÏS.

Mais, tes vœux écoutés, quel en serait le prix?

DAPHNIS.

Tout : mes troupeaux, mes bois et ma belle prairie;
Un jardin grand et riche, une maison jolie,
Un bercail spacieux pour tes chères brebis;
Enfin, tu me diras ce qui pourra te plaire;
Je jure de quitter tout pour te satisfaire :
Tout pour toi sera fait aussitôt qu'entrepris.

NAÏS.

Mon père...

DAPHNIS.

Oh! s'il n'est plus que lui qui te retienne,
Il approuvera tout dès qu'il saura mon nom.

NAÏS.

Quelquefois il suffit que le nom seul prévienne :
Quel est ton nom?

DAPHNIS.

Daphnis; mon père est Palémon.

NAÏS.

Il est vrai : ta famille est égale à la mienne.

DAPHNIS.

Rien n'éloigne donc plus cette douce union.

NAÏS.

Montre-les moi ces bois qui seront mon partage.

DAPHNIS.

Viens; c'est à ces cyprès de leurs fleurs couronnés.

NAÏS.

Restez, chères brebis; restez sous cet ombrage.

DAPHNIS.

Taureaux, paissez en paix; à celle qui m'engage
Je vais montrer les biens qui lui sont destinés.

NAÏS.

Satyre, que fais-tu? Quoi! ta main ose encore...

DAPHNIS.

Eh! laisse-moi toucher ces fruits délicieux...
Et ce jeune duvet...

NAÏS.

   Berger..., au nom des dieux...
Ah!... je tremble...

DAPHNIS.

   Et pourquoi? que crains-tu? Je t'adore.
Viens.

NAÏS.

Non; arrête... Vois, cet humide gazon
Va souiller ma tunique, et je serais perdue;
Mon père le verrait.

DAPHNIS.

   Sur la terre étendue
Saura te garantir cette épaisse toison.

NAÏS.

Dieux! quel est ton dessein? Tu m'ôtes ma ceinture.

DAPHNIS.

C'est un don pour Vénus; vois, son astre nous luit.

NAÏS.

Attends...; si quelqu'un vient... Ah dieux! j'entends du bruit.

DAPHNIS.

C'est ce bois qui de joie et s'agite et murmure.

NAÏS.

Tu déchires mon voile!... Où me cacher! Hélas!
Me voilà nue! où fuir!

DAPHNIS.

A ton amant unie,
De plus riches habits couvriront tes appas.

NAÏS.

Tu promets maintenant... Tu préviens mon envie;
Bientôt à mes regrets tu m'abandonneras.

DAPHNIS.

Oh non! jamais... Pourquoi, grands dieux! ne puis-je pas
Te donner et mon sang, et mon ame, et ma vie.

NAÏS.

Ah... Daphnis! je me meurs... Apaise ton courroux,
Diane.

DAPHNIS.

Que crains-tu? L'amour sera pour nous.

NAÏS.

Ah! méchant, qu'as-tu fait?

DAPHNIS.

J'ai signé ma promesse.

NAÏS.

J'entrai fille en ce bois, et chère à ma déesse.

DAPHNIS.

Tu vas en sortir femme, et chère à ton époux.

FRAGMENT.

. . . .
Accours, jeune Chromis, je t'aime, et je suis belle ;
Blanche comme Diane et légère comme elle,
Comme elle grande et fière ; et les bergers, le soir,
Lorsque, les yeux baissés, je passe sans les voir,
Doutent si je ne suis qu'une simple mortelle,
Et me suivant des yeux, disent : « Comme elle est belle !
» Néere, ne vas point te confier aux flots
» De peur d'être déesse ; et que les matelots
» N'invoquent, au milieu de la tourmente amère,
» La blanche Galathée et la blanche Néere. »

L'AVEUGLE.

« Dieu, dont l'arc est d'argent, dieu de Claros, écoute,
» O Sminthée-Apollon, je périrai sans doute,
» Si tu ne sers de guide à cet aveugle errant. »

C'est ainsi qu'achevait l'aveugle en soupirant,
Et près des bois marchait, faible, et sur une pierre
S'asseyait. Trois pasteurs, enfans de cette terre,
Le suivaient, accourus aux abois turbulens
Des Molosses, gardiens de leurs troupeaux bêlans.
Ils avaient, retenant leur fureur indiscrète,
Protégé du vieillard la faiblesse inquiète ;
Ils l'écoutaient de loin ; et s'approchant de lui :
« Quel est ce vieillard blanc, aveugle et sans appui ?
» Serait-ce un habitant de l'empire céleste ?
» Ses traits sont grands et fiers ; de sa ceinture agreste
» Pend une lyre informe, et les sons de sa voix
» Émeuvent l'air et l'onde et le ciel et les bois. »

Mais il entend leurs pas, prête l'oreille, espère,

Se trouble, et tend déjà les mains à la prière.
« Ne crains point, disent-ils, malheureux étranger ;
» (Si plutôt sous un corps terrestre et passager
» Tu n'es point quelque dieu protecteur de la Grèce,
» Tant une grâce auguste ennoblit ta vieillesse !)
» Si tu n'es qu'un mortel, vieillard infortuné,
» Les humains près de qui les flots t'ont amené,
» Aux mortels malheureux n'apportent point d'injures.
» Les destins n'ont jamais de faveurs qui soient pures.
» Ta voix noble et touchante est un bienfait des dieux ;
» Mais aux clartés du jour ils ont fermé tes yeux.

» — Enfans, car votre voix est enfantine et tendre,
» Vos discours sont prudens, plus qu'on n'eût dû l'attendre ;
» Mais toujours soupçonneux, l'indigent étranger
» Croit qu'on rit de ses maux et qu'on veut l'outrager.
» Ne me comparez point à la troupe immortelle :
» Ces rides, ces cheveux, cette nuit éternelle,
» Voyez ; est-ce le front d'un habitant des cieux ?
» Je ne suis qu'un mortel, un des plus malheureux !
» Si vous en savez un pauvre, errant, misérable,
» C'est à celui-là seul que je suis comparable ;
» Et pourtant je n'ai point, comme fit Thomyris,
» Des chansons à Phœbus voulu ravir le prix ;
» Ni, livré comme OEdipe à la noire Euménide,
» Je n'ai puni sur moi l'inceste parricide ;
» Mais les dieux tout-puissans gardaient à mon déclin
» Les ténèbres, l'exil, l'indigence et la faim.

» Prends ; et puisse bientôt changer ta destinée,
» Disent-ils. » Et tirant ce que, pour leur journée,

Tient la peau d'une chèvre aux crins noirs et luisans,
Ils versent à l'envi, sur ses genoux pesans,
Le pain de pur froment, les olives huileuses,
Le fromage et l'amande, et les figues mielleuses,
Et du pain à son chien entre ses pieds gissant,
Tout hors d'haleine encore, humide et languissant ;
Qui malgré les rameurs, se lançant à la nage,
L'avait loin du vaisseau rejoint sur le rivage.

« Le sort, dit le vieillard, n'est pas toujours de fer.
» Je vous salue, enfans venus de Jupiter.
» Heureux sont les parens qui tels vous firent naître !
» Mais venez, que mes mains cherchent à vous connaître ;
» Je crois avoir des yeux. Vous êtes beaux tous trois.
» Vos visages sont doux, car douce est votre voix.
» Qu'aimable est la vertu que la grâce environne !
» Croissez, comme j'ai vu ce palmier de Latone,
» Alors qu'ayant des yeux je traversai les flots ;
» Car jadis, abordant à la sainte Délos,
» Je vis près d'Apollon, à son autel de pierre,
» Un palmier, don du ciel, merveille de la terre.
» Vous croîtrez, comme lui, grands, féconds, révérés,
» Puisque les malheureux sont par vous honorés.
» Le plus âgé de vous aura vu treize années :
» A peine, mes enfans, vos mères étaient nées,
» Que j'étais presque vieux. Assieds-toi près de moi,
» Toi, le plus grand de tous ; je me confie à toi.
» Prends soin du vieil aveugle. — O sage magnanime !
» Comment, et d'où viens-tu ? car l'onde maritime
» Mugit de toutes parts sur nos bords orageux.

» — Des marchands de Cymé m'avaient pris avec eux.
» J'allais voir, m'éloignant des rives de Carie,
» Si la Grèce pour moi n'aurait point de patrie,
» Et des dieux moins jaloux, et de moins tristes jours;
» Car jusques à la mort nous espérons toujours.
» Mais pauvre, et n'ayant rien pour payer mon passage,
» Ils m'ont, je ne sais où, jeté sur le rivage.

» — Harmonieux vieillard, tu n'as donc point chanté?
» Quelques sons de ta voix auraient tout acheté.

» — Enfans, du rossignol la voix pure et légère
» N'a jamais apaisé le vautour sanguinaire,
» Et les riches grossiers, avares, insolens,
» N'ont pas une ame ouverte à sentir les talens.
» Guidé par ce bâton, sur l'arène glissante,
» Seul, en silence, au bord de l'onde mugissante,
» J'allais ; et j'écoutais le bêlement lointain
» De troupeaux agitant leurs sonnettes d'airain.
» Puis j'ai pris cette lyre, et les cordes mobiles
» Ont encor résonné sous mes vieux doigts débiles.
» Je voulais des grands dieux implorer la bonté,
» Et surtout Jupiter, dieu d'hospitalité :
» Lorsque d'énormes chiens, à la voix formidable,
» Sont venus m'assaillir; et j'étais misérable,
» Si vous (car c'était vous) avant qu'ils m'eussent pris
» N'eussiez armé pour moi les pierres et les cris.
» —Mon père, il est donc vrai : tout est devenu pire?
» Car jadis, aux accens d'une éloquente lyre,
» Les tigres et les loups, vaincus, humiliés,
» D'un chanteur comme toi vinrent baiser les pieds.

» — Les barbares ! J'étais assis près de la poupe.
» Aveugle vagabond, dit l'insolente troupe,
» Chante : si ton esprit n'est point comme tes yeux,
» Amuse notre ennui ; tu rendras grâce aux dieux.
» J'ai fait taire mon cœur qui voulait les confondre ;
» Ma bouche ne s'est point ouverte à leur répondre.
» Ils n'ont pas entendu ma voix, et sous ma main
» J'ai retenu le dieu courroucé dans mon sein.
» Cymé, puisque tes fils dédaignent Mnémosyne,
» Puisqu'ils ont fait outrage à la muse divine,
» Que leur vie et leur mort s'éteigne dans l'oubli ;
» Que ton nom dans la nuit demeure enseveli.

» — Viens, suis-nous à la ville ; elle est toute voisine,
» Et chérit les amis de la muse divine.
» Un siége aux cloux d'argent te place à nos festins ;
» Et là les mets choisis, le miel et les bons vins,
» Sous la colonne où pend une lyre d'ivoire,
» Te feront de tes maux oublier la mémoire.
» Et si, dans le chemin, rhapsode ingénieux,
» Tu veux nous accorder tes chants dignes des cieux,
» Nous dirons qu'Apollon, pour charmer les oreilles,
» T'a lui-même dicté de si douces merveilles.

» — Oui, je le veux ; marchons. Mais où m'entraînez-vous ?
» Enfans du vieil aveugle, en quel lieu sommes-nous ?

» — Sicos est l'île heureuse où nous vivons, mon père.

» — Salut, belle Sicos, deux fois hospitalière !
» Car sur ses bords heureux je suis déjà venu,
» Amis, je la connais. Vos pères m'ont connu :

» Ils croissaient comme vous ; mes yeux s'ouvraient encore
» Au soleil, au printemps, aux roses de l'aurore ;
» J'étais jeune et vaillant. Aux danses des guerriers,
» A la course, aux combats, j'ai paru des premiers.
» J'ai vu Corinthe, Argos, et Crète et les cent villes,
» Et du fleuve Égyptus les rivages fertiles ;
» Mais la terre et la mer, et l'âge et les malheurs,
» Ont épuisé ce corps fatigué de douleurs.
» La voix me reste. Ainsi la cigale innocente,
» Sur un arbuste assise, et se console et chante.
» Commençons par les dieux : Souverain Jupiter ;
» Soleil, qui vois, entends, connais tout ; et toi, mer,
» Fleuves, terre, et noirs dieux des vengeances trop lentes,
» Salut ! Venez à moi de l'Olympe habitantes,
» Muses ; vous savez tout, vous déesses ; et nous,
» Mortels, ne savons rien qui ne vienne de vous. »

Il poursuit ; et déjà les antiques ombrages
Mollement en cadence inclinaient leurs feuillages ;
Et pâtres oubliant leur troupeau délaissé,
Et voyageurs quittant leur chemin commencé,
Couraient ; il les entend, près de son jeune guide,
L'un sur l'autre pressés tendre une oreille avide ;
Et nymphes et sylvains sortaient pour l'admirer,
Et l'écoutaient en foule, et n'osaient respirer ;
Car, en de longs détours de chansons vagabondes,
Il enchaînait de tout les semences fécondes,
Les principes du feu, les eaux, la terre et l'air,
Les fleuves descendus du sein de Jupiter,
Les oracles, les arts, les cités fraternelles,

Et depuis le chaos les amours immortelles.
D'abord le Roi divin, et l'Olympe et les Cieux
Et le Monde, ébranlés d'un signe de ses yeux ;
Et les dieux partagés en une immense guerre,
Et le sang plus qu'humain venant rougir la terre,
Et les rois assemblés, et sous les pieds guerriers,
Une nuit de poussière, et les chars meurtriers ;
Et les héros armés, brillans dans les campagnes,
Comme un vaste incendie aux cimes des montagnes.
Les coursiers hérissant leur crinière à longs flots,
Et d'une voix humaine excitant les héros.
De là, portant ses pas dans les paisibles villes,
Les lois, les orateurs, les récoltes fertiles.
Mais bientôt de soldats les remparts entourés,
Les victimes tombant dans les parvis sacrés,
Et les assauts, mortels aux épouses plaintives,
Et les mères en deuil, et les filles captives ;
Puis aussi les moissons joyeuses, les troupeaux
Bêlans ou mugissans, les rustiques pipeaux,
Les chansons, les festins, les vendanges bruyantes,
Et la flûte et la lyre, et les notes dansantes ;
Puis, déchaînant les vents à soulever les mers,
Il perdait les nochers sur les gouffres amers.
De là, dans le sein frais d'une roche azurée,
En foule il appelait les filles de Nérée,
Qui bientôt, à des cris, s'élevant sur les eaux,
Aux rivages troyens parcouraient des vaisseaux ;
Puis il ouvrait du Styx la rive criminelle,
Et puis les demi-dieux et les champs d'Asphodèle,
Et la foule des morts ; vieillards seuls et souffrans,

Jeunes gens emportés aux yeux de leurs parens,
Enfans dont au berceau la vie est terminée,
Vierges dont le trépas suspendit l'hyménée.
Mais ô bois, ô ruisseaux, ô monts, ô durs cailloux,
Quels doux frémissemens vous agitèrent tous
Quand bientôt à Lemnos, sur l'enclume divine,
Il forgeait cette trame irrésistible et fine,
Autant que d'Arachné les piéges inconnus,
Et dans ce fer mobile emprisonnait Vénus !
Et quand il revêtit d'une pierre soudaine
La fière Niobé, cette mère thébaine,
Et quand il répétait en accens de douleurs
De la triste Aëdon l'imprudence et les pleurs,
Qui, d'un fils méconnu marâtre involontaire,
Vola, doux rossignol, sous le bois solitaire ;
Ensuite, avec le vin, il versait aux héros
Le puissant Népeuthès, oubli de tous les maux ;
Il cueillait le Moly, fleur qui rend l'homme sage ;
Du paisible Lotos il mêlait le breuvage.
Les mortels oubliaient, à ce philtre charmés,
Et la douce patrie et les parens aimés ;
Enfin, l'Ossa, l'Olympe et les bois du Pénée
Voyaient ensanglanter les banquets d'hyménée,
Quand Thésée, au milieu de la joie et du vin,
La nuit où son ami reçut à son festin
Le peuple monstrueux des enfans de la nue,
Fut contraint d'arracher l'épouse demi-nue
Au bras ivre et nerveux du sauvage Eurytus.
Soudain, le glaive en main, l'ardent Pirithoüs :
« Attends ; il faut ici que mon affront s'expie,

» Traître! » Mais, avant lui, sur le centaure impie,
Dryas a fait tomber, avec tous ses rameaux,
Un long arbre de fer hérissé de flambeaux.
L'insolent quadrupède en vain s'écrie, il tombe ;
Et son pied bat le sol qui doit être sa tombe.
Sous l'effort de Nessus, la table du repas
Roule, écrase Cymèle, Évagre, Périphas.
Pirithoüs égorge Antimaque, et Pétrée,
Et Cyllare aux pieds blancs, et le noir Macarée,
Qui de trois fiers lions, dépouillés par sa main,
Couvrait ses quatre flancs, armait son double sein.
Courbé, levant un roc choisi pour leur vengeance,
Tout-à-coup, sous l'airain d'un vase antique, immense,
L'imprudent Bianor, par Hercule surpris,
Sent de sa tête énorme éclater les débris.
Hercule et la massue entassent en trophée
Clanis, Démoléon, Lycotas, et Riphée
Qui portait sur ses crins, de taches colorés,
L'héréditaire éclat des nuages dorés.
Mais d'un double combat Eurynome est avide ;
Car ses pieds, agités en un cercle rapide,
Battent à coups pressés l'armure de Nestor ;
Le quadrupède Hélops fuit l'agile Crantor ;
Le bras levé l'atteint ; Eurynome l'arrête.
D'un érable noueux il va fendre sa tête :
Lorsque le fils d'Égée, invincible, sanglant,
L'aperçoit ; à l'autel prend un chêne brûlant ;
Sur sa croupe indomptée, avec un cri terrible,
S'élance ; va saisir sa chevelure horrible,
L'entraîne, et quand sa bouche ouverte avec effort,

Crie; il y plonge ensemble et la flamme et la mort.
L'autel est dépouillé. Tous vont s'armer de flamme,
Et le bois porte au loin les hurlemens de femme,
L'ongle frappant la terre, et les guerriers meurtris,
Et les vases brisés, et l'injure, et les cris.

Ainsi le grand vieillard, en images hardies,
Déployait le tissu des saintes mélodies.
Les trois enfans, émus à son auguste aspect,
Admiraient, d'un regard de joie et de respect,
De sa bouche abonder les paroles divines,
Comme en hiver la neige aux sommets des collines.
Et partout accourus, dansant sur son chemin,
Hommes, femmes, enfans, les rameaux à la main,
Et vierges et guerriers, jeunes fleurs de la ville,
Chantaient : « Viens dans nos murs, viens habiter notre île ;
» Viens, prophète éloquent, aveugle harmonieux,
» Convive du nectar, disciple aimé des dieux ;
» Des jeux, tous les cinq ans, rendront saint et prospère
» Le jour où nous avons reçu le grand HOMÈRE. »

LA LIBERTÉ.

UN CHEVRIER, UN BERGER.

LE CHEVRIER.

Berger, quel es-tu donc? qui t'agite? et quels dieux
De noirs cheveux épars enveloppent tes yeux?

LE BERGER.

Blond pasteur de chevreaux, oui tu veux me l'apprendre:
Oui, ton front est plus beau, ton regard est plus tendre.

LE CHEVRIER.

Quoi! tu sors de ces monts où tu n'as vu que toi,
Et qu'on n'approche point sans peine et sans effroi?

LE BERGER.

Tu te plais mieux sans doute au bois, à la prairie;
Tu le peux. Assieds-toi parmi l'herbe fleurie;
Moi, sous un antre aride, en cet affreux séjour,
Je me plais sur le roc à voir passer le jour.

LE CHEVRIER.

Mais Cérès a maudit cette terre âpre et dure;

Un noir torrent pierreux y roule une onde impure;
Tous ces rocs, calcinés sous un soleil rongeur,
Brûlent et font hâter les pas du voyageur.
Point de fleurs, point de fruits, nul ombrage fertile
N'y donne au rossignol un balsamique asile.
Quelque olivier au loin, maigre fécondité,
Y rampe et fait mieux voir leur triste nudité.
Comment as-tu donc su d'herbes accoutumées
Nourrir dans ce désert tes brebis affamées?

LE BERGER.

Que m'importe? est-ce à moi qu'appartient ce troupeau?
Je suis esclave.

LE CHEVRIER.

Au moins un rustique pipeau
A-t-il chassé l'ennui de ton rocher sauvage?
Tiens, veux-tu cette flûte? Elle fut mon ouvrage.
Prends : sur ce buis fertile en agréables sons
Tu pourras des oiseaux imiter les chansons.

LE BERGER.

Non; garde tes présens. Les oiseaux de ténèbres,
La chouette et l'orfraie, et leurs accens funèbres,
Voilà les seuls chanteurs que je veuille écouter;
Voilà quelles chansons je voudrais imiter.
Ta flûte sous mes pieds serait bientôt brisée;
Je hais tous vos plaisirs. Les fleurs et la rosée,
Et de vos rossignols les soupirs caressans,
Rien ne plaît à mon cœur, rien ne flatte mes sens;
Je suis esclave.

LE CHEVRIER.

Hélas! que je te trouve à plaindre :
Oui, l'esclavage est dur ; oui, tout mortel doit craindre
De servir, de plier sous une injuste loi ;
De vivre pour autrui, de n'avoir rien à soi.
Protége-moi toujours, ô liberté chérie !
O mère des vertus, mère de la patrie !

LE BERGER.

Va, patrie et vertu ne sont que de vains noms.
Toutefois, tes discours sont pour moi des affronts :
Ton prétendu bonheur et m'afflige et me brave ;
Comme moi, je voudrais que tu fusses esclave.

LE CHEVRIER.

Et moi, je te voudrais libre, heureux comme moi.
Mais les dieux n'ont-ils point de remède pour toi ?
Il est des baumes doux, des lustrations pures
Qui peuvent de notre ame assoupir les blessures,
Et de magiques chants qui tarissent les pleurs.

LE BERGER.

Il n'en est point ; il n'est pour moi que des douleurs :
Mon sort est de servir, il faut qu'il s'accomplisse.
Moi, j'ai ce chien aussi qui tremble à mon service ;
C'est mon esclave aussi. Mon désespoir muet
Ne peut rendre qu'à lui tous les maux qu'on me fait.

LE CHEVRIER.

La terre, notre mère, et sa douce richesse
Ne peut-elle du moins égayer ta tristesse ?

3.

Vois combien elle est belle! et vois l'été vermeil,
Prodigue de trésors brillans fils du soleil,
Qui vient, fertile amant d'une heureuse culture,
Varier du printemps l'uniforme verdure;
Vois l'abricot naissant, sous les yeux d'un beau ciel,
Arrondir son fruit doux et blond comme le miel;
Vois la pourpre des fleurs dont le pêcher se pare
Nous annoncer l'éclat des fruits qu'il nous prépare.
Au bord de ces prés verds regarde ces guérets,
De qui les blés touffus, jaunissantes forêts,
Du joyeux moissonneur attendent la faucille.
D'agrestes déités quelle noble famille!
La récolte et la paix, aux yeux purs et sereins,
Les épis sur le front, les épis dans les mains,
Qui viennent, sur les pas de la belle espérance,
Verser la corne d'or où fleurit l'abondance.

LE BERGER.

Sans doute qu'à tes yeux elles montrent leurs pas;
Moi, j'ai des yeux d'esclave et je ne les vois pas.
Je n'y vois qu'un sol dur, laborieux, servile,
Que j'ai, non pas pour moi, contraint d'être fertile;
Où, sous un ciel brûlant, je moissonne le grain
Qui va nourrir un autre et me laisse ma faim.
Voilà quelle est la terre; elle n'est point ma mère,
Elle est pour moi marâtre; et la nature entière
Est plus nue à mes yeux, plus horrible à mon cœur,
Que ce vallon de mort qui te fait tant d'horreur.

LE CHEVRIER.

Le soin de tes brebis, leur voix douce et paisible,

N'ont-ils donc rien qui plaise à ton ame insensible?
N'aimes-tu point à voir les jeux de tes agneaux?
Moi, je me plais auprès de mes jeunes chevreaux;
Je m'occupe à leurs jeux; j'aime leur voix bêlante;
Et quand sur la rosée et sur l'herbe brillante
Vers leur mère en criant je les vois accourir,
Je bondis avec eux de joie et de plaisir.

LE BERGER.

Ils sont à toi : mais moi j'eus une autre fortune;
Ceux-ci de mes tourmens sont la cause importune.
Deux fois, avec ennui, promenés chaque jour,
Un maître soupçonneux nous attend au retour.
Rien ne le satisfait; ils ont trop peu de laine;
Ou bien ils sont mourans, ils se traînent à peine;
En un mot, tout est mal. Si le loup quelquefois
En saisit un, l'emporte et s'enfuit dans les bois,
C'est ma faute; il fallait braver ses dents avides.
Je dois rendre les loups innocens et timides.
Et puis menaces, cris, injure, emportemens,
Et lâches cruautés qu'il nomme châtimens.

LE CHEVRIER.

Toujours à l'innocent les dieux sont favorables :
Pourquoi fuir leur présence, appui des misérables?
Autour de leurs autels, parés de nos festons,
Que ne viens-tu danser, offrir de simples dons,
Du chaume, quelques fleurs, et par ces sacrifices
Te rendre Jupiter et les nymphes propices?

LE BERGER.

Non : les danses, les jeux, les plaisirs des bergers,

Sont à mon triste cœur des plaisirs étrangers.
Que parles-tu de dieux, de nymphes et d'offrandes ?
Moi, je n'ai pour les dieux ni chaume ni guirlandes ;
Je les crains, car j'ai vu leur foudre et leurs éclairs ;
Je ne les aime pas, ils m'ont donné des fers.

LE CHEVRIER.

Eh bien ! que n'aimes-tu ? Quelle amertume extrême
Résiste aux doux souris d'une vierge qu'on aime ?
L'autre jour à la mienne, en ce bois fortuné,
Je vins offrir le don d'un chevreau nouveau né.
Son œil tomba sur moi, si doux, si beau, si tendre !
Sa voix prit un accent ! Je crois toujours l'entendre.

LE BERGER.

Eh ! quel œil virginal voudrait tomber sur moi ?
Ai-je, moi, des chevreaux à donner comme toi ?
Chaque jour, par ce maître inflexible et barbare,
Mes agneaux sont comptés avec un soin avare.
Trop heureux quand il daigne à mes cris superflus
N'en pas redemander plus que je n'en reçus.
O juste Némésis ! si jamais je puis être
Le plus fort à mon tour, si je puis me voir maître,
Je serai dur, méchant, intraitable, sans foi,
Sanguinaire, cruel comme on l'est avec moi.

LE CHEVRIER.

Et moi, c'est vous qu'ici pour témoins j'en appelle,
Dieux ! De mes serviteurs la cohorte fidèle
Me trouvera toujours humain, compatissant,
A leurs justes désirs facile et complaisant,

Afin qu'ils soient heureux et qu'ils aiment leur maître,
Et bénissent en paix l'instant qui les vit naître.

LE BERGER.

Et moi je le maudis cet instant douloureux
Qui me donna le jour pour être malheureux;
Pour agir quand un autre exige, veut, ordonne;
Pour n'avoir rien à moi, pour ne plaire à personne;
Pour endurer la faim, quand ma peine et mon deuil
Engraissent d'un tyran l'indolence et l'orgueil.

LE CHEVRIER.

Berger infortuné, ta plaintive détresse
De ton cœur dans le mien fait passer la tristesse.
Vois cette chèvre mère et ces chevreaux, tous deux
Aussi blancs que le lait qu'elle garde pour eux;
Qu'ils aillent avec toi, je te les abandonne.
Adieu. Puisse du moins ce peu que je te donne
De ta triste mémoire effacer tes malheurs,
Et soigné par tes mains distraire tes douleurs!

LE BERGER.

Oui, donne et sois maudit; car si j'étais plus sage
Ces dons sont pour mon cœur d'un sinistre présage;
De mon despote avare ils choqueront les yeux.
Il ne croit pas qu'on donne : il est fourbe, envieux;
Il dira que chez lui j'ai volé le salaire
Dont j'aurai pu payer les chevreaux et la mère;
Et d'un si bon prétexte ardent à se servir,
C'est à moi que lui-même il viendra les ravir.

LE MALADE.

« Apollon, dieu sauveur, dieu des savans mystères,
» Dieu de la vie, et dieu des plantes salutaires,
» Dieu vainqueur de Python, dieu jeune et triomphant,
» Prends pitié de mon fils, de mon unique enfant !
» Prends pitié de sa mère aux larmes condamnée,
» Qui ne vit que pour lui, qui meurt abandonnée,
» Qui n'a pas dû rester pour voir mourir son fils ;
» Dieu jeune, viens aider sa jeunesse. Assoupis,
» Assoupis dans son sein cette fièvre brûlante
» Qui dévore la fleur de sa vie innocente.
» Apollon, si jamais, échappé du tombeau,
» Il retourne au Ménale avoir soin du troupeau ;
» Ces mains, ces vieilles mains orneront ta statue
» De ma coupe d'onyx à tes pieds suspendue ;
» Et, chaque été nouveau, d'un taureau mugissant
» La hache à ton autel fera couler le sang.

» Eh bien, mon fils, es-tu toujours impitoyable ?
» Ton funeste silence est-il inexorable ?

» Enfant, tu veux mourir ? Tu veux, dans ses vieux ans,
» Laisser ta mère seule avec ses cheveux blancs?
» Tu veux que ce soit moi qui ferme ta paupière ?
» Que j'unisse ta cendre à celle de ton père ?
» C'est toi qui me devais ces soins religieux,
» Et ma tombe attendait tes pleurs et tes adieux.
» Parle, parle, mon fils, quel chagrin te consume ?
» Les maux qu'on dissimule en ont plus d'amertume.
» Ne lèveras-tu point ces yeux appesantis ?

» — Ma mère, adieu ; je meurs, et tu n'as plus de fils.
» Non, tu n'as plus de fils, ma mère bien aimée.
» Je te perds. Une plaie ardente, envenimée,
» Me ronge : avec effort je respire ; et je crois
» Chaque fois respirer pour la dernière fois.
» Je ne parlerai pas. Adieu; ce lit me blesse,
» Ce tapis qui me couvre accable ma faiblesse ;
» Tout me pèse, et me lasse. Aide-moi, je me meurs.
» Tourne-moi, sur le flanc. Ah j'expire ! ô douleurs !

» — Tiens, mon unique enfant, mon fils, prends ce breuvage,
» Sa chaleur te rendra ta force et ton courage.
» La mauve, le dictame ont, avec les pavots,
» Mêlé leurs sucs puissans qui donnent le repos :
» Sur le vase bouillant, attendrie à mes larmes
» Une Thessalienne a composé des charmes.
» Ton corps débile a vu trois retours du soleil
» Sans connaître Cérès, ni tes yeux le sommeil.
» Prends, mon fils, laisse-toi fléchir à ma prière ;
» C'est ta mère, ta vieille, inconsolable mère

» Qui pleure; qui jadis te guidait pas à pas,
» T'asseyait sur son sein, te portait dans ses bras;
» Que tu disais aimer, qui t'apprit à le dire;
» Qui chantait, et souvent te forçait à sourire
» Lorsque tes jeunes dents, par de vives douleurs,
» De tes yeux enfantins faisaient couler des pleurs.
» Tiens, presse de ta lèvre, hélas! pâle et glacée,
» Par qui cette mamelle était jadis pressée,
» Un suc qui te nourrisse et vienne à ton secours,
» Comme autrefois mon lait nourrit tes premiers jours.

» — O côteaux d'Érymanthe! ô vallons! ô bocage!
» O vent sonore et frais qui troublais le feuillage,
» Et faisais frémir l'onde, et sur leur jeune sein
» Agitais les replis de leur robe de lin!
» De légères beautés, troupe agile et dansante...
» Tu sais, tu sais, ma mère? Aux bords de l'Érymanthe,
» Là, ni loups ravisseurs, ni serpens, ni poisons.
» O visage divin! ô fêtes! ô chansons!
» Des pas entrelacés, des fleurs, une onde pure,
» Aucun lieu n'est si beau dans toute la nature.
» Dieux! ces bras et ces fleurs, ces cheveux, ces pieds nus
» Si blancs, si délicats! Je ne les verrai plus.
» O portez, portez-moi sur les bords d'Érymanthe,
» Que je la voie encor cette vierge charmante!
» O! que je voie au loin la fumée à longs flots
» S'élever de ce toit au bord de cet enclos....
» Assise à tes côtés, ses discours, sa tendresse,
» Sa voix, trop heureux père! enchante ta vieillesse.
» Dieux! par-dessus la haie élevée en remparts,

IDYLLES.

» Je la vois à pas lents, en longs cheveux épars,
» Seule, sur un tombeau, pensive, inanimée,
» S'arrêter et pleurer sa mère bien aimée.
» O que tes yeux sont doux! que ton visage est beau!
» Viendras-tu point aussi pleurer sur mon tombeau?
» Viendras-tu point aussi, la plus belle des belles,
» Dire sur mon tombeau : Les parques sont cruelles ?

» — Ah! mon fils, c'est l'amour! c'est l'amour insensé
» Qui t'a, jusqu'à ce point, cruellement blessé ?
» Ah! mon malheureux fils! Oui, faibles que nous sommes,
» C'est toujours cet amour qui tourmente les hommes.
» S'ils pleurent en secret, qui lira dans leur cœur
» Verra que cet amour est toujours leur vainqueur.
» Mais, mon fils, mais dis-moi, quelle nymphe charmante,
» Quelle vierge as-tu vue au bord de l'Érymanthe ?
» N'es-tu pas riche et beau? du moins quand la douleur
» N'avait point de ta joue éteint la jeune fleur.
» Parle. Est-ce cette Églé, fille du roi des ondes?
» Ou cette jeune Irène aux longues tresses blondes ?
» Ou ne sera-ce point cette fière beauté
» Dont j'entends le beau nom chaque jour répété ;
» Dont j'apprends que partout les belles sont jalouses?
» Qu'aux temples, aux festins, les mères, les épouses,
» Ne sauraient voir, dit-on, sans peine et sans effroi ?
» Cette belle Daphné?... — Dieux! ma mère, tais-toi,
» Tais-toi. Dieux! qu'as-tu dit? elle est fière, inflexible;
» Comme les immortels elle est belle et terrible !
» Mille amans l'ont aimée ; ils l'ont aimée en vain.
» Comme eux j'aurais trouvé quelque refus hautain.

» Non, garde que jamais elle soit informée...
» Mais, ô mort! ô tourment! ô mère bien aimée!
» Tu vois dans quels ennuis dépérissent mes jours.
» Écoute ma prière et viens à mon secours :
» Je meurs ; va la trouver : que tes traits, que ton âge,
» De sa mère, à ses yeux, offrent la sainte image.
» Tiens, prends cette corbeille et nos fruits les plus beaux ;
» Prends notre Amour d'ivoire, honneur de ces hameaux ;
» Prends la coupe d'onyx, à Corinthe ravie ;
» Prends mes jeunes chevreaux, prends mon cœur, prends ma vie;
» Jette tout à ses pieds ; apprends-lui qui je suis ;
» Dis-lui que je me meurs, que tu n'as plus de fils.
» Tombe aux pieds du vieillard, gémis, implore, presse ;
» Adjure cieux et mers, Dieux, temple, autel, déesse ;
» Pars ; et si tu reviens sans les avoir fléchis,
» Adieu, ma mère, adieu, tu n'auras plus de fils.

» — J'aurai toujours un fils ; va, la belle espérance
» Me dit.... » Elle s'incline, et dans un doux silence,
Elle couvre ce front, terni par les douleurs,
De baisers maternels entremêlés de pleurs.
Puis elle sort en hâte, inquiète et tremblante,
Sa démarche de crainte et d'âge chancelante.
Elle arrive ; et bientôt revenant sur ses pas,
Haletante, de loin : « Mon cher fils, tu vivras,
» Tu vivras. » Elle vient s'asseoir près de la couche :
Le vieillard la suivait, le sourire à la bouche.
La jeune belle aussi, rouge et le front baissé,
Vient ; jette sur le lit un coup-d'œil. L'insensé
Tremble ; sous ses tissus il veut cacher sa tête.

« Ami, depuis trois jours tu n'es d'aucune fête,
» Dit-elle, que fais-tu ? Pourquoi veux-tu mourir ?
» Tu souffres. L'on me dit que je peux te guérir :
» Vis; et formons ensemble une seule famille.
» Que mon père ait un fils, et ta mère une fille. »

LE MENDIANT.

C'était quand le printemps a reverdi les prés.
La fille de Lycus, vierge aux cheveux dorés,
Sous les monts Achéens, non loin de Cérynée,
. . . .
. . . .
Errait à l'ombre, aux bords du faible et pur Crathis ;
Car les eaux du Crathis, sous des berceaux de frêne,
Entouraient de Lycus le fertile domaine.
. . . . Soudain, à l'autre bord,
Du fond d'un bois épais, un noir fantôme sort
Tout pâle, demi-nu, la barbe hérissée :
Il remuait à peine une lèvre glacée ;
Des hommes et des dieux implorait le secours,
Et dans la forêt sombre errait depuis deux jours.
Il se traîne, il n'attend qu'une mort douloureuse ;
Il succombe. L'enfant, interdite et peureuse,
A ce hideux aspect sorti du fond du bois,
Veut fuir; mais elle entend sa lamentable voix.
Il tend les bras, il tombe à genoux; il lui crie
Qu'au nom de tous les dieux il la conjure, il prie,

Et qu'il n'est point à craindre, et qu'une ardente faim
L'aiguillonne et le tue, et qu'il expire enfin.
« Si, comme je le crois, belle dès ton enfance,
» C'est le dieu de ces eaux qui t'a donné naissance,
» Nymphe, souvent les vœux des malheureux humains
» Ouvrent des immortels les bienfaisantes mains.
» Ou si c'est quelque front porteur d'une couronne
» Qui te nomme sa fille et te destine au trône,
» Souviens-toi, jeune enfant, que le ciel quelquefois
» Venge les opprimés sur la tête des rois.
» Belle vierge, sans doute enfant d'une déesse,
» Crains de laisser périr l'étranger en détresse ;
» L'étranger qui supplie est envoyé des dieux. »
Elle reste. A le voir elle enhardit ses yeux;
. . . . et d'une voix encore
Tremblante : « Ami, le ciel écoute qui l'implore ;
» Mais ce soir, quand la nuit descend sur l'horison,
» Passe le pont mobile, entre dans la maison ;
» J'aurai soin qu'on te laisse entrer sans méfiance.
» Pour la dixième fois célébrant ma naissance,
» Mon père doit donner une fête aujourd'hui.
» Il m'aime ; il n'a que moi ; viens t'adresser à lui.
» C'est le riche Lycus. Viens ce soir ; il est tendre,
» Il est humain : il pleure aux pleurs qu'il voit répandre. »
Elle dit, et s'arrête, et le cœur palpitant,
S'enfuit ; car l'étranger, sur elle en l'écoutant,
Fixait de ses yeux creux l'attention avide.
Elle rentre, cherchant dans le palais splendide
L'esclave près de qui toujours ses jeunes ans
Trouvent un doux accueil et des soins complaisans.

Cette sage affranchie avait nourri sa mère;
Maintenant sous des lois de vigilance austère,
Elle et son vieil époux, au devoir rigoureux,
Rangent des serviteurs le cortége nombreux.
Elle la voit de loin dans le fond du portique,
Court, et posant ses mains sur ce visage antique:
« Indulgente nourrice, écoute; il faut de toi
» Que j'obtienne un grand bien. Ma mère, écoute-moi:
» Un pauvre, un étranger, dans la misère extrême,
» Gémit sur l'autre bord, mourant, affamé, blême...
» Ne me décèle point. De mon père aujourd'hui
» J'ai promis qu'il pourrait solliciter l'appui.
» Fais qu'il entre; et surtout, ô mère de ma mère!
» Garde que nul mortel n'insulte à sa misère.

» Oui, ma fille; chacun fera ce que tu veux,
» Dit l'esclave en baisant son front et ses cheveux;
» Oui; qu'à ton protégé ta fête soit ouverte.
» Ta mère, mon élève, (inestimable perte!)
» Aimait à soulager les faibles abattus.
» Tu lui ressembleras autant par tes vertus
» Que par tes yeux si doux, et tes graces naïves. »

Mais, cependant la nuit assemble les convives:
En habits somptueux, d'essences parfumés,
Ils entrent. Aux lambris d'ivoire et d'or semés,
Pend le lin d'Ionie en brillantes courtines;
Le toit s'égaie et rit de mille odeurs divines.
La table au loin circule, et d'apprêts savoureux
Se charge. L'encens vole en longs flots vaporeux;
Sur leurs bases d'argent, des formes animées

Élèvent dans leurs mains des torches enflammées;
Les figures, l'onyx, le cristal, les métaux
En vases hérissés d'hommes ou d'animaux,
Partout sur les buffets, sur la table étincèlent;
Plus d'une lyre est prête; et partout s'amoncèlent
Et les rameaux de myrte et les bouquets de fleurs.
On s'étend sur les lits teints de mille couleurs;
Près de Lycus, sa fille idole de la fête,
Est admise. La rose a couronné sa tête.
Mais pour que la décence impose un juste frein,
Lui-même est par eux tous élu Roi du festin;
Et déjà vins, chansons, joie, entretiens sans nombre.
Lorsque la double porte ouverte, un spectre sombre
Entre; cherchant des yeux l'autel hospitalier.
La jeune enfant rougit. Il court vers le foyer;
Il embrasse l'autel, s'assied parmi la cendre;
Et tous, l'œil étonné, se taisent pour l'entendre.

« Lycus, fils d'Évènon, que les dieux et le temps
» N'osent jamais troubler tes destins éclatans.
» Ta pourpre, tes trésors, ton front noble et tranquille
» Semblent d'un roi puissant l'idole de sa ville.
» A ton riche banquet un peuple convié,
» T'honore comme un dieu de l'Olympe envoyé.
» Regarde un étranger qui meurt dans la poussière
» Si tu ne tends vers lui ta main hospitalière.
» Inconnu, j'ai franchi le seuil de ton palais:
» Trop de pudeur peut nuire à qui vit de bienfaits.
» Lycus, par Jupiter, par ta fille innocente
» Qui m'a seule indiqué ta porte bienfaisante!...

4

» Je fus riche, autrefois : mon banquet opulent
» N'a jamais repoussé l'étranger suppliant.
» Et pourtant aujourd'hui la faim est mon partage,
» La faim qui flétrit l'ame autant que le visage,
» Par qui l'homme souvent importun, odieux,
» Est contraint de rougir et de baisser les yeux.

» — Étranger, tu dis vrai, le hasard téméraire
» Des bons ou des méchans fait le destin prospère.
» Mais sois mon hôte. Ici l'on hait plus que l'enfer
» Du public ennemi, le riche au cœur de fer,
» Enfant de Némésis, dont le dédain barbare
» Aux besoins des mortels ferme son cœur avare.
» Je rends grâce à l'enfant qui t'a conduit ici.
» Ma fille, c'est bien fait; poursuis toujours ainsi.
» Respecter l'indigence est un devoir suprême.
» Souvent les immortels (et Jupiter lui-même)
» Sous des haillons poudreux, de seuil en seuil traînés,
» Viennent tenter le cœur des humains fortunés. »

D'accueil et de faveur un murmure s'élève.
Lycus descend, accourt, tend la main, le relève :
« Salut, père étranger; et que puissent tes vœux
» Trouver le ciel propice à tout ce que tu veux.
» Mon hôte, lève-toi. Tu parais noble et sage ;
» Mais cesse avec ta main de cacher ton visage.
» Souvent marchent ensemble indigence et vertu ;
» Souvent d'un vil manteau le sage revêtu,
» Seul, vit avec les dieux et brave un sort inique.
» Couvert de chauds tissus, à l'ombre du portique,

» Sur de molles toisons, en un calme sommeil,
» Tu peux, ici dans l'ombre, attendre le soleil.
» Je te ferai revoir tes foyers, ta patrie,
» Tes parens, si les dieux ont épargné leur vie.
» Car tout mortel errant nourrit un long amour
» D'aller revoir le sol qui lui donna le jour.
» Mon hôte, tu franchis le seuil de ma famille
» A l'heure qui jadis a vu naître ma fille.
» Salut ! Vois, l'on t'apporte et la table et le pain :
» Sieds-toi. Tu vas d'abord rassasier ta faim.
» Puis, si nulle raison ne te force au mystère,
» Tu nous diras ton nom, ta patrie et ton père. »

Il retourne à sa place après que l'indigent
S'est assis. Sur ses mains dans l'aiguière d'argent,
Par une jeune esclave une eau pure est versée.
Une table de cèdre où l'éponge est passée,
S'approche; et vient offrir à son avide main
Et les fumantes chairs sur les disques d'airain,
Et l'amphore vineuse et la coupe aux deux anses.
« Mange et bois, dit Lycus; oublions les souffrances.
» Ami, leur lendemain est, dit-on, un beau jour. »

. . . .

Bientôt Lycus se lève et fait emplir sa coupe,
Et veut que l'échanson verse à toute la troupe :
« Pour boire à Jupiter qui nous daigne envoyer
» L'étranger, devenu l'hôte de mon foyer. »
Le vin de main en main va coulant à la ronde ;
Lycus lui-même emplit une coupe profonde,
L'envoie à l'étranger. « Salut, mon hôte, bois.

4.

» De ta ville bientôt tu reverras les toits,
» Fussent-ils par-delà les glaces du Caucase. »
Des mains de l'échanson l'étranger prend le vase,
Se lève; sur eux tous il invoque les dieux.
On boit; il se rassied. Et jusques sur les yeux
Ses noirs cheveux toujours ombrageant son visage,
De sourire et de plainte il mêle son langage.

« Mon hôte, maintenant que sous tes nobles toits,
» De l'importun besoin j'ai calmé les abois,
» Oserai-je à ma langue abandonner les rênes?
» Je n'ai plus ni pays, ni parens, ni domaines.
» Mais écoute : le vin, par toi-même versé,
» M'ouvre la bouche. Ainsi, puisque j'ai commencé,
» Entends ce que peut-être il eût mieux valu taire.
» Excuse enfin ma langue, excuse ma prière;
» Car du vin, tu le sais, la téméraire ardeur
» Souvent à l'excès même enhardit la pudeur.
» Meurtri de durs cailloux ou de sables arides,
» Déchiré de buissons, ou d'insectes avides,
» D'un long jeûne flétri, d'un long chemin lassé,
» Et de plus d'un grand fleuve en nageant traversé,
» Je parais énervé, sans vigueur, sans courage;
» Mais je suis né robuste et n'ai point passé l'âge.
» La force et le travail, que je n'ai point perdus,
» Par un peu de repos me vont être rendus.
» Emploie alors mes bras à quelques soins rustiques.
» Je puis dresser au char tes coursiers olympiques,
» Ou, sous les feux du jour, courbé vers le sillon,
» Presser deux forts taureaux du piquant aiguillon.

» Je puis même, tournant la meule nourricière,
» Broyer le pur froment en farine légère.
» Je puis, la serpe en main, planter et diriger
» Et le cep et la treille, espoir de ton verger.
» Je tiendrai la faucille ou la faux recourbée,
» Et devant mes pas, l'herbe ou la moisson tombée
» Viendra remplir ta grange en la belle saison ;
» Afin que nul mortel ne dise en ta maison,
» Me regardant d'un œil insultant et colère :
» O vorace étranger ! qu'on nourrit à rien faire.

» — Vénérable indigent, va, nul mortel chez moi
» N'oserait élever sa langue contre toi.
» Tu peux ici rester, même oisif et tranquille,
» Sans craindre qu'un affront ne trouble ton asile.
» — L'indigent se méfie. — Il n'est plus de danger.
» — L'homme est né pour souffrir. — Il est né pour changer.
» — Il change d'infortune ! — Ami, reprends courage :
» Toujours un vent glacé ne souffle point l'orage.
» Le ciel d'un jour à l'autre est humide ou serein,
» Et tel pleure aujourd'hui qui sourira demain.

» — Mon hôte, en tes discours préside la sagesse.
» Mais quoi ! la confiante et paisible richesse
» Parle ainsi. L'indigent espère en vain du sort;
» En espérant toujours il arrive à la mort.
» Dévoré de besoin, de projets, d'insomnie,
» Il vieillit dans l'opprobre et dans l'ignominie.
» Rebuté des humains durs, envieux, ingrats,
» Il a recours aux dieux qui ne l'entendent pas.

» Toutefois ta richesse accueille mes misères ;
» Et puisque ton cœur s'ouvre à la voix des prières,
» Puisqu'il sait, ménageant le faible humilié,
» D'indulgence et d'égards tempérer la pitié,
» S'il est des dieux du pauvre, ô Lycus! que ta vie
» Soit un objet pour tous et d'amour et d'envie.

» — Je te le dis encore, espérons, étranger.
» Que mon exemple au moins serve à t'encourager.
» Des changemens du sort j'ai fait l'expérience.
» Toujours un même éclat n'a point à l'indigence
» Fait du riche Lycus envier le destin :
» J'ai moi-même été pauvre et j'ai tendu la main.
» Cléotas de Larisse, en ses jardins immenses,
» Offrit à mon travail de justes récompenses.
» Jeune ami, j'ai trouvé quelques vertus en toi;
» Va, sois heureux, dit-il, et te souviens de moi.
» Oui, oui, je m'en souviens: Cléotas fut mon père;
» Tu vois le fruit des dons de sa bonté prospère.
» A tous les malheureux je rendrai désormais
» Ce que dans mon malheur je dus à ses bienfaits.
» Dieux, l'homme bienfaisant est votre cher ouvrage,
» Vous n'avez point ici d'autre visible image;
» Il porte votre empreinte, il sortit de vos mains
» Pour vous représenter aux regards des humains.
» Veillez sur Cléotas! Qu'une fleur éternelle,
» Fille d'une ame pure, en ses traits étincelle;
» Que nombre de bienfaits, ce sont là ses amours,
» Fassent une couronne à chacun de ses jours;
» Et quand une mort douce et d'amis entourée,

IDYLLES.

» Recevra sans douleur sa vieillesse sacrée,
» Qu'il laisse avec ses biens ses vertus pour appui
» A des fils s'il se peut encor meilleurs que lui.

» — Hôte des malheureux, le sort inexorable
» Ne prend point les avis de l'homme secourable.
» Tous, par sa main de fer en aveugles poussés,
» Nous vivons; et tes vœux ne sont point exaucés.
» Cléotas est perdu, son injuste patrie
» L'a privé de ses biens; elle a proscrit sa vie.
» De ses concitoyens dès long-temps envié,
» De ses nombreux amis en un jour oublié,
» Au lieu de ces tapis qu'avait tissus l'Euphrate,
» Au lieu de ces festins brillans d'or et d'agathe,
» Où ses hôtes, parmi les chants harmonieux,
» Savouraient jusqu'au jour les vins délicieux,
» Seul maintenant, sa faim visitant les feuillages,
» Dépouille les buissons de quelques fruits sauvages;
» Ou chez le riche altier apportant ses douleurs,
» Il mange un pain amer tout trempé de ses pleurs.
» Errant et fugitif, de ses beaux jours de gloire
» Gardant, pour son malheur, la pénible mémoire,
» Sous les feux du midi, sous le froid des hivers,
» Seul, d'exil en exil, de déserts en déserts,
» Pauvre et semblable à moi, languissant et débile,
» Sans appui qu'un bâton, sans foyer, sans asile,
» Revêtu de ramée ou de quelques lambeaux,
» Et sans que nul mortel attendri sur ses maux,
» D'un souhait de bonheur le flatte et l'encourage;
» Les torrens et la mer, l'aquilon et l'orage,

» Des corbeaux et des loups les tristes hurlemens
» Répondant seuls la nuit à ses gémissemens ;
» N'ayant d'autres amis que les bois solitaires,
» D'autres consolateurs que ses larmes amères,
» Il se traîne ; et souvent sur la pierre il s'endort
» A la porte d'un temple, en invoquant la mort.

» — Que m'as-tu dit ? La foudre a tombé sur ma tête.
» Dieux ! ah grands dieux ! partons. Plus de jeux plus de fête,
» Partons. Il faut vers lui trouver des chemins sûrs ;
» Partons. Jamais sans lui je ne revois ces murs.
» Ah dieux ! quand dans le vin, les festins, l'abondance,
» Enivré des vapeurs d'une folle opulence,
» Celui qui lui doit tout chante et s'oublie et rit,
» Lui peut-être il expire, affamé, nu, proscrit,
» Maudissant, comme ingrat, son vieil ami qui l'aime.
» Parle : était-ce bien lui ? le connais-tu toi-même ?
» En quels lieux était-il ? où portait-il ses pas ?
» Il sait où vit Lycus, pourquoi ne vient-il pas ?
» Parle : était-ce bien lui ? parle, parle, te dis-je ;
» Où l'as-tu vu ? — Mon hôte, à regret je t'afflige.
» C'était lui, je l'ai vu. . . . .
. . . .
. . . . » Les douleurs de son ame
» Avaient changé ses traits. Ses deux fils et sa femme,
» A Delphes, confiés au ministre du dieu,
» Vivaient de quelques dons offerts dans le saint lieu.
» Par des sentiers secrets fuyant l'aspect des villes,
» On les avait suivis jusques aux Thermopyles.
» Il en gardait encore un douloureux effroi.

IDYLLES.

» Je le connais ; je fus son ami comme toi.
» D'un même sort jaloux une même injustice
» Nous a tous deux plongés au même précipice.
» Il me donna jadis (ce bien seul m'est resté)
» Sa marque d'alliance et d'hospitalité.
» Vois si tu la connais. » O surprise ! Immobile,
Lycus a reconnu son propre sceau d'argile ;
Ce sceau, don mutuel d'immortelle amitié,
Jadis à Cléotas par lui-même envoyé.

Il ouvre un œil avide, et long-temps envisage
L'étranger. Puis enfin sa voix trouve un passage.
« Est-ce toi, Cléotas? toi, qu'ainsi je revoi?
» Tout ici t'appartient. O mon père! est-ce toi?
» Je rougis que mes yeux aient pu te méconnaître.
» O Cléotas ! mon père ! ô toi, qui fus mon maître
» Viens ; je n'ai fait ici que garder ton trésor ;
» Et ton ancien Lycus veut te servir encor.
» J'ai honte à ma fortune en regardant la tienne. »

Et dépouillant soudain la pourpre tyrienne
Que tient sur son épaule une agrafe d'argent,
Il l'attache lui-même à l'auguste indigent.
Les convives levés l'entourent ; l'allégresse
Rayonne en tous les yeux. La famille s'empresse ;
On cherche des habits, on réchauffe le bain.
La jeune enfant approche, il rit ; lui tend la main.
« Car c'est toi, lui dit-il, c'est toi qui la première
» Ma fille, m'as ouvert la porte hospitalière. »

MNAZILE ET CHLOÉ.

CHLOÉ.

Fleurs, bocage sonore, et mobiles roseaux
Où murmure zéphyr au murmure des eaux,
Parlez; le beau Mnazile est-il sous vos ombrages ?
Il visite souvent vos paisibles rivages.
Souvent j'écoute, et l'air qui gémit dans vos bois
A mon oreille au loin vient apporter sa voix.

MNAZILE.

Onde, mère des fleurs, naïade transparente
Qui pressez mollement cette enceinte odorante,
Amenez-y Chloé, l'amour de mes regards.
Vos bords m'offrent souvent ses vestiges épars.
Souvent ma bouche vient sous vos sombres allées
Baiser l'herbe et les fleurs que ses pas ont foulées.

CHLOÉ.

Oh! s'il pouvait savoir quel amoureux ennui
Me rend cher ce bocage où je rêve de lui !
Peut-être je devais d'un souris favorable
L'inviter, l'engager à me trouver aimable.

IDYLLES.

MNAZILE.

Si pour m'encourager quelque dieu bienfaiteur
Lui disait que son nom fait palpiter mon cœur!
J'aurais dû l'inviter, d'une voix douce et tendre,
A se laisser aimer, à m'aimer, à m'entendre.

CHLOÉ.

Ah! je l'ai vu; c'est lui. Dieux! je vais lui parler!
O ma bouche! ô mes yeux! gardez de vous troubler.

MNAZILE.

Le feuillage a frémi. Quelque robe légère.....
C'est elle! O! mes regards ayez soin de vous taire.

CHLOÉ.

Quoi, Mnazile est ici? Seule, errante, mes pas
Cherchaient ici le frais et ne t'y croyaient pas.

MNAZILE.

Seul, au bord de ces flots que le tilleul couronne,
J'avais fui le soleil et n'attendais personne.

. . . .

LYDÉ.

Mon visage est flétri des regards du soleil.
Mon pied blanc sous la ronce est devenu vermeil.
J'ai suivi tout le jour le fond de la vallée ;
Des bêlemens lointains partout m'ont appelée.
J'ai couru : tu fuyais sans doute loin de moi :
C'était d'autres pasteurs. Où te chercher, ô toi
Le plus beau des humains ? Dis-moi, fais-moi connaître
Où sont donc tes troupeaux, où tu les mènes paître.

O jeune adolescent ! tu rougis devant moi.
Vois mes traits sans couleur ; ils pâlissent pour toi :
C'est ton front virginal, ta grâce, ta décence ;
Viens. Il est d'autres jeux que les jeux de l'enfance.
O jeune adolescent, viens savoir que mon cœur
N'a pu de ton visage oublier la douceur.
Bel enfant, sur ton front la volupté réside.
Ton regard est celui d'une vierge timide.
Ton sein blanc, que ta robe ose cacher au jour,
Semble encore ignorer qu'on soupire d'amour.
Viens le savoir de moi. Viens, je veux te l'apprendre ;
Viens remettre en mes mains ton ame vierge et tendre,

Afin que mes leçons moins timides que toi
Te fassent soupirer et languir comme moi ;
Et qu'enfin rassuré, cette joue enfantine
Doive à mes seuls baisers cette rougeur divine.
O je voudrais qu'ici tu vinsses un matin
Reposer mollement ta tête sur mon sein !
Je te verrais dormir, retenant mon haleine ;
De peur de t'éveiller, ne respirant qu'à peine.
Mon écharpe de lin que je ferais flotter,
Loin de ton beau visage aurait soin d'écarter
Les insectes volans et la jalouse abeille.
. . . .

ARCAS ET PALÉMON.

PALÉMON.

Tu poursuis Damalis : mais cette blonde tête
Pour le joug de Vénus n'est point encore prête.
C'est une enfant encore ; elle fuit tes liens,
Et ses yeux innocens n'entendent pas les tiens.
Ta génisse naissante au sein du pâturage
Ne cherche aux bords des eaux que le saule et l'ombrage ;
Sans répondre à la voix des époux mugissans,
Elle se mêle aux jeux de ses frères naissans.

Le fruit encore verd, la vigne encore acide
Tentent de ton palais l'inquiétude avide.
Va, l'automne bientôt succédant à des fleurs
Saura mûrir pour toi leurs mielleuses liqueurs.
Tu la verras bientôt, lascive et caressante,
Tourner vers les baisers sa tête languissante.
Attends. Le jeune épi n'est point couronné d'or;
Le sang du doux mûrier ne jaillit point encor;
La fleur n'a point percé sa tunique sauvage;
Le jeune oiseau n'a point encore de plumage.
Qui prévient le moment l'empêche d'arriver.

ARCAS.

Qui le laisse échapper ne peut le retrouver.
Les fleurs ne sont pas tout! le verger vient d'éclore,
Et l'automne a tenu les promesses de Flore.
Le fruit est mûr, et garde en sa douce âpreté
D'un fruit à peine mûr l'aimable crudité.
L'oiseau d'un doux plumage enveloppe son aile.
Du milieu des bourgeons le feuillage étincelle.
La rose et Damalis de leur jeune prison
Ont ensemble percé la jalouse cloison.
Effrayée et confuse, et versant quelques larmes,
Sa mère en souriant a calmé ses alarmes.
L'hyménée a souri quand il a vu son sein
Pouvoir bientôt remplir une amoureuse main.
Sur le coing parfumé le doux printemps colore
Une molle toison intacte et vierge encore.
La grenade entr'ouverte au fond de ses réseaux
Nous laisse voir l'éclat de ses rubis nouveaux.

BACCHUS.

Viens, ô divin Bacchus, ô jeune Thyonée,
O Dyonise, Evan, Iacchus et Lénée,
Viens, tel que tu parus aux déserts de Naxos,
Quand ta voix rassurait la fille de Minos.
Le superbe éléphant, en proie à ta victoire,
Avait de ses débris formé ton char d'ivoire.
De pampres, de raisins mollement enchaîné,
Le tigre aux larges flancs de taches sillonné,
Et le lynx étoilé, la panthère sauvage
Promenaient avec toi ta cour sur ce rivage.
L'or reluisait partout aux axes de tes chars.
Les ménades couraient en longs cheveux épars,
Et chantaient Evoë, Bacchus et Thyonée,
Et Dyonise, Evan, Iacchus et Lénée;
Et tout ce que pour toi la Grèce eut de beaux noms.
Et la voix des rochers répétait leurs chansons.
Et le rauque tambour, les sonores cymbales,
Les hautbois tortueux et les doubles crotales,
Qu'agitaient en dansant sur ton bruyant chemin
Le faune, le satyre et le jeune sylvain,
Au hasard attroupés autour du vieux Silène,

Qui, sa coupe à la main, de la rive indienne,
Toujours ivre, toujours débile, chancelant,
Pas à pas cheminait sur son âne indolent.

EUPHROSINE.

Ah ! ce n'est point à moi qu'on s'occupe de plaire.
Ma sœur plutôt que moi dut le jour à ma mère.
Si quelques beaux bergers apportent une fleur,
Je sais qu'en me l'offrant ils regardent ma sœur.
S'ils vantent les attraits dont brille mon visage,
Ils disent à ma sœur : C'est ta vivante image.
Ah! pourquoi n'ai-je encor vu que douze moissons !
Nul amant ne me flatte en ses douces chansons ;
Nul ne dit qu'il mourra si je suis infidèle.
Mais j'attends. L'âge vient. Je sais que je suis belle.
Je sais qu'on ne voit point d'attraits plus désirés
Qu'un visage arrondi, de longs cheveux dorés.
Dans une bouche étroite un double rang d'ivoire,
Et sur de beaux yeux bleus une paupière noire.

HYLAS.

AU CHEVALIER DE PANGE.

Le navire éloquent fils des bois du Pénée,
Qui portait à Colchos la Grèce fortunée,
Craignant près de l'Euxin les menaces du nord,
S'arrête; et se confie au doux calme d'un port.
Aux regards des héros le rivage est tranquille;
Ils descendent. Hylas prend un vase d'argile,
Et va, pour leurs banquets sur l'herbe préparés,
Chercher une onde pure en ces bords ignorés.
Reines, au sein d'un bois, d'une source prochaine,
Trois naïades l'ont vu s'avancer dans la plaine.
Elles ont vu ce front de jeunesse éclatant,
Cette bouche, ces yeux. Et leur onde à l'instant
Plus limpide, plus belle, un plus léger zéphire,
Un murmure plus doux l'avertit et l'attire.
Il accourt. Devant lui l'herbe jette des fleurs :
Sa main errante suit l'éclat de leurs couleurs ;
Elle oublie, à les voir, l'emploi qui la demande,
Et s'égare à cueillir une belle guirlande.

Mais l'onde encor soupire et sait le rappeler.
Sur l'immobile arène il l'admire couler,
Se courbe ; et s'appuyant à la rive penchante,
Dans le cristal sonnant plonge l'urne pesante.
De leurs roseaux touffus les trois nymphes soudain
Volent, fendent leurs eaux, l'entraînent par la main
En un lit de jonc frais et de mousses nouvelles.
Sur leur sein, dans leurs bras, assis au milieu d'elles,
Leur bouche, en mots mielleux où l'amour est vanté
Le rassure et le loue et flatte sa beauté.
Leurs mains vont caressant sur sa joue enfantine
De la jeunesse en fleur la première étamine,
Ou sèchent en riant quelques pleurs gracieux,
Dont la frayeur subite avait rempli ses yeux.

« Quand ces trois corps d'albâtre atteignaient le rivage,
» D'abord j'ai cru, dit-il, que c'était mon image
» Qui, de cent flots brisés, prompte à suivre la loi,
» Ondoyante, volait et s'élançait vers moi. »

Mais Alcide inquiet, que presse un noir augure,
Va, vient, le cherche, crie auprès de l'onde pure :
Hylas ! Hylas ! Il crie et mille et mille fois.
Le jeune enfant de loin croit entendre sa voix,
Et du fond des roseaux, pour adoucir sa peine,
Lui répond d'une voix inentendue et vaine.

DE PANGE, c'est vers toi qu'à l'heure du réveil
Court cette jeune idylle au teint frais et vermeil.
Vas trouver mon ami, vas, ma fille nouvelle,

Lui disais-je. Aussitôt, pour te paraître belle,
L'eau pure a ranimé son front, ses yeux brillans ;
D'une étroite ceinture elle a pressé ses flancs,
Et des fleurs sur son sein, et des fleurs sur sa tête,
Et sa flûte à la main, sa flûte qui s'apprête
A défier un jour les pipeaux de Ségrais,
Seuls connus parmi nous aux nymphes des forêts.

NÉERE.

. . . .
Mais telle qu'à sa mort, pour la dernière fois,
Un beau cygne soupire, et de sa douce voix,
De sa voix qui bientôt lui doit être ravie,
Chante, avant de partir, ses adieux à la vie :
Ainsi, les yeux remplis de langueur et de mort,
Pâle, elle ouvrit sa bouche en un dernier effort.

« O vous, du Sébéthus naïades vagabondes,
» Coupez sur mon tombeau vos chevelures blondes.
» Adieu, mon Clinias ; moi, celle qui te plus,
» Moi, celle qui t'aimai, que tu ne verras plus.
» O cieux, ô terre, ô mer, prés, montagnes, rivages,
» Fleurs, bois mélodieux, vallons, grottes sauvages,
» Rappelez-lui souvent, rappelez-lui toujours

» Néere tout son bien, Néere ses amours,
» Cette Néere hélas ! qu'il nommait sa Néere ,
» Qui pour lui criminelle abandonna sa mère ;
» Qui pour lui fugitive, errant de lieux en lieux ,
» Aux regards des humains n'osa lever les yeux.
» O! soit que l'astre pur des deux frères d'Hélène
» Calme sous ton vaisseau la vague ionienne ;
» Soit qu'aux bords de Pœstum, sous ta soigneuse main
» Les roses deux fois l'an couronnent ton jardin ;
» Au coucher du soleil, si ton ame attendrie
» Tombe en une muette et molle rêverie,
» Alors, mon Clinias, appelle, appelle-moi.
» Je viendrai, Clinias ; je volerai vers toi.
» Mon ame vagabonde, à travers le feuillage
» Frémira ; sur les vents ou sur quelque nuage
» Tu la verras descendre ; ou du sein de la mer
» S'élevant comme un songe, étinceler dans l'air.
» Et ma voix toujours tendre et doucement plaintive
» Caresser en fuyant ton oreille attentive. »

FRAGMENS.

OEta, mont ennobli par cette nuit ardente,
Quand l'infidèle époux d'une épouse imprudente
Reçut de son amour un présent trop jaloux,
Victime du centaure immolé par ses coups.
Il brise tes forêts : ta cime épaisse et sombre
En un bûcher immense amoncèle sans nombre
Les sapins résineux que son bras a ployés.
Il y porte la flamme ; il monte : sous ses piés
Etend du vieux lion la dépouille héroïque ;
Et l'œil au ciel, la main sur la massue antique,
Attend sa récompense et l'heure d'être un dieu.
Le vent souffle et mugit. Le bûcher tout en feu
Brille autour du héros ; et la flamme rapide
Porte aux palais divins l'ame du grand Alcide !

J'étais un faible enfant qu'elle était grande et belle :
Elle me souriait et m'appelait près d'elle.
Debout sur ses genoux, mon innocente main
Parcourait ses cheveux, son visage, son sein,

Et sa main quelquefois aimable et caressante
Feignait de châtier mon enfance imprudente.
C'est devant ses amans, auprès d'elle confus,
Que la fière beauté me caressait le plus.
Que de fois (mais hélas! que sent-on à cet âge?)
Les baisers de sa bouche ont pressé mon visage;
Et les bergers disaient, me voyant triomphant:
« O que de biens perdus! O trop heureux enfant! »

———

Toujours ce souvenir m'attendrit et me touche,
Quand lui-même appliquant la flûte sur ma bouche,
Riant et m'asseyant sur lui, près de son cœur,
M'appelait son rival et déjà son vainqueur.
Il façonnait ma lèvre inhabile et peu sûre
A souffler une haleine harmonieuse et pure.
Et ses savantes mains prenant mes jeunes doigts,
Les levaient, les baissaient, recommençaient vingt fois,
Leur enseignant ainsi, quoique faibles encore,
A fermer tour à tour les trous du buis sonore.

———

(IMITÉ DE PLATON.)

La reposait l'Amour, et sur sa joue en fleur
D'une pomme brillante éclatait la couleur.
Je vis, dès que j'entrai sous cet épais bocage,
Son arc et son carquois suspendus au feuillage.

IDYLLES.

Sur des monceaux de rose, au calice embaumé,
Il dormait. Un souris sur sa bouche formé
L'entr'ouvrait mollement; et de jeunes abeilles
Venaient cueillir le miel de ses lèvres vermeilles.

J'apprends, pour disputer un prix si glorieux,
Le bel art d'Erychton, mortel prodigieux,
Qui sur l'herbe glissante, en longs anneaux mobiles,
Jadis homme et serpent traînait ses pieds agiles.
Elevé sur un axe Erychton le premier
Aux liens du timon attacha le coursier,
Et vainqueur près des mers, sur les sables arides,
Fit voler à grand bruit les quadriges rapides.
Le Lapithe hardi dans ses jeux turbulens
Le premier des coursiers osa presser les flancs.
Sous lui dans un long cercle achevant leur carrière
Ils surent aux liens livrer leur tête altière,
Blanchir un frein d'écume, et légers, bondissans,
Agiter, mesurer leurs pas retentissans.

Je sais, quand le midi leur fait désirer l'ombre,
Entrer à pas muets sous le roc frais et sombre,
D'où parmi le cresson et l'humide gravier
La naïade se fraie un oblique sentier.
Là j'épie à loisir la nymphe blanche et nue
Sur un banc de gazon mollement étendue,

Qui dort; et sur sa main, au murmure des eaux,
Laisse tomber son front couronné de roseaux.

Tu gémis sur l'Ida, mourante, échevelée,
O reine! ô de Minos épouse désolée!
Heureuse si jamais, dans ses riches travaux,
Cérès n'eût pour le joug élevé des troupeaux!
Tu voles épier sous quelle yeuse obscure
Tranquille il ruminait son antique pâture,
Quel lit de fleurs reçut ses membres nonchalans,
Quelle onde a ranimé l'albâtre de ses flancs.
O nymphes, entourez, fermez, nymphes de Crète,
De ces vallons fermez, entourez la retraite.
O craignez que vers lui des vestiges épars
Ne viennent à guider ses pas et ses regards.
Insensée, à travers ronces, forêts, montagnes,
Elle court. O fureur! dans les vertes campagnes,
Une belle génisse, à son superbe amant,
Adressait devant elle un doux mugissement.
La perfide mourra. Jupiter la demande.
Elle-même à son front attache la guirlande,
L'entraîne, et sur l'autel prenant le fer vengeur:
« Sois belle maintenant, et plais à mon vainqueur. »
Elle frappe. Et sa haine à la flamme lustrale
Rit de voir palpiter le cœur de sa rivale.

IDYLLES.

(IMITÉ DE THOMPSON.)

Ah ! prends un cœur humain, laboureur trop avide,
Lorsque d'un pas tremblant l'indigence timide
De tes larges moissons vient, le regard confus,
Recueillir après toi les restes superflus.
Souviens-toi que Cybèle est la mère commune.
Laisse la probité, que trahit la fortune,
Comme l'oiseau du ciel se nourrir à tes pieds
De quelques grains épars sur la terre oubliés.

(TRADUIT D'EURIPIDE.)

Au sang de ses enfans, de vengeance égarée,
Une mère plongea sa main dénaturée.
Et l'amour, l'amour seul avait conduit sa main.
Mère, tu fus impie, et l'amour inhumain.
Mère ! amour ! qui des deux eut plus de barbarie ?
L'amour fut inhumain ; mère tu fus impie.
Plût aux dieux que la Thrace aux rameurs de Jason
Eût fermé le Bosphore, orageuse prison ;
Que Minerve abjurant leur fatale entreprise,
Pélion n'eût jamais, aux bords du bel Amphryse,
Vu le chêne, le pin, ses plus antiques fils,
Former, lancer aux flots, sous la main de Typhis,
Ce navire animé, fier conquérant du Phase,
Qui sut ravir aux bois du menaçant Caucase

L'or du bélier divin, présent de Néphélé,
Téméraire nageur qui fit périr Hellé !

Fille du vieux pasteur, qui d'une main agile
Le soir emplis de lait trente vases d'argile,
Crains la génisse pourpre, au farouche regard,
Qui marche toujours seule et qui paît à l'écart.
Libre, elle lutte et fuit intraitable et rebelle;
Tu ne presseras point sa féconde mamelle,
A moins qu'avec adresse un de ses pieds lié
Sous un cuir souple et lent ne demeure plié.

(TIRÉ DE MOSCHUS.)

Nouveau cultivateur, armé d'un aiguillon,
L'Amour guide le soc et trace le sillon;
Il presse sous le joug les taureaux qu'il enchaîne.
Son bras porte le grain qu'il sème dans la plaine.
Levant le front, il crie au monarque des dieux :
« Toi, mûris mes moissons, de peur que loin des cieux
» Au joug d'Europe encor ma vengeance puissante
» Ne te fasse courber ta tête mugissante. »

ÉPILOGUE.

Ma muse pastorale aux regards des Français
Osait ne point rougir d'habiter les forêts.
Elle eût voulu montrer aux belles de nos villes
La champêtre innocence et les plaisirs tranquilles ;
Et ramenant Palès des climats étrangers,
Faire entendre à la Seine enfin de vrais bergers.
Elle a vu, me suivant dans mes courses rustiques,
Tous les lieux illustrés par des chants bucoliques.
Ses pas de l'Arcadie ont visité les bois,
Et ceux du Mincius, que Virgile autrefois
Vit à ses doux accens incliner leur feuillage ;
Et d'Hermus aux flots d'or l'harmonieux rivage,
Où Bion, de Vénus répétant les douleurs,
Du beau sang d'Adonis a fait naître des fleurs.
Vous, Aréthuse aussi, que de toute fontaine
Théocrite et Moschus firent la souveraine.
Et les bords montueux de ce lac enchanté,
Des vallons de Zurich pure divinité,
Qui du sage Gesner à ses nymphes avides
Murmure les chansons sous leurs antres humides.
Elle s'est abreuvée à ces savantes eaux ;

Et partout, sur leurs bords, a coupé des roseaux.
Puisse-t-elle en avoir pris sur les mêmes tiges
Que ces chanteurs divins, dont les doctes prestiges
Ont aux fleuves charmés fait oublier leur cours,
Aux troupeaux l'herbe tendre, au pasteur ses amours.
De ces roseaux liés par des nœuds de fougère
Elle osait composer sa flûte bocagère,
Et voulait, sous ses doigts exhalant de doux sons,
Chanter Pomone et Pan, les ruisseaux, les moissons,
Les vierges aux doux yeux, et les grottes muettes,
Et de l'âge d'amour les ardeurs inquiettes.

ÉLÉGIES.

ÉLÉGIE PREMIÈRE.

Abel, doux confident de mes jeunes mystères,
Vois; Mai nous a rendu nos courses solitaires.
Viens à l'ombre écouter mes nouvelles amours;
Viens. Tout aime au printemps et moi j'aime toujours.
Tant que du sombre hiver dura le froid empire,
Tu sais si l'aquilon s'unit avec ma lyre.
Ma muse aux durs glaçons ne livre point ses pas;
Délicate, elle tremble à l'aspect des frimats,
Et près d'un pur foyer, cachée en sa retraite,
Entend les vents mugir et sa voix est muette.
Mais sitôt que Procné ramène les oiseaux,
Dès qu'au riant murmure et des bois et des eaux,
Les champs ont revêtu leur robe d'hyménée,
A ses caprices vains, sans crainte abandonnée
Elle renaît; sa voix a retrouvé des sons;
Et comme la cigale, amante des buissons,
De rameaux en rameaux, tour à tour reposée,

D'un peu de fleur nourrie et d'un peu de rosée,
S'égaie; et des beaux jours prophète harmonieux,
Aux chants du laboureur mêle son chant joyeux.

Ainsi, courant partout sous les nouveaux ombrages,
Je vais chantant Zéphir, les nymphes, les bocages;
Et les fleurs du printemps et leurs riches couleurs,
Et mes belles amours plus belles que les fleurs.

ÉLÉGIE II,

TIRÉE

D'UNE IDYLLE DE BION.

Loin des bords trop fleuris de Gnide et de Paphos,
Effrayé d'un bonheur ennemi du repos,
J'allais, nouveau pasteur, aux champs de Syracuse
Invoquer dans mes vers la nymphe d'Aréthuse.
Lorsque Vénus, du haut des célestes lambris,
Sans armes, sans carquois, vint m'amener son fils.
Tous deux ils souriaient : « Tiens, berger, me dit-elle,
» Je te laisse mon fils, sois son guide fidèle;
» Des champêtres douceurs instruis ses jeunes ans;

» Montre-lui la sagesse ; elle habite les champs. »
Elle fuit. Moi, crédule à cette voix perfide,
J'appelle près de moi l'enfant doux et timide.
Je lui dis nos plaisirs, et la paix des hameaux ;
Un Dieu même au Pénée abreuvant des troupeaux ;
Bacchus et les moissons. Quel Dieu, sur le Ménale,
Forma de neuf roseaux une flûte inégale.
Mais lui, sans écouter mes rustiques leçons,
M'apprenait, à son tour, d'amoureuses chansons;
La douceur d'un baiser, et l'empire des belles ;
Tout l'Olympe soumis à des beautés mortelles ;
Des flammes de Vénus Pluton même animé ;
Et le plaisir divin d'aimer et d'être aimé.
Que ses chants étaient doux ! je m'y laissai surprendre.
Mon ame ne pouvait se lasser de l'entendre.
Tous mes préceptes vains, bannis de mon esprit,
Pour jamais firent place à tout ce qu'il m'apprit.
Il connaît sa victoire ; et sa bouche embaumée
Verse un miel amoureux sur ma bouche pâmée.
Il coula dans mon cœur ; et, de cet heureux jour,
Et ma bouche et mon cœur n'ont respiré qu'amour.

ÉLÉGIE III.

O lignes que sa main, que son cœur a tracées !
O nom baisé cent fois ! craintes bientôt chassées !
Oui : cette longue route, et ces nouveaux séjours,
Je craignais... Mais enfin mes lettres, nos amours,
Ma mémoire, partout sont tes chères compagnes.
Dis vrai ? suis-je avec toi dans ces riches campagnes
Où du Rhône indompté l'Arve trouble et fangeux
Vient grossir et souiller le cristal orageux ?

Ta lettre se promet qu'en ces nobles rivages
Où Sennar épaissit ses immenses feuillages,
Des vers pleins de ton nom attendent ton retour,
Tout trempés de douceurs, de caresses, d'amour.
Heureux qui, tourmenté de flammes inquiètes,
Peut du Permesse encor visiter les retraites ;
Et loin de son amante, égayant sa langueur,
Calmer par des chansons les troubles de son cœur !
Camille, où tu n'es point, moi je n'ai pas de muse.
Sans toi, dans ses bosquets Hélicon me refuse ;
Les cordes de la lyre ont oublié mes doigts,
Et les chœurs d'Apollon méconnaissent ma voix.

Ces regards purs et doux, que sur ce coin du monde
Verse d'un ciel ami l'indulgence féconde,
N'éveillent plus mes sens ni mon ame. Ces bords
Ont beau de leur Cybèle étaler les trésors;
Ces ombrages n'ont plus d'aimables rêveries,
Et l'ennui taciturne habite ces prairies.
Tu fis tous leurs attraits ; ils fuyaient avec toi
Sur le rapide char qui t'éloignait de moi.
Errant et fugitif je demande Camille
A ces antres, souvent notre commun asile;
Ou je vais te cherchant dans ces murs attristés,
Sous tes lambris, jamais par moi seul habités,
Où ta harpe se tait, où la voûte sonore
Fut pleine de ta voix et la répète encore;
Où tous ces souvenirs cruels et précieux
D'un humide nuage obscurcissent mes yeux.
Mais pleurer est amer pour une belle absente;
Il n'est doux de pleurer qu'aux pieds de son amante,
Pour la voir s'attendrir, caresser vos douleurs
Et de sa belle main vous essuyer vos pleurs;
Vous baiser, vous gronder, jurer qu'elle vous aime,
Vous défendre une larme et pleurer elle-même.

Eh bien! sont-ils bien tous empressés à te voir?
As-tu sur bien des cœurs promené ton pouvoir?
Vois-tu tes jours suivis de plaisirs et de gloire,
Et chacun de tes pas compter une victoire?
Oh quel est mon bonheur si, dans un bal bruyant,
Quelque belle tout bas te reproche en riant
D'un silence distrait ton ame enveloppée,

Et que sans doute ailleurs elle est mieux occupée !
Mais dieux, puisses-tu voir, sous un ennui rongeur,
De ta chère beauté flétrir toute la fleur,
Plutôt que d'être heureuse à grossir tes conquêtes ;
D'aller chercher toi-même et désirer des fêtes,
Ou sourire le soir, assise au coin d'un bois,
Aux éloges rusés d'une flatteuse voix,
Comme font trop souvent de jeunes infidèles,
Sans songer que le Ciel n'épargne point les belles.
Invisible, inconnu, dieux ! pourquoi n'ai-je pas
Sous un voile étranger accompagné tes pas ?
J'ai pu de ton esclave, ardent, épris de zèle,
Porter, comme le cœur, le vêtement fidèle.
Quoi ! d'autres loin de moi te prodiguent leurs soins,
Devinent tes pensers, tes ordres, tes besoins !
Et quand d'âpres cailloux la pénible rudesse
De tes pieds délicats offense la faiblesse,
Mes bras ne sont point là pour presser lentement
Ce fardeau cher et doux et fait pour un amant !
Ah ! ce n'est pas aimer que prendre sur soi-même
De pouvoir vivre ainsi loin de l'objet qu'on aime.
Il fut un temps, Camille, où plutôt qu'à me fuir
Tout le pouvoir des dieux t'eût contrainte à mourir !

Et puis d'un ton charmant ta lettre me demande
Ce que je veux de toi, ce que je te commande.
Ce que je veux ? dis-tu. Je veux que ton retour
Te paraisse bien lent ; je veux que nuit et jour
Tu m'aimes. (Nuit et jour, hélas ! je me tourmente.)
Présente au milieu d'eux, sois seule, sois absente ;

Dors en pensant à moi ; rêve-moi près de toi ;
Ne vois que moi sans cesse, et sois toute avec moi.

~~~~~~

ÉLÉGIE IV.

Ah! je les reconnais et mon cœur réveille.
O sons! ô douces voix chères à mon oreille,
O mes Muses, c'est vous. Vous, mon premier amour,
Vous, qui m'avez aimé dès que j'ai vu le jour.
Leurs bras, à mon berceau dérobant mon enfance,
Me portaient sous la grotte où Virgile eut naissance,
Où j'entendais le bois murmurer et frémir,
Où leurs yeux dans les fleurs me regardaient dormir.
Ingrat! ô de l'amour trop coupable folie!
Souvent je les outrage et fuis et les oublie ;
Et sitôt que mon cœur est en proie au chagrin,
Je les vois revenir le front doux et serein.
J'étais seul, je mourais. Seul, Lycoris absente,
De soupçons inquiets m'agite et me tourmente.
Je vois tous ses appas et je vois mes dangers ;
Ah! je la vois livrée à des bras étrangers.
Elles viennent! leurs voix, leur aspect me rassure :
Leur chant mélodieux assoupit ma blessure ;
Je me fuis, je m'oublie, et mes esprits distraits

6.

Se plaisent à les suivre et retrouvent la paix.
Par vous, Muses, par vous, franchissant les collines,
Soit que j'aime l'aspect des campagnes Sabines,
Soit Catile ou Falerne et leurs riches côteaux,
Ou l'air de Blandusie et l'azur de ses eaux :
Par vous de l'Anio j'admire le rivage,
Par vous de Tivoli le poétique ombrage,
Et de Bacchus assis sous des antres profonds,
La Nymphe et le Satyre écoutant les chansons.
Par vous la rêverie errante, vagabonde,
Livre à vos favoris la nature et le monde ;
Par vous, mon ame au gré de ses illusions
Vole et franchit les temps, les mers, les nations ;
Va vivre en d'autres corps, s'égare, se promène,
Est tout ce qu'il lui plaît, car tout est son domaine.

Ainsi, bruyante abeille, au retour du matin
Je vais changer en miel les délices du thim.
Rose, un sein palpitant est ma tombe divine.
Frêle atome d'oiseau, de leur molle étamine
Je vais sous d'autres cieux dépouiller d'autres fleurs.
Le papillon plus grand offre moins de couleurs.
Et l'Orénoque impur, la Floride fertile
Admirent qu'un oiseau si tendre, si débile ;
Mêle tant d'or, de pourpre, en ses riches habits ;
Et pensent dans les airs voir nager des rubis.
Sur un fleuve souvent l'éclat de mon plumage
Fait à quelque Léda souhaiter mon hommage.
Souvent, fleuve moi-même, en mes humides bras
Je presse mollement des membres délicats,

Mille fraîches beautés que partout j'environne ;
Je les tiens, les soulève, et murmure et bouillonne.
Mais surtout, Lycoris, Protée insidieux
Partout autour de toi je veille, j'ai des yeux.
Partout, Sylphe ou Zéphire, invisible et rapide,
Je te vois. Si ton cœur complaisant et perfide
Livre à d'autres baisers une infidèle main,
Je suis là. C'est moi seul dont le transport soudain,
Agitant tes rideaux ou ta porte secrète,
Par un bruit imprévu t'épouvante et t'arrête.
C'est moi, remords jaloux, qui rappelle en ton cœur
Mon nom et tes sermens et ma juste fureur.

Mais périsse l'amant que satisfait la crainte.
Périsse la beauté qui m'aime par contrainte,
Qui voit dans ses sermens une pénible loi,
Et n'a point de plaisir à me garder sa foi !

ÉLÉGIE V.

Jeune fille, ton cœur avec nous veut se taire.
Tu fuis, tu ne ris plus ; rien ne saurait te plaire.
La soie à tes travaux offre en vain des couleurs ;
L'aiguille sous tes doigts n'anime plus des fleurs.

Tu n'aimes qu'à rêver, muette, seule, errante;
Et la rose pâlit sur ta bouche mourante.
Ah! mon œil est savant et depuis plus d'un jour,
Et ce n'est pas à moi qu'on peut cacher l'amour.
Les belles font aimer; elles aiment. Les belles
Nous charment tous. Heureux qui peut être aimé d'elles!
Sois tendre; même faible; on doit l'être un moment;
Fidèle si tu peux. Mais conte-moi comment,
Quel jeune homme aux yeux bleus, empressé, sans audace,
Aux cheveux noirs, au front plein de charme et de grace...
Tu rougis? on dirait que je t'ai dit son nom.
Je le connais pourtant. Autour de ta maison
C'est lui qui va, qui vient, et laissant ton ouvrage,
Tu cours, sans te montrer, épier son passage.
Il fuit vite; et ton œil sur sa trace accouru,
Le suit encor long-temps quand il a disparu.
Nul, en ce bois voisin où trois fêtes brillantes
Font voler au printemps nos nymphes triomphantes,
Nul n'a sa noble aisance et son habile main
A soumettre un coursier aux volontés du frein.

ÉLÉGIE VI.

Vous restez, mes amis, dans ces murs où la Seine
Voit sans cesse embellir les bords dont elle est reine;
Et près d'elle partout voit changer tous les jours
Les fêtes, les travaux, les belles, les amours.
Moi, l'espoir du repos et du bonheur peut-être,
Cette fureur d'errer, de voir et de connaître,
La santé que j'appelle et qui fuit mes douleurs
(Bien sans qui tous les biens n'ont aucunes douceurs)
A mes pas inquiets tout me livre et m'engage.
C'est au milieu des soins compagnons du voyage,
Que m'attend une sainte et studieuse paix
Que les flèches d'amour ne troubleront jamais.
Je suivrai des amis; mais mon ame d'avance,
Vous, mes autres amis, pleure de votre absence,
Et voudrait, partagée en des penchans si doux,
Et partir avec eux et rester près de vous.

Ce couple fraternel, ces ames que j'embrasse
D'un lien qui du temps craignant peu les menaces,
Se perd dans notre enfance, unit nos premiers jours,
Sont mes guides encore; ils le furent toujours.

Toujours leur amitié, généreuse, empressée,
A porté mes ennuis et ne s'est point lassée.
Quand Phœbus, que l'hiver chasse de vos remparts,
Va de loin vous jeter quelques faibles regards,
Nous allons, sur ses pas, visiter d'autres rives,
Et poursuivre au midi ses chaleurs fugitives.
Nous verrons tous ces lieux dont les brillans destins
Occupent la mémoire ou les yeux des humains.
Marseille où l'Orient amène la fortune;
Et Venise élevée à l'hymen de Neptune;
Le Tibre fleuve-roi, Rome fille de Mars,
Qui régna par le glaive et règne par les arts;
Athènes qui n'est plus, et Bysance ma mère;
Smyrne qu'habite encor le souvenir d'Homère.
Croyez, car en tous lieux mon cœur m'aura suivi,
Que partout où je suis vous avez un ami.

Mais le sort est secret! Quel mortel peut connaître
Ce que lui porte l'heure et l'instant qui va naître?
Souvent ce souffle pur dont l'homme est animé,
Esclave d'un climat, d'un ciel accoutumé,
Redoute un autre ciel, et ne veut plus nous suivre
Loin des lieux où le temps l'habitua de vivre.
Peut-être errant au loin, sous de nouveaux climats,
Je vais chercher la mort qui ne me cherchait pas.
Alors, ayant sur moi versé des pleurs fidèles,
Mes amis reviendront, non sans larmes nouvelles,
Vous conter mon destin, nos projets, nos plaisirs
Et mes derniers discours et mes derniers soupirs.

Vivez heureux! gardez ma mémoire aussi chère,

Soit que je vive encor, soit qu'en vain je l'espère.
Si je vis, le soleil aura passé deux fois
Dans les douze palais où résident les mois,
D'une double moisson la grange sera pleine,
Avant que dans vos bras la voile nous ramène.
Si long-temps autrefois nous n'étions point perdus !
Aux plaisirs citadins tout l'hiver assidus,
Quand les jours repoussaient leurs bornes circonscrites,
Et des nuits à leur tour usurpaient les limites,
Comme oiseaux du printemps, loin du nid paresseux,
Nous visitons les bois et les côteaux vineux,
Les peuples, les cités, les brillantes naïades.
Et l'humide départ des sinistres pléïades
Nous renvoyait chercher la ville et ses plaisirs,
Où souvent rassemblés, livrés à nos loisirs,
Honteux d'avoir trouvé nos amours infidèles
Disputer des beaux-arts, de la gloire et des belles.
Ah ! nous ressemblions, arrêtés ou flottans,
Aux fleuves comme nous voyageurs inconstans.
Ils courent à grand bruit ; ils volent, ils bondissent ;
Dans les vallons rians leurs flots se ralentissent.
Quand l'hiver accourant du blanc sommet des monts,
Vient mettre un frein de glace à leurs pas vagabonds,
Ils luttent vainement, leurs ondes sont esclaves :
Mais le printemps revient amollir leurs entraves,
Leur frein s'use et se brise au souffle du zéphyr
Et l'onde en liberté recommence à courir.

ÉLÉGIE VII.

Aujourd'hui qu'au tombeau je suis prêt à descendre,
Mes amis; dans vos mains je dépose ma cendre.
Je ne veux point, couvert d'un funèbre linceuil,
Que les pontifes saints autour de mon cercueil,
Appelés aux accens de l'airain lent et sombre,
De leur chant lamentable accompagnent mon ombre,
Et sous des murs sacrés aillent ensevelir
Ma vie, et ma dépouille, et tout mon souvenir.
Eh! qui peut sans horreur à ses heures dernières
Se voir au loin périr dans des mémoires chères?
L'espoir que des amis pleureront notre sort,
Charme l'instant suprême et console la mort.
Vous-mêmes choisirez à mes jeunes reliques
Quelque bord fréquenté des pénates rustiques,
Des regards d'un beau ciel doucement animé,
Des fleurs et de l'ombrage, et tout ce que j'aimai.
C'est là, près d'une eau pure, au coin d'un bois tranquille,
Qu'à mes mânes éteints je demande un asile :
Afin que votre ami soit présent à vos yeux,
Afin qu'au voyageur amené dans ces lieux,
La pierre, par vos mains de ma fortune instruite,

Raconte en ce tombeau quel malheureux habite.
Quels maux ont abrégé ses rapides instans ;
Qu'il fut bon, qu'il aima, qu'il dut vivre long-temps.
Ah ! le meurtre jamais n'a souillé mon courage.
Ma bouche du mensonge ignora le langage ;
Et jamais, prodiguant un serment faux et vain,
Ne trahit le secret recélé dans mon sein.
Nul forfait odieux, nul remords implacable
Ne déchire mon ame inquiète et coupable.
Vos regrets la verront pure et digne de pleurs ;
Oui, vous plaindrez sans doute en mes longues douleurs
Et ce brillant midi qu'annonçait mon aurore,
Et ces fruits dans leur germe éteints avant d'éclore
Que mes naissantes fleurs auront en vain promis.
Oui, je vais vivre encore au sein de mes amis.
Souvent à vos festins qu'égaya ma jeunesse,
Au milieu des éclats d'une vive allégresse,
Frappés d'un souvenir, hélas ! amer et doux,
Sans doute vous direz : « Que n'est-il avec nous ! »

Je meurs. Avant le soir j'ai fini ma journée.
A peine ouverte au jour ma rose s'est fanée.
La vie eut bien pour moi de volages douceurs ;
Je les goûtais à peine, et voilà que je meurs.
Mais, ô que mollement reposera ma cendre,
Si parfois un penchant impérieux et tendre
Vous guidant vers la tombe où je suis endormi,
Vos yeux en approchant pensent voir leur ami !
Si vos chants de mes feux vont redisant l'histoire ;
Si vos discours flatteurs, tout pleins de ma mémoire,

Inspirent à vos fils qui ne m'ont point connu
L'ennui de naître à peine et de m'avoir perdu.
Qu'à votre belle vie ainsi ma mort obtienne
Tout l'âge, tous les biens dérobés à la mienne ;
Que jamais les douleurs, par de cruels combats,
N'allument dans vos flancs un pénible trépas ;
Que la joie en vos cœurs ignore les alarmes ;
Que les peines d'autrui causent seules vos larmes ;
Que vos heureux destins, les délices du ciel,
Coulent toujours trempés d'ambroisie et de miel,
Et non sans quelque amour paisible et mutuelle.
Et quand la mort viendra, qu'une amante fidèle,
Près de vous désolée, en accusant les dieux
Pleure; et veuille vous suivre, et vous ferme les yeux.

ÉLÉGIE. VIII.

Pourquoi de mes loisirs accuser la langueur ?
Pourquoi vers des lauriers aiguillonner mon cœur
Abel, que me veux-tu ? je suis heureux, tranquille.
Tu veux m'ôter mon bien, mon amour, ma Camille,
Mes rêves nonchalans, l'oisiveté, la paix,
A l'ombre, au bord des eaux, le sommeil pur et frais.
Ai-je connu jamais ces noms brillans de gloire

Sur qui tu viens sans cesse arrêter ma mémoire ?
Pourquoi me rappeler, dans tes cris assidus,
Je ne sais quels projets que je ne connais plus ?
Que d'Achille outragé, l'inexorable absence,
Livre à des feux troyens les vaisseaux sans défense ;
Qu'à Colomb pour le nord révélant son amour,
L'aimant nous ait conduits où va finir le jour ;
Jadis, il m'en souvient, quand les bois du Permesse
Recevaient ma première et bouillante jeunesse,
Plein de ces grands objets, ivre de chants guerriers,
Respirant la mêlée et les cruels lauriers,
Je me couvrais de fer, et d'une main sanglante
J'animais aux combats ma lyre turbulente ;
Des arrêts du destin, prophète audacieux,
J'abandonnais la terre et volais chez les dieux.
Au flambeau de l'amour j'ai vu fondre mes ailes.
Les forêts d'Idalie ont des routes si belles !
Là, Vénus me dictant de faciles chansons
M'a nommé son poëte entre ses nourrissons :
Si quelquefois encore, à tes conseils docile,
Ou jouet d'un esprit vagabond et mobile,
Je veux, de nos héros admirant les exploits,
A des sons généreux solliciter ma voix ;
Aux sons voluptueux ma voix accoutumée,
Fuit ; se refuse et lutte, incertaine, alarmée ;
Et ma main, dans mes vers de travail tourmentés,
Poursuit avec effort de pénibles beautés.
Mais si bientôt lassé de ces poursuites folles,
Je retourne à mes riens que tu nommes frivoles,
Si je chante Camille, alors écoute, voi

Les vers pour la chanter naissent autour de moi.
Tout pour elle a des vers ! Ils renaissent en foule ;
Ils brillent dans les flots du ruisseau qui s'écoule ;
Ils prennent des oiseaux la voix et les couleurs ;
Je les trouve cachés dans les replis des fleurs.
Son sein a le duvet de ce fruit que je touche ;
Cette rose au matin sourit comme sa bouche ;
Le miel qu'ici l'abeille eut soin de déposer,
Ne vaut pas à mon cœur le miel de son baiser.
Tout pour elle a des vers ! Ils me viennent sans peine
Doux comme son parler, doux comme son haleine.
Quoi qu'elle fasse ou dise, un mot, un geste heureux
Demande un gros volume à mes vers amoureux.
D'un souris caressant si son regard m'attire,
Mon vers plus caressant va bientôt lui sourire.
Si la gaze la couvre, et le lin pur et fin
Mollement, sans apprêt ; et la gaze et le lin
D'une molle chanson attend une couronne.
D'un luxe étudié si l'éclat l'environne,
Dans mes vers éclatans sa superbe beauté
Vient ravir à Junon toute sa majesté.
Tantôt, c'est sa blancheur, sa chevelure noire ;
De ses bras, de ses mains le transparent ivoire.
Mais si jamais sans voile, et les cheveux épars,
Elle a rassasié ma flamme et mes regards,
Elle me fait chanter amoureuse Ménade,
Des combats de Paphos une longue Iliade ;
Et si de mes projets le vol s'est abaissé,
A la lyre d'Homère ils n'ont point renoncé.
Mais en la dépouillant de ses cordes guerrières,

Ma main n'a su garder que les cordes moins fières
Qui chantèrent Hélène et les joyeux larcins,
Et l'heureuse Corcyre amante des festins.
Mes chansons à Camille ont été séduisantes.
Heureux qui peut trouver des Muses complaisantes,
Dont la voix sollicite et mène à ses désirs
Une jeune beauté qu'appelaient ses soupirs.
Hier, entre ses bras, sur sa lèvre fidèle,
J'ai surpris quelques vers que j'avais faits pour elle.
Et sa bouche, au moment que je l'allais quitter,
M'a dit : « Tes vers sont doux, j'aime à les répéter. »
Si cette voix eût dit même chose à Virgile,
Abel, dans ses hameaux il eût chanté Camille;
N'eût point cherché la palme au sommet d'Hélicon,
Et le glaive d'Enée eût épargné Didon.

ÉLÉGIE IX.

Ainsi vainqueur de Troie et des vents et des flots,
D'un navire emprunté pressant les matelots,
Le fils du vieux Laërte arrive en sa patrie,
Baise, en pleurant, le sol de son île chérie;
Il reconnaît le port couronné de rochers,
Où le vieillard des mers accueille les nochers,

Et que l'olive épaisse entoure de son ombre;
Il retrouve la source et l'antre humide et sombre
Où l'abeille murmure ; où, pour charmer les yeux,
Teints de pourpre et d'azur, des tissus précieux
Se forment sous les mains des naïades sacrées;
Et dans ses premiers vœux ces nymphes adorées
(Que ses yeux n'osaient plus espérer de revoir)
De vivre, de régner lui permettent l'espoir.

O des fleuves français brillante souveraine,
Salut ! ma longue course à tes bords me ramène,
Moi que ta nymphe pure en son lit de roseaux
Fit errer tant de fois au doux bruit de ses eaux;
Moi qui la vis couler plus lente et plus facile,
Quand ma bouche animait la flûte de Sicile;
Moi, quand l'amour trahi me fit verser des pleurs,
Qui l'entendis gémir et pleurer mes douleurs.
Tout mon cortége antique, aux chansons langoureuses,
Revole comme moi vers tes rives heureuses.
Promptes dans tous mes pas à me suivre en tous lieux,
Le rire sur la bouche et les pleurs dans les yeux,
Partout autour de moi mes jeunes élégies
Promenaient les éclats de leurs folles orgies;
Et les cheveux épars, se tenant par la main
De leur danse élégante égayaient mon chemin.
Il est bien doux d'avoir dans sa vie innocente
Une muse naïve et de haines exempte,
Dont l'honnête candeur ne garde aucun secret;
Où l'on puisse au hasard, sans crainte, sans apprêt,
Sûr de ne point rougir en voyant la lumière,
Répandre, dévoiler son ame toute entière.

C'est ainsi, promené sur tout cet univers,
Que mon cœur vagabond laisse tomber des vers.
De ses pensers errans vive et rapide image,
Chaque chanson nouvelle a son nouveau langage,
Et des rêves nouveaux, un nouveau sentiment :
Tous sont divers, et tous furent vrais un moment.

Mais que les premiers pas ont d'alarmes craintives !
Nymphe de Seine, on dit que Paris sur tes rives
Fait asseoir vingt conseils de critiques nombreux,
Du Pinde partagé despotes soupçonneux :
Affaiblis de leurs yeux la vigilance amère.
Dis-leur que sans s'armer d'un front dur et sévère,
Ils peuvent négliger les pas et les douceurs
D'une muse timide, et qui parmi ses sœurs,
Rivale de personne et sans demander grâce,
Vient, le regard baissé, solliciter sa place ;
Dont la main est sans tache, et n'a connu jamais
Le fiel dont la satire envenime ses traits.

ÉLÉGIE X,

AU CHEVALIER DE PANGE.

Quand la feuille en festons a couronné les bois
L'amoureux rossignol n'étouffe point sa voix.
Il serait criminel aux yeux de la nature,
Si de ses dons heureux négligeant la culture,
Sur son triste rameau, muet dans ses amours,
Il laissait sans chanter expirer les beaux jours.
Et toi, rebelle aux dons d'une si tendre mère,
Dégoûté de poursuivre une muse étrangère
Dont tu choisis la cour trop bruyante pour toi,
Tu t'es fait du silence une coupable loi!
Tu naquis rossignol. Pourquoi loin du bocage
Où des jeunes rosiers le balsamique ombrage
Eût redit tes doux sons sans murmure écoutés,
T'en allais-tu chercher la muse des cités?
Cette muse, d'éclat, de pourpre environnée,
Qui le glaive à la main, du diadême ornée,
Vient au peuple assemblé, d'une dolente voix,
Pleurer les grands malheurs, les empires, les rois?

Que n'étais-tu fidèle à ces muses tranquilles
Qui cherchent la fraîcheur des rustiques asiles,
Le front ceint de lilas et de jasmins nouveaux,
Et vont sur leurs attraits consulter les ruisseaux?
Viens dire à leurs concerts la beauté qui te brûle.
Amoureux, avec l'ame et la voix de Tibulle,
Fuirais-tu les hameaux, ce séjour enchanté
Qui rend plus séduisant l'éclat de la beauté?
L'amour aime les champs, et les champs l'ont vu naître.
La fille d'un pasteur, une vierge champêtre,
Dans le fond d'une rose, un matin du printemps,
Le trouva nouveau-né. . . . .
Le sommeil entr'ouvrait ses lèvres colorées.
Elle saisit le bout de ses ailes dorées,
L'ôta de son berceau d'une timide main,
Tout trempé de rosée, et le mit dans son sein.
Tout, mais surtout les champs sont restés son empire.
Là tout aime, tout plaît, tout jouit, tout soupire;
Là de plus beaux soleils dorent l'azur des cieux;
Là les prés, les gazons, les bois harmonieux,
De mobiles ruisseaux la colline animée,
L'ame de mille fleurs dans les zéphyrs semée;
Là parmi les oiseaux l'amour vient se poser;
Là sous les antres frais habite le baiser.
Les muses et l'amour ont les mêmes retraites.
L'astre qui fait aimer est l'astre des poëtes.
Bois, écho, frais zéphyrs, dieux champêtres et doux,
Le génie et les vers se plaisent parmi vous.
J'ai choisi parmi vous ma muse jeune et chère;
Et bien qu'entre ses sœurs elle soit la dernière,

Elle plaît. Mes amis, vos yeux en sont témoins.
Et puis une plus belle eût voulu plus de soins;
Délicate et craintive, un rien la décourage,
Un rien sait l'animer. Curieuse et volage,
Elle va parcourant tous les objets flatteurs,
Sans se fixer jamais; non plus que sur les fleurs
Les zéphyrs vagabonds, doux rivaux des abeilles,
Ou le baiser ravi sur des lèvres vermeilles.
Une source brillante, un buisson qui fleurit,
Tout amuse ses yeux; elle pleure, elle rit.
Tantôt à pas rêveurs, mélancolique et lente
Elle erre avec une onde et pure et languissante;
Tantôt elle va, vient, d'un pas léger et sûr
Poursuit le papillon brillant d'or et d'azur,
Ou l'agile écureuil, ou dans un nid timide
Sur un oiseau surpris pose une main rapide.
Quelquefois, gravissant la mousse du rocher,
Dans une touffe épaisse elle va se cacher;
Et sans bruit épier sur la grotte pendante
Ce que dira le Faune à la Nymphe imprudente
Qui dans cet antre sourd et des faunes ami
Refusait de le suivre, et pourtant l'a suivi.
Souvent même, écoutant de plus hardis caprices,
Elle ose regarder au fond des précipices
Où sur le roc mugit le torrent effréné,
Du droit sommet d'un mont tout-à-coup déchaîné.
Elle aime aussi chanter à la moisson nouvelle,
Suivre les moissonneurs et lier la javelle.
L'Automne au front vermeil, ceint de pampres nouveaux,
Parmi les vendangeurs l'égare en des côteaux;

Elle cueille la grappe, ou blanche, ou purpurine;
Le doux jus des raisins teint sa bouche enfantine.
Ou, s'ils pressent leurs vins, elle accourt pour les voir,
Et son bras avec eux fait crier le pressoir.

Viens, viens, mon jeune ami; viens, nos muses t'attendent;
Nos fêtes, nos banquets, nos courses te demandent;
Viens voir ensemble et l'antre et l'onde et les forêts.
Chaque soir une table, aux suaves apprêts,
Asseoira près de nous nos belles adorées.
Ou, cherchant dans le bois des nymphes égarées,
Nous entendrons les ris, les chansons, les festins;
Et les verres emplis sous les bosquets lointains
Viendront animer l'air; et du sein d'une treille
De leur voix argentine égayer notre oreille.
Mais si, toujours ingrat à ces charmantes sœurs,
Ton front rejette encor leurs couronnes de fleurs,
Si de leurs soins pressans la douce impatience
N'obtient que d'un refus la dédaigneuse offense,
Qu'à ton tour la beauté dont les yeux t'ont soumis
Refuse à tes soupirs ce qu'elle t'a promis.
Qu'un rival loin de toi de ses charmes dispose;
Et quand tu lui viendras présenter une rose,
Que l'ingrate étonnée, en recevant ce don,
Ne t'ait vu de sa vie et demande ton nom.

ÉLÉGIE XI.

Ah! portons dans les bois ma triste inquiétude.
O Camille! l'amour aime la solitude.
Ce qui n'est point Camille est un ennui pour moi.
Là, seul, celui qui t'aime est encore avec toi.
Que dis-je! Ah! seul et loin d'une ingrate chérie,
Mon cœur sait se tromper. L'espoir, la rêverie,
La belle illusion la rendent à mes feux;
Mais sensible, mais tendre, et comme je la veux :
De ses refus d'apprêt oubliant l'artifice,
Indulgente à l'amour, sans fierté, sans caprice,
De son sexe cruel n'ayant que les appas.
Je la feins quelquefois attachée à mes pas;
Je l'égare et l'entraîne en des routes secrètes.
Absente, je la tiens en des grottes muettes...
Mais présent, à ses pieds m'attendent les rigueurs,
Et, pour des songes vains, de réelles douleurs.
Camille est un besoin dont rien ne me soulage;
Rien à mes yeux n'est beau que de sa seule image.
Près d'elle, tout comme elle est touchant, gracieux;
Tout est aimable et doux et moins doux que ses yeux.
Sur l'herbe, sur la soie, au village, à la ville,

Partout, reine ou bergère, elle est toujours Camille.
Et moi toujours l'amant trop prompt à s'enflammer,
Qu'elle outrage, qui l'aime et veut toujours l'aimer.

ÉLÉGIE XII.

J'ai suivi les conseils d'une triste sagesse.
Je suis donc sage enfin ; je n'ai plus de maîtresse.
Sois satisfait, mon cœur. Sur un si noble appui
Tu vas dormir en paix dans ton sublime ennui.
Quel dégoût vient saisir mon ame consternée,
Seule dans elle-même hélas! emprisonnée?
Viens, ô ma lyre! ô toi mes dernières amours ;
(Innocentes du moins) viens, ô ma lyre; accours.
Chante-moi de ces airs qu'à ta voix jeune et tendre
Les lyres de la Grèce ont su jadis apprendre.
Quoi! je suis seul? O dieux! où sont donc mes amis!
Ah! ce cœur qui toujours à l'amitié soumis,
D'étendre ses liens fit son besoin suprême,
Faut-il l'abandonner, le laisser à lui-même?
Où sont donc mes amis? Objets chéris et doux!
Je souffre, ô mes amis! Ciel! où donc êtes-vous?
A tout ce qu'elle entend, de vous seuls occupée,
De chaque bruit lointain mon oreille frappée,

Écoute; et croit souvent reconnaître vos pas;
Je m'élance, je cours, et vous ne venez pas!

Ah! vous accuserez votre absence infidelle,
Quand vous saurez qu'ainsi je souffre et vous appelle.
Que je plains un méchant! Sans doute avec effroi
Il porte à tout moment les yeux autour de soi;
Il n'y voit qu'un désert; tout fuit, tout se retire.
Son œil ne vit jamais de bouche lui sourire;
Jamais, dans les revers qu'il ose déclarer,
De doux regards sur lui s'attendrir et pleurer.
O de se confier noble et douce habitude!
Non mon cœur n'est point né pour vivre en solitude :
Il me faut qui m'estime, il me faut des amis
A qui dans mes secrets tout accès soit permis;
Dont les yeux, dont la main dans la mienne pressée,
Réponde à mon silence, et sente ma pensée.
Ah! si pour moi jamais tout cœur était fermé,
Si nul ne songe à moi, si je ne suis aimé,
Vivre importun, proscrit, flatte peu mon envie.
Et quels sont ses plaisirs, que fait-il de la vie
Le malheureux qui, seul, exclus de tout lien,
Ne connaît pas un cœur où reposer le sien ;
Une ame où dans ses maux comme en un saint asile,
Il puisse fuir la sienne et se rasseoir tranquille ;
Pour qui nul n'a de vœux, qui jamais dans ses pleurs
Ne peut se dire : « Allons, je sais que mes douleurs
» Tourmentent mes amis, et quoiqu'en mon absence,
» Ils accusent mon sort et prennent ma défense.»

ÉLÉGIE XIII,

TIRÉE

D'UNE IDYLLE DE MOSCHUS.

Bel astre de Vénus, de son front délicat
Puisque Diane encor voile le doux éclat,
Jusques à ce tilleul, au pied de la colline,
Prête à mes pas secrets ta lumière divine.
Je ne vais point tenter de nocturnes larcins,
Ni tendre au voyageur des piéges assassins.
J'aime : je vais trouver des ardeurs mutuelles,
Une nymphe adorée, et belle entre les belles
Comme parmi les feux que Diane conduit,
Brillent tes feux si purs, ornement de la nuit.

ÉLÉGIE XIV.

O Muses, accourez; solitaires divines,
Amantes des ruisseaux, des grottes, des collines.
Soit qu'en ses beaux vallons Nisme égare vos pas,
Soit que de doux pensers, en de rians climats,
Vous retiennent aux bords de Loire ou de Garonne ;
Soit que parmi les chœurs de ces nymphes du Rhône
La lune sur les prés où son flambeau vous luit,
Dansantes, vous admire au retour de la nuit.
Venez. J'ai fui la ville aux Muses si contraire,
Et l'écho fatigué des clameurs du vulgaire.
Sur les pavés poudreux d'un bruïant carrefour
Les poétiques fleurs n'ont jamais vu le jour.
Le tumulte et les cris font fuir avec la lyre
L'oisive rêverie au suave délire ;
Et les rapides chars et leurs cercles d'airain
Effarouchent les vers qui se taisent soudain.
Venez. Que vos bontés ne me soient point avares.
Mais, ô faisant de vous mes pénates, mes lares,
Quand pourrai-je habiter un champ qui soit à moi !
Et villageois tranquille, ayant pour tout emploi
Dormir et ne rien faire, inutile poëte,

Goûter le doux oubli d'une vie inquiète?
Vous savez si toujours dès mes plus jeunes ans
Mes rustiques souhaits m'ont porté vers les champs;
Si mon cœur dévorait vos champêtres histoires;
Cet âge d'or si cher à vos doctes mémoires;
Ces fleuves, ces vergers, Éden aimé des cieux,
Et du premier humain berceau délicieux.
L'épouse de Booz, chaste et belle indigente,
Qui suit d'un pas tremblant la moisson opulente;
Joseph qui dans Sichem cherche et retrouve, hélas!
Ses dix frères pasteurs qui ne l'attendaient pas.
Rachel, objet sans prix qu'un amoureux courage
N'a pas trop acheté de quinze ans d'esclavage.
Oh! oui; je veux un jour, en des bords retirés,
Sur un riche coteau ceint de bois et de prés,
Avoir un humble toit, une source d'eau vive
Qui parle, et dans sa fuite et féconde et plaintive
Nourrisse mon verger, abreuve mes troupeaux.
Là je veux, ignorant le monde et ses travaux,
Loin du superbe ennui que l'éclat environne,
Vivre comme jadis, aux champs de Babylone,
Ont vécu, nous dit-on, ces pères des humains
Dont le nom aux autels remplit nos fastes saints.
Avoir amis, enfans, épouse belle et sage;
Errer, un livre en main, de bocage en bocage;
Savourer sans remords, sans crainte, sans désirs,
Une paix dont nul bien n'égale les plaisirs.
Douce mélancolie! aimable mensongère,
Des antres des forêts déesse tutélaire,
Qui vient d'une insensible et charmante langueur,

Saisir l'ami des champs et pénétrer son cœur;
Quand sorti vers le soir des grottes reculées
Il s'égare à pas lents au penchant des vallées,
Et voit des derniers feux le ciel se colorer,
Et sur les monts lointains un beau jour expirer.
Dans sa volupté sage, et pensive et muette,
Il s'assied. Sur son sein laisse tomber sa tête.
Il regarde à ses pieds dans le liquide azur
Du fleuve qui s'étend comme lui calme et pur,
Se peindre les coteaux, les toits et les feuillages,
Et la pourpre en festons couronnant les nuages.
Il revoit près de lui, tout-à-coup animés,
Ces fantômes si beaux à nos pleurs tant aimés,
Dont la troupe immortelle habite sa mémoire.
Julie, amante faible, et tombée avec gloire ;
Clarisse, beauté sainte où respire le ciel,
Dont la douleur ignore et la haine et le fiel,
Qui souffre sans gémir, qui périt sans murmure.
Clémentine adorée, ame céleste et pure
Qui parmi les rigueurs d'une injuste maison,
Ne perd point l'innocence en perdant la raison :
Mânes aux yeux charmans, vos images chéries
Accourent occuper ses belles rêveries ;
Ses yeux laissent tomber une larme. Avec vous
Il est dans vos foyers, il voit vos traits si doux.
A vos persécuteurs il reproche leur crime.
Il aime qui vous aime, il hait qui vous opprime.
Mais tout-à-coup il pense, ô mortels déplaisirs !
Que ces touchans objets de pleurs et de soupirs
Ne sont peut-être, hélas ! que d'aimables chimères,

De l'ame et du génie enfans imaginaires.
Il se lève; il s'agite à pas tumultueux;
En projets enchanteurs il égare ses vœux.
Il ira, le cœur plein d'une image divine,
Chercher si quelques lieux ont une Clémentine,
Et dans quelque désert, loin des regards jaloux,
La servir, l'adorer et vivre à ses genoux.

ÉLÉGIE XV.

Souvent le malheureux songe à quitter la vie,
L'espérance crédule à vivre le convie.
Le soldat sous la tente espère avec la paix,
Le repos, les chansons, les danses, les banquets.
Gémissant sur le soc, le laboureur d'avance,
Voit ses guérets chargés d'une heureuse abondance.
Moi, l'espérance amie est bien loin de mon cœur.
Tout se couvre à mes yeux d'un voile de langueur;
Des jours amers, des nuits plus amères encore.
Chaque instant est trempé du fiel qui me dévore;
Et je trouve partout mon ame et mes douleurs,
Le nom de Lycoris et la honte et les pleurs.
Ingrate Lycoris à feindre accoutumée,
Avez-vous pu trahir qui vous a tant aimée?

Avez-vous pu trouver un passe-temps si doux
A déchirer un cœur qui n'adorait que vous ?
Amis, pardonnez-lui ; que jamais vos injures
N'osent lui reprocher ma mort et ses parjures ;
Je ne veux point pour moi que son cœur soit blessé,
Ni que pour l'outrager mon nom soit prononcé.
Ces amis m'étaient chers ; ils aimaient ma présence.
Je ne veux qu'être seul, je les fuis, les offense,
Ou bien, en me voyant, chacun avec effroi
Balance à me connaître et doute si c'est moi.

Est-ce là cet ami, compagnon de leur joie,
A de jeunes désirs comme eux toujours en proie,
Jeune amant des festins, des vers, de la beauté ?
Ce front pâle et mourant, d'ennuis inquiété,
Est celui d'un vieillard appesanti par l'âge,
Et qui déjà d'un pied touche au fatal rivage.
Sans doute, Lycoris, oui, j'ai fini mon sort
Quand tu ne m'aimes plus et souhaites ma mort.
Amis, oui, j'ai vécu ; ma course est terminée.
Chaque heure m'est un jour, chaque jour une année.
Les amans malheureux vieillissent en un jour.
Ah ! n'éprouvez jamais les douleurs de l'amour :
Elles hâtent encor nos fuseaux si rapides,
Et non moins que le Temps la Tristesse a des rides.
Quoi, Gallus ! quoi le sort, si près de ton berceau,
Ouvre à tes jeunes pas ce rapide tombeau ?
Hélas ! mais quand j'aurai subi ma destinée,
Du Léthé bienfaisant la rive fortunée
Me prépare un asile et des ombrages verts :

Là, les danses, les jeux, les suaves concerts,
Et la fraîche Naïade, en ses grottes de mousse,
S'écoulant sur des fleurs, mélancolique et douce.
Là jamais la beauté ne pleure ses attraits :
Elle aime, elle est constante, elle ne ment jamais ;
Là tout choix est heureux, toute ardeur mutuelle,
Et tout plaisir durable et tout serment fidèle.
Que dis-je ? on aime alors sans trouble ; et les amans
Ignorant le parjure, ignorent les sermens.

Venez me consoler, aimables héroïnes :
O Léthé ! fais-moi voir leurs retraites divines ;
Viens me verser la paix et l'oubli de mes maux.
Ensevelis au fond de tes dormantes eaux
Le nom de Lycoris, ma douleur, mes outrages.
Un jour peut-être aussi, sous tes rians bocages,
Lycoris, quand ses yeux ne verront plus le jour,
Reviendra toute en pleurs demander mon amour ;
Me dire que le Styx me la rend plus sincère,
Qu'à moi seul désormais elle aura soin de plaire,
Que cent fois, rappelant notre antique lien,
Elle a vu que son cœur avait besoin du mien.
Lycoris à mes yeux ne sera plus charmante :
Pourtant... O Lycoris ! ô trop funeste amante !
Si tu l'avais voulu, Gallus plein de sa foi,
Avec toi voulait vivre et mourir avec toi.

ÉLÉGIE XVI.

O jours de mon printemps, jours couronnés de rose,
A votre fuite en vain un long regret s'oppose.
Beaux jours, quoique souvent obscurcis de mes pleurs,
Vous dont j'ai su jouir même au sein des douleurs,
Sur ma tête bientôt vos fleurs seront fanées.
Hélas! bientôt le flux des rapides années
Vous aura loin de moi fait voler sans retour.
O! si du moins alors je pouvais à mon tour,
Champêtre possesseur, dans mon humble chaumière
Offrir à mes amis une ombre hospitalière;
Voir mes Lares charmés, pour les bien recevoir,
A de joyeux banquets la nuit les faire asseoir;
Et là nous souvenir, au milieu de nos fêtes,
Combien chez eux long-temps, dans leurs belles retraites,
Soit sur ces bords heureux, opulens avec choix,
Où Montigny s'enfonce en ses antiques bois,
Soit où la Marne lente, en un long cercle d'îles,
Ombrage de bosquets l'herbe et les prés fertiles;
J'ai su, pauvre et content, savourer à longs traits
Les muses, les plaisirs, et l'étude et la paix.
Qui ne sait être pauvre est né pour l'esclavage.

Qu'il serve donc les grands, les flatte, les ménage ;
Qu'il plie, en approchant de ces superbes fronts,
Sa tête à la prière et son ame aux affronts,
Pour qu'il puisse, enrichi de ces affronts utiles,
Enrichir à son tour quelques têtes serviles.
De ses honteux trésors je ne suis point jaloux.
Une pauvreté libre est un trésor si doux!
Il est si doux, si beau, de s'être fait soi-même,
De devoir tout à soi, tout aux beaux arts qu'on aime ;
Vraie abeille en ses dons, en ses soins, en ses mœurs,
D'avoir su se bâtir, des dépouilles des fleurs,
Sa cellule de cire, industrieux asile
Où l'on coule une vie innocente et facile ;
De ne point vendre aux grands ses hymnes avilis,
De n'offrir qu'aux talens, de vertus ennoblis,
Et qu'à l'amitié douce et qu'aux douces faiblesses,
D'un encens libre et pur les honnêtes caresses !
Ainsi l'on dort tranquille ; et dans son saint loisir,
Devant son propre cœur on n'a point à rougir.
Si le sort ennemi m'assiège et me désole,
On pleure : mais bientôt la tristesse s'envole ;
Et les arts, dans un cœur de leur amour rempli,
Versent de tous les maux l'indifférent oubli.
Les délices des arts ont nourri mon enfance.
Tantôt, quand d'un ruisseau, suivi dès sa naissance,
La nymphe aux pieds d'argent a sous de longs berceaux
Fait serpenter ensemble et mes pas et ses eaux,
Ma main donne au papier, sans travail, sans étude,
Des vers fils de l'amour et de la solitude.
Tantôt de mon pinceau les timides essais

8

Avec d'autres couleurs cherchent d'autres succès.
Ma toile avec Sapho s'attendrit et soupire.
Elle rit et s'égaie aux danses du satyre.
Ou l'aveugle Ossian y vient pleurer ses yeux,
Et pense voir et voit ses antiques ayeux
Qui, dans l'air appelés à ses hymnes sauvages,
Arrêtent près de lui leurs palais de nuages.
Beaux arts, ô de la vie, aimables enchanteurs,
Des plus sombres ennuis rians consolateurs,
Amis sûrs dans la peine et constantes maîtresses
Dont l'or n'achète point l'amour ni les caresses.
Beaux arts, dieux bienfaisans, vous que vos favoris
Par un indigne usage ont tant de fois flétris,
Je n'ai point partagé leur honte trop commune.
Sur le front des époux de l'aveugle fortune
Je n'ai point fait ramper vos lauriers trop jaloux.
J'ai respecté les dons que j'ai reçus de vous.
Je ne vais point, à prix de mensonges serviles,
Vous marchander au loin des récompenses viles ;
Et partout, de mes vers ambitieux lecteur,
Faire trouver charmant mon luth adulateur.
Abel, mon jeune Abel, et Trudaine et son frère,
Ces vieilles amitiés de l'enfance première,
Quand tous quatre muets, sous un maître inhumain,
Jadis au châtiment nous présentions la main ;
Et mon frère et Lebrun, les Muses elles-mêmes ;
De Pange, fugitif de ces neuf sœurs qu'il aime ;
Voilà le cercle entier qui, le soir quelquefois,
A des vers, non sans peine obtenus de ma voix,
Prête une oreille amie et cependant sévère.

Puissé-je ainsi toujours dans cette troupe chère,
Me revoir, chaque fois que mes avides yeux
Auront porté long-temps mes pas de lieux en lieux,
Amant des nouveautés compagnes de voyage.
Courant partout ; partout cherchant à mon passage
Quelque ange aux yeux divins qui veuille me charmer,
Qui m'écoute ou qui m'aime, ou qui se laisse aimer.

ÉLÉGIE XVII.

Ah ! des pleurs ! des regrets ! lisez, amis. C'est elle.
On m'outrage, on me chasse, et puis on me rappelle.
Non : il fallait d'abord m'accueillir sans détours.
Non, non : je n'irai point. La nuit tombe ; j'accours.
On s'excuse, on gémit ; enfin on me renvoie,
Je sors. Chez mes amis je viens trouver la joie :
Et parmi nos festins un billet repentant
Bientôt me suit et vient me dire qu'on m'attend.

« Ecoute, jeune ami de ma première enfance,
» Je te connais. Malgré ton aimable silence,
» Je connais la beauté qui t'a contraint d'aimer,
» Qui t'agite tout bas, que tu n'oses nommer.
» Certe, un beau jour n'est pas plus beau que son visage.

8.

» Mais, si tu ne veux point gémir dans l'esclavage,
» Sache que trop d'amour excite leur dédain.
» Laisse-la quelquefois te désirer en vain.
» Il est bon, quelque orgueil dont s'enivrent ces belles,
» De leur montrer pourtant qu'on peut se passer d'elles.
» Viens, et loin d'être faible, allons, si tu m'en crois,
» Respirer la fraîcheur de la nuit et des bois ;
» Car dans cette saison de chaleurs étouffée,
» Tu sais, le jour n'est bon qu'à donner à Morphée.
» Allons. Et pour Camille elle n'a qu'à dormir. »

Passons devant ses murs. Je veux, pour la punir,
Je veux qu'à son réveil demain on lui rapporte
Qu'on m'a vu. Je passais sans regarder sa porte.
Qu'elle s'écrie alors, les larmes dans les yeux,
Que tout homme est parjure et qu'il n'est point de dieux !
Tiens. C'est ici. Voilà ses jardins solitaires
Tant de fois attentifs à nos tendres mystères :
Et là, tiens, sur ma tête est son lit amoureux,
Lit chéri, tant de fois fatigué de nos jeux.
Ah ! le verre et le lin, délicate barrière,
Laissent voir à nos yeux la tremblante lumière
Qui, jusqu'à l'aube, au teint moins que le sien vermeil,
Veille près de sa couche, et garde son sommeil.
C'est là qu'elle m'attend. O si tu l'avais vue,
Quand, fermant ses beaux yeux, mollement étendue,
Laissant tomber sa tête, un calme pur et frais
Comme aux anges du ciel fait reluire ses traits.
Ah ! je me venge aussi plus qu'elle ne mérite.
Un vain caprice, un rien.... Ami, fuyons bien vite ;

Fuyons vite, courons. Mes projets seront sûrs
Quand je ne verrai plus sa porte ni ses murs.

ÉLÉGIE XVIII.

Qui moi ? moi de Phœbus te dicter les leçons ?
Moi, dans l'ombre ignoré, moi, que ses nourrissons
Pour émule aujourd'hui désavoûraient peut-être.
Dans ce bel art des vers je n'ai point eu de maître ;
Il n'en est point, ami. Les poëtes vantés,
Sans cesse avec transport lus, relus, médités ;
Les dieux, l'homme, le ciel, la nature sacrée
Sans cesse étudiée, admirée, adorée,
Voilà nos maîtres saints, nos guides éclatans.
A peine avais-je vu luire seize printemps,
Aimant déjà la paix d'un studieux asile,
Ne connaissant personne, inconnu, seul, tranquille,
Ma voix humble à l'écart essayait des concerts ;
Ma jeune lyre osait balbutier des vers.
Déjà même Sapho des champs de Mitylène
Avait daigné me suivre aux rives de la Seine.
Déjà dans les hameaux, silencieux rêveur,
Une source inquiète, un ombrage, une fleur,
Des filets d'Arachné l'ingénieuse trame,

De doux ravissemens venaient saisir mon ame.
Des voyageurs lointains auditeur empressé,
Sur nos tableaux savans où le monde est tracé,
Je courais avec eux du couchant à l'aurore.
Fertile en songes vains que je chéris encore
J'allais partout, partout bientôt accoutumé;
Aimant tous les humains, de tout le monde aimé.
Les pilotes bretons me portaient à Surate,
Les marchands de Damas me guidaient vers l'Euphrate.
Que dis-je? dès ce temps mon cœur, mon jeune cœur
Commençait dans l'amour à sentir un vainqueur;
Il se troublait dès-lors au souris d'une belle.
Qu'à sa pente première il est resté fidèle!
C'est là, c'est en aimant, que pour louer ton choix
Les muses d'elles-même adouciront ta voix.
Du sein de notre amie, ô combien notre lyre
Abonde à publier sa beauté, son empire,
Ses grâces, son amour de tant d'amour payé!
Mais quoi! pour être heureux faut-il être envié?
Quand même auprès de toi les yeux de ta maîtresse
N'attireraient jamais les ondes du Permesse,
Qu'importe? Penses-tu qu'il ait perdu ses jours
Celui qui se livrant à ses chères amours,
Recueilli dans sa joie, eut pour toute science
De jouir en secret? fut heureux en silence?

Qu'il est doux, au retour de la froide saison,
Jusqu'au printemps nouveau regagnant la maison,
De la voir devant vous accourir au passage;
Ses cheveux en désordre épars sur son visage :

Son oreille de loin a reconnu vos pas,
Elle vole et s'écrie et tombe dans vos bras ;
Et sur vous appuyée et respirant à peine,
A son foyer secret loin des yeux vous entraîne.
Là, mille questions qui vous coupent la voix,
Doux reproches, baisers, se pressent à la fois.
La table entre vous deux à la hâte est servie.
L'œil humide de joie, au banquet elle oublie
Et les mets et la table, et se nourrit en paix
Du plaisir de vous voir, de contempler vos traits.
Sa bouche ne dit rien, mais ses yeux, mais son ame
Vous parlent. Et bientôt des caresses de flamme
Vous mènent à ce lit qui se plaignait de vous.
C'est là qu'elle s'informe avec un soin jaloux
Si beaucoup de plaisirs, surtout si quelque belle
Habitait la contrée où vous étiez loin d'elle.

ÉLÉGIE XIX.

Mais ne m'a-t-elle pas juré d'être infidèle :
Mais n'est-ce donc pas moi qu'elle a banni loin d'elle ?
Mais sa voix intrépide, et ses yeux et son front,
Ne se vantaient-ils pas de m'avoir fait affront ?
C'est donc pour essuyer quelque nouvel outrage,

Pour l'accabler moi-même et d'insulte et de rage,
La prier, la maudire, invoquer le cercueil,
Que je retourne encor vers son funeste seuil ;
Errant dans cette nuit turbulente, orageuse,
Moins que ce triste cœur noire et tumultueuse ?

Ce n'était pas ainsi que sans crainte et sans bruit,
Jadis à la faveur d'une plus belle nuit,
Invisible, attendu par des baisers de flamme....
O toi, jeune imprudent que séduit une femme,
Si ton cœur veut en croire un cœur trop agité,
Ne courbe point ta tête au joug de la beauté.
Ris plutôt de ses feux et méprise ses charmes.
Vois d'un œil sec et froid ses soupirs et ses larmes.
Règne en tyran cruel ; aime à la voir souffrir ;
Laisse-la toute seule et transir et mourir.
Tous ses soupirs sont faux, ses larmes infidèles,
Son souris venimeux, ses caresses mortelles.
Ah ! si tu connaissais de quel art inouï
La perfide enivra ce cœur qu'elle a trahi !
De quel art ses discours (faut-il qu'il m'en souvienne !)
Me faisaient voir sa vie attachée à la mienne.
Avait-elle bien pu vivre et ne m'aimer pas ?
Combien de fois, de joie expirante en mes bras,
Faible, exhalant à peine une voix amoureuse :
« Ah, dieux ! s'écriait-elle, ah ! que je suis heureuse ! »
Combien de fois encor d'une brûlante main,
Pressant avec fureur ma tête sur son sein,
Ses cris me reprochaient des caresses paisibles ;
Mes baisers, à l'entendre, étaient froids, insensibles ;

Le feu qui la brûlait ne pouvait m'enflammer,
Et mon sexe cruel ne savait point aimer.
Et moi, fier et confus de son inquiétude,
Je faisais le procès à mon ingratitude ;
Je plaignais son amour, et j'accusais le mien.
Je haïssais mon cœur si peu digne du sien.

Je frissonne. Ah ! je sens que je m'approche d'elle.
Oui ; je la vois, grands dieux ! cette maison cruelle
Que sans trouble jamais n'abordèrent mes pas.
Mais ce trouble était doux, et je ne mourais pas.
Mais elle n'avait point, sans pitié même feinte,
Rassasié mon cœur et de fiel et d'absinthe.
Ah ! d'affronts aujourd'hui je la veux accabler,
De véritables pleurs de ses yeux vont couler.
Tout ce qu'ont de plus dur l'insulte, la colère,
Je veux... Mais essayons plutôt ce que peut faire
Ce silence indulgent qui semble caresser,
Qui pardonne et rassure, et plaint sans offenser.
Oui ; laissons le dépit et l'injure farouche :
Allons, je veux entrer le rire sur la bouche,
Le front calme et serein. Camille, je veux voir
S'il est vrai que la paix soit toute en mon pouvoir.
Prends courage, mon cœur : de douces espérances
Me disent qu'aujourd'hui finiront tes souffrances.

ÉLÉGIE XX.

(DANS LE GOUT ANCIEN.)

Pleurez, doux Alcyons ! ô vous, oiseaux sacrés,
Oiseaux chers à Thétis ; doux Alcyons, pleurez !

Elle a vécu, Myrto, la jeune Tarentine !
Un vaisseau la portait aux bords de Camarine :
Là l'hymen, les chansons, les flûtes, lentement
Devaient la reconduire au seuil de son amant.
Une clef vigilante a, pour cette journée,
Sous le cèdre enfermé sa robe d'hyménée,
Et l'or dont au festin ses bras seront parés,
Et pour ses blonds cheveux les parfums préparés.
Mais, seule sur la proue invoquant les étoiles,
Le vent impétueux qui soufflait dans ses voiles
L'enveloppe : étonnée et loin des matelots,
Elle tombe, elle crie, elle est au sein des flots.

Elle est au sein des flots, la jeune Tarentine !
Son beau corps a roulé sous la vague marine.
Thétis, les yeux en pleurs, dans le creux d'un rocher,
Aux monstres dévorans eut soin de le cacher.

Par son ordre bientôt les belles Néréides
S'élèvent au-dessus des demeures humides,
Le poussent au rivage, et dans ce monument
L'ont au Cap du Zéphyr déposé mollement ;
Et de loin, à grands cris appelant leurs compagnes,
Et les nymphes des bois, des sources, des montagnes,
Toutes, frappant leur sein, et traînant un long deuil,
Répétèrent hélas ! autour de son cercueil.

Hélas ! chez ton amant tu n'es point ramenée,
Tu n'as point revêtu ta robe d'hyménée,
L'or autour de ton bras n'a point serré de nœuds,
Et le bandeau d'hymen n'orna point tes cheveux.

ÉLÉGIE XXI.

L'ART, des transports de l'ame est un faible interprète ;
L'art ne fait que des vers ; le cœur seul est poëte.
Sous sa fécondité le génie opprimé
Ne peut garder l'ouvrage en sa tête formé.
Malgré lui, dans lui-même, un vers sûr et fidèle
Se teint de sa pensée et s'échappe avec elle.
Son cœur dicte ; il écrit. A ce maître divin
Il ne fait qu'obéir et que prêter sa main.

S'il est aimé, content, si rien ne le tourmente,
Si la folâtre joie et la jeunesse ardente
Étalent sur son teint l'éclat de leurs couleurs;
Ses vers frais et vermeils, pétris d'ambre et de fleurs,
Brillans de la santé qui luit sur son visage,
Trouvent doux d'être au monde et que vieillir est sage.
Si, pauvre et généreux, son cœur vient de souffrir
Aux cris d'un indigent qu'il n'a pu secourir;
Si la beauté qu'il aime, inconstante et légère,
L'oublie en écoutant une amour étrangère;
De sables douloureux si ses flancs sont brûlés;
Ses tristes vers en deuil, d'un long crêpe voilés,
Ne voyant que des maux sur la terre où nous sommes,
Jugent qu'un prompt trépas est le seul bien des hommes.
Toujours vrai, son discours souvent se contredit.
Comme il veut, il s'exprime; il blâme, il applaudit.
Vainement la pensée est rapide et volage:
Quand elle est prête à fuir, il l'arrête au passage.
Ainsi, dans ses écrits partout se traduisant,
Il fixe le passé pour lui toujours présent;
Et sait, de se connaître ayant la sage envie,
Refeuilleter sans cesse et son ame et sa vie.

ÉLÉGIE XXII.

Reste, reste avec nous, ô père des bons vins!
Dieu propice, ô Bacchus! toi, dont les flots divins
Versent le doux oubli de ces maux qu'on adore.
Toi, devant qui l'amour s'enfuit et s'évapore,
Comme de ce cristal aux mobiles éclairs
Tes esprits odorans s'exhalent dans les airs.

Eh bien? mes pas ont-ils refusé de vous suivre?
Nous venons, disiez-vous, te conseiller de vivre.
Au lieu d'aller gémir, mendier des dédains,
Suis-nous, si tu le peux. La joie à nos festins
T'appelle. Viens, les fleurs ont couronné la table;
Viens, viens-y consoler ton ame inconsolable.

Vous voyez, mes amis, si de ce noble soin
Mon cœur tranquille et libre avait aucun besoin.
Camille dans mon cœur ne trouve plus des armes,
Et je l'entends nommer sans trouble, sans alarmes;
Ma pensée est loin d'elle, et je n'en parle plus;
Je crois la voir muette et le regard confus,
Pleurante. Sa beauté présomptueuse et vaine
Lui disait qu'un captif, une fois dans sa chaîne,

Ne pouvait songer... Mais, que nous font ses ennuis?
Jeune homme, apporte-nous d'autres fleurs et des fruits.
Qu'est-ce, amis? nos éclats, nos jeux se ralentissent?
Que des verres plus grands dans nos mains se remplissent.
Pourquoi vois-je languir ces vins abandonnés,
Sous le liége tenace encor emprisonnés?
Voyons si ce premier, fils de l'Andalousie,
Vaudra ceux dont Madère a formé l'ambroisie,
Ou ceux dont la Garonne enrichit ses côteaux,
Ou la vigne foulée aux pressoirs de Citeaux?
Non, rien n'est plus heureux que le mortel tranquille,
Qui cher à ses amis, à l'amour indocile,
Parmi les entretiens, les jeux et les banquets,
Laisse couler la vie et n'y pense jamais.

Ah! qu'un front et qu'une ame, à la tristesse en proie,
Feignent mal aisément et le rire et la joie.
Je ne sais, mais partout je l'entends, je la voi;
Son fantôme attrayant est partout devant moi;
Son nom, sa voix absente erre dans mon oreille.
Peut-être aux feux du vin que l'amour se réveille:
Sous les bosquets de Chypre, à Vénus consacrés,
Bacchus mûrit l'azur de ses pampres dorés.
J'ai peur que pour tromper ma haine et ma vengeance,
Tous ces dieux malfaisans ne soient d'intelligence.
Du moins il m'en souvient, quand autrefois auprès
De cette ingrate aimée, en nos festins secrets,
Je portais à la hâte à ma bouche ravie
La coupe demi-pleine à ses lèvres saisie,
Ce nectar, de l'amour ministre insidieux,

Bien loin de les éteindre aiguillonnait mes feux.
Ma main courait saisir, de transports chatouillée,
Sa tête noblement folâtre, échevelée.
Elle riait; et moi, malgré ses bras jaloux,
J'arrivais à sa bouche, à ses baisers si doux.
J'avais soin de reprendre, utile stratagème!
Les fleurs que sur son sein j'avais mises moi-même;
Et sur ce sein, mes doigts égarés, palpitans,
Les cherchaient, les suivaient, et les ôtaient long-temps.

Ah! je l'aimais alors! Je l'aimerais encore,
Si de tout conquérir la soif qui la dévore
Eût flatté mon orgueil au lieu de l'outrager.
Si mon amour n'avait qu'un outrage à venger;
Si vingt crimes nouveaux n'avaient trop su l'éteindre;
Si je ne l'abhorrais. Ah! qu'un cœur est à plaindre
De s'être à son amour long-temps accoutumé,
Quand il faut n'aimer plus ce qu'on a tant aimé!
Pourquoi, grands dieux! pourquoi la fîtes-vous si belle?
Mais ne me parlez plus, amis, de l'infidèle :
Que m'importe qu'un autre adore ses attraits;
Qu'un autre soit le roi de ses festins secrets;
Que tous deux en riant ils me nomment peut-être;
De ses cheveux épars qu'un autre soit le maître;
Qu'un autre ait ses baisers, son cœur; qu'une autre main
Poursuive lentement des bouquets sur son sein.
Un autre! Ah! je ne puis en souffrir la pensée.
Riez, amis; nommez ma fureur insensée.
Vous n'aimez pas, et j'aime; et je brûle et je pars
Me coucher sur sa porte, implorer ses regards;

Elle entendra mes pleurs, elle verra mes larmes ;
Et dans ses yeux divins, pleins de grâces, de charmes,
Le sourire ou la haine, arbitres de mon sort,
Vont ou me pardonner ou prononcer ma mort.

ÉLÉGIE XXIII.

O nuit, nuit douloureuse ! ô toi, tardive aurore,
Viens-tu ? vas-tu venir ? es-tu bien loin encore ?
Ah ! tantôt sur un flanc, puis sur l'autre au hasard,
Je me tourne et m'agite, et ne peux nulle part
Trouver que l'insomnie amère, impatiente,
Qu'un malaise inquiet et qu'une fièvre ardente.
Tu dors, belle Camille ; et c'est toi, mon amour
Qui retient ma paupière ouverte jusqu'au jour.
Si tu l'avais voulu, dieux ! Cette nuit cruelle
Aurait pu s'écouler plus rapide et plus belle.
Mon ame comme un songe autour de ton sommeil
Voltige. En me lisant, demain à ton réveil
Tu verras, comme toi, si mon cœur est paisible.
J'ai soulevé, pour toi, sur ma couche pénible,
Ma tête appesantie. Assis, et plein de toi,
Le nocturne flambeau qui luit auprès de moi,
Me voit, en sons plaintifs et mêlés de caresses,

Verser sur le papier mon cœur et mes tendresses.
O Camille, tu dors! tes doux yeux sont fermés.
Ton haleine de rose aux soupirs embaumés
Entr'ouvre mollement tes deux lèvres vermeilles.
Mais, si je me trompais! dieux! ô dieux! si tu veilles!
Et lorsque loin de toi j'endure le tourment
D'une insomnie amère, aux bras d'un autre amant,
Pour toi, de cette nuit qui s'échappe trop vite,
Une douce insomnie embellissait la fuite!

Dieu d'oubli, viens fermer mes yeux. O dieu de paix!
Sommeil, viens; fallût-il les fermer pour jamais.
Un autre dans ses bras! ô douloureux outrage!
Un autre! O honte! ô mort! ô désespoir! ô rage!
Malheureux insensé! pourquoi, pourquoi les dieux
A juger la beauté formèrent-ils mes yeux?
Pourquoi cette ame faible et si molle aux blessures
De ces regards féconds en douces impostures?
Une amante moins belle aime mieux, et du moins
Humble et timide à plaire, elle est pleine de soins;
Elle est tendre; elle a peur de pleurer votre absence.
Fidèle, peu d'amans attaquent sa constance;
Et son égale humeur, sa facile gaîté,
L'habitude, à son front tiennent lieu de beauté.
Mais celle qui partout fait conquête nouvelle,
Celle qu'on ne voit point sans dire : « Qu'elle est belle! »
Insulte, en son triomphe, aux soupirs de l'amour.
Souveraine au milieu d'une tremblante cour,
Dans son léger caprice, inégale et soudaine,
Tendre et douce aujourd'hui, demain froide et hautaine.

Si quelqu'un se dérobe à ses enchantemens,
Qu'est-ce enfin qu'un de moins dans un peuple d'amans?
On brigue ses regards, elle s'aime et s'admire,
Et ne connaît d'amour que celui qu'elle inspire.

ÉLÉGIE XXIV.

Il n'est que d'être roi pour être heureux au monde.
Bénis soient tes décrets, ô sagesse profonde!
Qui me voulus heureux, et prodigue envers moi
M'as fait dans mon asile et mon maître et mon roi.
Mon Louvre est sous le toit, sur ma tête il s'abaisse,
De ses premiers regards l'orient le caresse.
Lit, siéges, table y sont portant de toutes parts
Livres, dessins, crayons, confusément épars.
Là, je dors, chante, lis, pleure, étudie et pense.
Là, dans un calme pur, je médite en silence
Ce qu'un jour je veux être; et seul à m'applaudir,
Je sème la moisson que je veux recueillir.
Là, je reviens toujours; et toujours les mains pleines,
Amasser le butin de mes courses lointaines :
Soit qu'en un livre antique à loisir engagé,
Dans ses doctes feuillets j'aie au loin voyagé;

Soit plutôt que, passant et vallons et rivières,
J'aie au loin parcouru les terres étrangères,
D'un vaste champ de fleurs je tire un peu de miel.
Tout m'enrichit et tout m'appelle ; et chaque ciel
M'offrant quelque dépouille utile et précieuse,
Je remplis lentement ma ruche industrieuse.

ÉLÉGIE XXV.

Reine de mes banquets que Lycoris y vienne ;
Que des fleurs de sa tête elle pare la mienne.
Pour enivrer mes sens, que le feu de ses yeux
S'unisse à la vapeur des vins délicieux.
Hâtons-nous ; l'heure fuit. Un jour inexorable,
Vénus, qui pour les dieux fit le bonheur durable,
A nos cheveux blanchis refusera des fleurs,
Et le printemps pour nous n'aura plus de couleurs.
Qu'un sein voluptueux, des lèvres demi-closes,
Respirent près de nous leur haleine de roses ;
Que Phryné sans réserve abandonne à nos yeux
De ses charmes secrets les contours gracieux.

Quand l'âge aura sur nous mis sa main flétrissante
Que pourra la beauté quoique toute-puissante ?

Nos cœurs en la voyant ne palpiteront plus.
. . . .

C'est alors, qu'exilé dans mon champêtre asile,
De l'antique sagesse admirateur tranquille,
Du mobile univers interrogeant la voix,
J'irai de la nature étudier les lois.
Par quelle main sur soi la terre suspendue
Voit mugir autour d'elle Amphitrite étendue;
Quel Titan foudroyé respire avec effort,
Des cavernes d'Ætna la ruine et la mort;
Quel bras guide les cieux; à quel ordre enchaînée,
Le soleil bienfaisant nous ramène l'année.
Quel signe aux ports lointains arrête l'étranger;
Quel autre sur la mer conduit le passager,
Quand sa patrie absente et long-temps appelée
Lui fait tenter l'Euripe et les flots de Malée ;
Et quel, de l'abondance heureux avant-coureur,
Arme d'un aiguillon la main du laboureur.
Cependant, jouissons; l'âge nous y convie.
Avant de la quitter, il faut user la vie :
Le moment d'être sage est voisin du tombeau.

Allons, jeune homme, allons, marche; prends ce flambeau;
Marche, allons. Mène-moi chez ma belle maîtresse.
J'ai pour elle aujourd'hui mille fois plus d'ivresse.
Je veux que des baisers plus doux, plus dévorans,
N'aient jamais vers le ciel tourné ses yeux mourans.

ÉLÉGIE XXVI.

S'ils n'ont point le bonheur, en est-il sur la terre!
Quel mortel, inhabile à la félicité,
Regrettera jamais sa triste liberté,
Si jamais des amans il a connu les chaînes?
Leurs plaisirs sont bien doux et douces sont leurs peines.
S'ils n'ont point ces trésors que l'on nomme des biens,
Ils ont les soins touchans, les secrets entretiens;
Des regards, des soupirs la voix tendre et divine,
Et des mots caressans la mollesse enfantine.
Auprès d'eux tout est beau, tout pour eux s'attendrit.
Le ciel rit à la terre, et la terre fleurit.
Aréthuse serpente et plus pure et plus belle;
Une douleur plus tendre anime Philomèle.
Flore embaume les airs; ils n'ont que de beaux cieux.
Aux plus arides bords Tempé rit à leurs yeux.
A leurs yeux tout est pur comme leur ame est pure;
Leur asile est plus beau que toute la nature.
La grotte, favorable à leurs embrassemens,
D'âge en âge est un temple honoré des amans.
O! rives du Pénée, antres, vallons, prairies,
Lieux qu'amour a peuplés d'antiques rêveries;

Vous bosquets d'Anio, vous ombrages fleuris,
Dont l'épaisseur fut chère aux nymphes du Lyris;
Toi surtout, ô Vaucluse, ô retraite charmante !
O ! que j'aille y languir aux bras de mon amante ;
De baisers, de rameaux, de guirlandes lié,
Oubliant tout le monde, et du monde oublié.
Ah ! que ceux qui, plaignant l'amoureuse souffrance,
N'ont connu qu'une oisive et morne indifférence,
En bonheur, en plaisir pensent m'avoir vaincu :
Ils n'ont fait qu'exister, l'amant seul a vécu.

ÉLÉGIE XXVII.

Souffre un moment encor ; tout n'est que changement,
L'axe tourne, mon cœur ; souffre encor un moment.
La vie est-elle toute aux ennuis condamnée ?
L'hiver ne glace point tous les mois de l'année.
L'Eurus retient souvent ses bonds impétueux ;
Le fleuve, emprisonné dans des rocs tortueux,
Lutte, s'échappe, et va par des pentes fleuries
S'étendre mollement sur l'herbe des prairies.
C'est ainsi que d'écueils et de vagues pressé,
Pour mieux goûter le calme il faut avoir passé,
Des pénibles détroits d'une vie orageuse,

Dans une vie enfin plus douce et plus heureuse.
La Fortune arrivant à pas inattendus
Frappe, et jette en vos mains mille dons imprévus :
On le dit. Sur mon seuil jamais cette volage
N'a mis le pied. Mais quoi! son opulent passage,
Moi qui l'attends plongé dans un profond sommeil,
Viendra, sans que j'y pense, enrichir mon réveil.

Toi, qu'aidé de l'aimant plus sûr que les étoiles,
Le nocher sur la mer poursuit à pleines voiles,
Qui sais de ton palais, d'esclaves abondant,
De diamant, d'azur, d'émeraudes ardent,
Aux gouffres du Potose, aux antres de Golconde,
Tenir les rênes d'or qui gouvernent le monde,
Brillante déité! tes riches favoris
Te fatiguent sans cesse et de vœux et de cris :
Peu satisfait le pauvre. O belle souveraine!
Peu; seulement assez pour que libre de chaîne,
Sur les bords où malgré ses rides, ses revers,
Belle encor l'Italie attire l'univers,
Je puisse au sein des arts vivre et mourir tranquille!
C'est là que mes désirs m'ont promis un asile;
C'est là qu'un plus beau ciel, peut-être dans mes flancs,
Éteindra les douleurs et les sables brûlans.
Là, j'irai t'oublier, rire de ton absence;
Là, dans un air plus pur respirer en silence,
(Et nonchalant du terme où finiront mes jours)
La santé, le repos, les arts et les amours.

ÉLÉGIE XXVIII.

Non, je ne l'aime plus; un autre la possède.
On s'accoutume au mal que l'on voit sans remède.
De ses caprices vains je ne veux plus souffrir :
Mon élégie en pleurs ne sait plus l'attendrir.
Allez, muses, partez. Votre art m'est inutile;
Que me font vos lauriers? vous laissez fuir Camille.
Près d'elle je voulais vous avoir pour soutien.
Allez, muses, partez, si vous n'y pouvez rien.

Voilà donc comme on aime! On vous tient, vous caresse;
Sur les lèvres toujours on a quelque promesse :
Et puis... Ah! laissez-moi, souvenirs ennemis,
Projets, attente, espoir, qu'elle m'avait permis.
Nous irons au hameau. Loin, bien loin de la ville;
Ignorés et contens, un silence tranquille
Ne montrera qu'au ciel notre asile écarté.
Là, son ame viendra m'aimer en liberté.
Fuyant d'un luxe vain l'entrave impérieuse,
Sans suite, sans témoins, seule et mystérieuse,
Jamais d'un œil mortel un regard indiscret
N'osera la connaître et savoir son secret.

Seul, je vivrai pour elle, et mon ame empressée
Épîra ses désirs, ses besoins, sa pensée.
C'est moi qui ferai tout ; moi, qui de ses cheveux
Sur sa tête le soir assemblerai les nœuds.
Par moi, de ses atours à loisir dépouillée,
Chaque jour par mes mains la plume amoncelée
La recevra charmante ; et mon heureux amour
Détruira chaque nuit cet ouvrage du jour.
Sa table par mes mains sera prête et choisie,
L'eau pure, de ma main lui sera l'ambrosie.
Seul, c'est moi qui serai partout, à tout moment,
Son esclave fidèle et son fidèle amant.
Tels étaient mes projets, qu'insensés et volages
Le vent a dissipés parmi de vains nuages !

Ah ! quand d'un long espoir on flatta ses désirs,
On n'y renonce point sans peine et sans soupirs.
Que de fois je t'ai dit : « Garde d'être inconstante,
» Le monde entier déteste une parjure amante.
» Fais-moi plutôt gémir sous des glaives sanglans,
» Avec le feu plutôt déchire-moi les flancs. »
O honte ! A deux genoux j'exprimais ces alarmes ;
J'allais couvrant tes pieds de baisers et de larmes.
Tu me priais alors de cesser de pleurer :
En foule tes sermens venaient me rassurer.
Mes craintes t'offensaient ; tu n'étais pas de celles
Qui font jeu de courir à des flammes nouvelles :
Mille sceptres offerts pour ébranler ta foi
Eût-ce été rien au prix du bonheur d'être à moi ?
Avec de tels discours, ah ! tu m'aurais fait croire

Aux clartés du soleil dans la nuit la plus noire.
Tu pleurais même; et moi, lent à me défier,
J'allais avec le lin dans tes yeux essuyer
Ces larmes lentement et malgré toi séchées;
Et je baisais ce lin qui les avait touchées.
Bien plus, pauvre insensé! j'en rougis. Mille fois
Ta louange a monté ma lyre avec ma voix.
Je voudrais que Vulcain, et l'onde où tout s'oublie
Eût consumé ces vers témoins de ma folie.
La même lyre encor pourrait bien me venger,
Perfide! Mais, non, non, il faut n'y plus songer.
Quoi! toujours un soupir vers elle me ramène!
Allons. Haïssons-la, puisqu'elle veut ma haine.
Oui, je la hais. Je jure... Eh! sermens superflus!
N'ais-je pas dit assez que je ne l'aimais plus?

ÉLÉGIE XXIX.

Et c'est Glycère, amis, chez qui la table est prête?
Et la belle Amélie est aussi de la fête;
Et Rose, qui jamais ne lasse les désirs,
Et dont la danse molle aiguillonne aux plaisirs?
Et sa sœur, aux accens de la voix la plus rare

Unira, dites-vous, les sons de la guitare?
Et nous aurons Julie, au rire étincelant,
Au sein plus que l'albâtre et solide et brillant?
Certe, en pareille fête autrefois je l'ai vue,
Ses longs cheveux épars, courante, demi-nue :
En ses bruyantes nuits Cythéron n'a jamais
Vu Mérade plus belle errer dans ses forêts.
J'y consens. Avec vous je suis prêt à m'y rendre.
Allons. Mais si Camille, ô dieux! vient à l'apprendre?
Quel orage suivra ce banquet tant vanté,
S'il faut qu'à son oreille un mot en soit porté!
Oh! vous ne savez pas jusqu'où va son empire.
Si j'ai loué des yeux, une bouche, un sourire;
Ou si, près d'une belle assis en un repas,
Nos lèvres en riant ont murmuré tout bas,
Elle a tout vu. Bientôt cris, reproches, injure :
Un mot, un geste, un rien, tout était un parjure.
« Chacun pour cette belle avait vu mes égards.
» Je lui parlais des yeux; je cherchais ses regards. »
Et puis des pleurs! des pleurs... que Memnon sur sa cendre
A sa mère immortelle en a moins fait répandre.
Que dis-je? sa vengeance ose en venir aux coups;
Elle me frappe. Et moi, je feins dans mon courroux
De la frapper aussi, mais d'une main légère;
Et je baise sa main impuissante et colère :
Car ses bras ne sont forts qu'aux amoureux exploits.
La fureur ne peut même aigrir sa douce voix.
Ah! je l'aime bien mieux injuste qu'indolente.
Sa colère me plaît et décèle une amante.
Si j'ai peur de la perdre, elle tremble à son tour;

Et la crainte inquiète est fille de l'amour.
L'assurance tranquille est d'un cœur insensible.
Loin, à mes ennemis une amante paisible;
Moi, je hais le repos. Quel que soit mon effroi
De voir de si beaux yeux irrités contre moi,
Je me plais à nourrir de communes alarmes.
Je veux pleurer moi-même, ou voir couler ses larmes;
Accuser un outrage ou calmer un soupçon,
Et toujours pardonner ou demander pardon.

    Mais quels éclats, amis? C'est la voix de Julie:
Entrons. O quelle nuit! joie, ivresse, folie!
Que de seins envahis et mollement pressés!
Malgré de vains efforts que d'appas caressés!
Que de charmes divins forcés dans leur retraite!
Il faut que de la Seine, au cri de notre fête,
Le flot résonne au loin, de nos jeux égayé;
Et qu'en son lit voisin le marchand éveillé,
Écoutant nos plaisirs d'une oreille jalouse,
Redouble ses baisers à sa trop jeune épouse.

ÉLÉGIE XXX.

De l'art de Pyrgotèle élève ingénieux,
Dont, à l'aide du tour, le fer industrieux
Aux veines des cailloux du Gange ou de Syrie,
Sait confier les traits de la jeune Marie,
Grave sur l'Améthyste ou l'Onyx étoilé
Ce que d'elle aujourd'hui les dieux m'ont révélé.

    Souvent, lorsqu'aux transports mon ame s'abandonne,
L'harmonieux démon descend et m'environne,
Chante; et ses ailes d'or agitant mes cheveux,
Rafraîchissent mon front qui bouillonne de feux.
Il m'a dit ta naissance, ô jeune Florentine !
C'est vous, nymphes d'Arno, qui des bras de Lucine
Vîntes la recueillir ; et vos rians berceaux
L'endormirent au bruit de l'onde et des roseaux ;
Et Phœbus, du Cancer hôte ardent et rapide,
Ne pouvait point la voir dans cette grotte humide,
Sous des piliers de nacre entourés de jasmin,
Reposer sur un lit de pervenche et de thym.
Abandonnant les fleurs, de sonores abeilles

Vinrent en bourdonnant sur ses lèvres vermeilles
S'asseoir et déposer ce miel doux et flatteur,
Qui coule avec sa voix et pénètre le cœur.
Reine aux yeux éclatans, la belle poésie
Lui sourit, et trempa sa bouche d'ambroisie,
Arma ses faibles mains des fertiles pinceaux
Qui font vivre la toile en magiques tableaux ;
Et mit dans ses regards ce feu, cette ame pure
Qui sait voir la beauté fille de la nature.
Une lyre aux sept voix lui faisait écouter
Les sons que Pausilippe est fier de répéter.
Et les douces vertus et les grâces décentes,
Les bras entrelacés autour d'elle dansantes,
Veillaient sur son sommeil ; et surent la cacher
A Vénus, à l'Amour, qui brûlaient d'approcher ;
Et puis au lieu de lait, pour nourrir son enfance,
Mêlèrent la candeur, la gaîté, l'indulgence,
La bienveillance amie au sourire ingénu,
Et le talent modeste à lui seul inconnu ;
Et la sainte fierté que nul revers n'opprime,
La paix, la conscience ignorante du crime,
La simplicité chaste aux regards caressans,
Près de qui les pervers deviendraient innocens.

Artiste, pour l'honneur de ton durable ouvrage,
Graves-y tous ces dons brillans sur son visage.
Graves, si tu le peux, son ame et ses discours,
Sa voix, lien puissant d'où dépendent nos jours ;
Les jours de ses amis ; troupe heureuse et fidèle,
Qui vivent tous pour elle, et qui mourraient pour elle.

De la seule beauté le flambeau passager
Allume dans les sens un feu prompt et léger ;
Mais les douces vertus et les grâces décentes
N'inspirent aux cœurs purs que des flammes constantes.

ÉLÉGIE XXXI.

De Pange, ami chéri, jeune homme heureux et sage,
Parle ; de ce matin, dis-moi quel est l'ouvrage ?
Du vertueux bonheur montres-tu les chemins
A ce frère naissant, dont j'ai vu que tes mains
Aiment à cultiver la charmante espérance ?
Ou bien vas-tu cherchant dans l'ombre et le silence,
Seul, quel encens le Gange aux flots religieux
Vit les premiers humains brûler aux pieds des dieux ?
Ou comment dans sa route, avec force tracée,
Descartes n'a point su contenir sa pensée ?
Consumant ma jeunesse en un loisir plus vain,
Seul, animé du feu que nous nommons divin,
Qui pour moi chaque jour ne luit qu'avec l'aurore,
Je rêve assis au bord de cette onde sonore,
Qu'au penchant d'Hélicon, pour arroser ses bois,
Le quadrupède ailé fit jaillir autrefois.
A nos festins d'hier, un souvenir fidèle

Reporte mes souhaits, me flatte, me rappèle
Tes pensers, tes discours, et quelquefois les miens;
L'amicale douceur de tes chers entretiens,
Ton honnête candeur, ta modeste science,
De ton cœur presque enfant la mûre expérience.
Poursuis : dans ce bel âge où faibles nourrissons
Nous répétons à peine un maître et ses leçons,
Il est beau dans les soins d'un solitaire asile,
(Même dans tes amours, doux, aimable, tranquille)
De savoir loin des yeux, sans faste, sans fierté,
Sage pour soi, content, chercher la vérité.
Va, poursuis ta carrière ; et sois toujours le même,
Sois heureux, et surtout aime un ami qui t'aime.
Ris de son cœur débile aux désirs condamné,
De l'étude aux amours sa[ns] cesse promené,
Qui toujours approuvant ce dont il fuit l'usage,
Aimera la sagesse, et ne sera point sage.

ÉLÉGIE XXXII.

Manes de Callimaque, ombre de Philétas,
Dans vos saintes forêts daignez guider mes pas.
J'ose, nouveau pontife aux antres du Permesse,
Mêler des chants français dans les chœurs de la Grèce.

ÉLÉGIES.

Dites en quel vallon vos écrits médités
Soumirent à vos vœux les plus rares beautés..
Qu'aisément à ce prix un jeune cœur s'embrâse!
Je n'ai point pour la gloire inquiété Pégase.
L'obscurité tranquille est plus chère à mes yeux
Que de ses favoris l'éclat laborieux.
Peut-être, n'écoutant qu'une jeune manie,
J'eusse aux rayons d'Homère allumé mon génie;
Et d'un essor nouveau, jusqu'à lui m'élevant,
Volé de bouche en bouche heureux et triomphant.
Mais la tendre Élégie et sa grâce touchante
M'ont séduit. L'Élégie à la voix gémissante,
Au ris mêlé de pleurs, aux longs cheveux épars;
Belle, levant au ciel ses humides regards.
Sur un axe brillant c'est moi qui la promène
Parmi tous ces palais dont s'enrichit la Seine;
Le peuple des amours y marche auprès de nous;
La lyre est dans leurs mains. Cortége aimable et doux,
Qu'aux fêtes de la Grèce enleva l'Italie!
Et ma fière Camille est la sœur de Délie.
L'Élégie, ô Le Brun! renaît dans nos chansons,
Et les muses pour elle ont amolli nos sons.
Avant que leur projet, qui fut bientôt le nôtre,
Pour devenir amis nous offrît l'un à l'autre,
Elle avait ton amour, comme elle avait le mien;
Elle allait de ta lyre implorer le soutien.
Pour montrer dans Paris sa langueur séduisante
Elle implorait aussi ma lyre complaisante.
Femme, et pleine d'attraits, et fille de Vénus,
Elle avait deux amans l'un à l'autre inconnus.

J'ai vu qu'à ses faveurs ta part est la plus belle;
Et pourtant je me plais à lui rester fidèle;
A voir mon vers au rire, aux pleurs abandonné,
De rose ou de cyprès par elle couronné.
Par la lyre attendris, les rochers du Riphée
Se pressaient, nous dit-on, sur les traces d'Orphée.
Des murs fils de la lyre ont gardé les Thébains;
Arion à la lyre a dû de longs destins :
Je lui dois des plaisirs. J'ai vu plus d'une belle,
A mes accens émue, accuser l'infidèle
Qui me faisait pleurer et dont j'étais trahi;
Et souhaiter l'amour de qui le sent ainsi.
Mais dieux, que de plaisir! quand muette, immobile,
Mes chants font soupirer ma naïve Camille;
Quand mon vers, tour à tour humble, doux, outrageant,
Éveille sur sa bouche un sourire indulgent;
Quand ma voix altérée enflammant son visage,
Son baiser vole et vient l'arrêter au passage.
O! je ne quitte plus ces bosquets enchanteurs
Où rêva mon Tibulle aux soupirs séducteurs;
Où le feuillage encor dit Corinne charmante;
Où Cinthie est écrite en l'écorce odorante;
Où les sentiers français ne me conduisaient pas;
Où mes pas de Le Brun ont rencontré les pas.

Ainsi, que mes écrits enfans de ma jeunesse,
Soient un code d'amour, de plaisir, de tendresse;
Que partout de Vénus ils dispersent les traits;
Que ma voix, que mon ame y vivent à jamais;
Qu'une jeune beauté, sur la plume et la soie,

Attendant le mortel qui fait toute sa joie,
S'amuse à mes chansons, y médite à loisir
Les baisers dont bientôt elle veut l'accueillir.
Qu'à bien aimer tous deux mes chansons les excitent ;
Qu'ils s'adressent mes vers, qu'ensemble ils les récitent :
Lassés de leurs plaisirs, qu'au feu de mes pinceaux
Ils s'animent encore à des plaisirs nouveaux ;
Qu'au matin sur sa couche à me lire empressée,
Lise du cloître austère éloigne sa pensée ;
Chaque bruit qu'elle entend, que sa tremblante main
Me glisse dans ses draps et tout près de son sein.
Qu'un jeune homme, agité d'une flamme inconnue,
S'écrie aux doux tableaux de ma muse ingénue :
« Ce poëte amoureux, qui me connaît si bien,
» Quand il a peint son cœur, avait lu dans le mien. »

ÉLÉGIE XXXIII.

De Pange, le mortel dont l'ame est innocente,
Dont la vie est paisible et de crimes exempte,
N'a pas besoin du fer qui veille autour des rois ;
Des flèches dont le Scythe a rempli son carquois ;
Ni du plomb que l'airain vomit avec la flamme.
Incapable de nuire, il ne voit dans son ame

Nulle raison de crainte, et loin de s'alarmer,
Confiant, il se livre aux délices d'aimer.
O de Pange! ami sage, est bien fou qui s'ennuie.
Si les destins deux fois nous permettaient la vie,
L'une pour les travaux et les soins vigilans,
L'autre pour les amours, les plaisirs nonchalans,
On irait d'une vie âpre et laborieuse
Vers l'autre vie au moins pure et voluptueuse.
Mais si nous ne vivons, ne mourons qu'une fois,
Eh! pourquoi malheureux sous de bizarres lois,
Tourmenter cette vie et la perdre sans cesse?
Haletans vers le gain, les honneurs, la richesse;
Oubliant que le sort immuable en son cours,
Nous fit des jours mortels; et combien peu de jours!
Sans les dons de Vénus quelle serait la vie?
Dès l'instant où Vénus me doit être ravie,
Que je meure. Sans elle ici-bas rien n'est doux.
. . . .
Humains, nous ressemblons aux feuilles d'un ombrage
Dont au faîte des cieux le soleil remonté,
Rafraîchit dans nos bois les chaleurs de l'été.
Mais l'hiver, accourant d'un vol sombre et rapide,
Nous sèche, nous flétrit; et son souffle homicide
Secoue et fait voler, dispersés dans les vents,
Tous ces feuillages morts qui font place aux vivans.
La Parque sur nos pas fait courir devant elle
Midi, le soir, la nuit, et la nuit éternelle;
Et par grâce, à nos yeux qu'attend le long sommeil,
Laisse voir au matin un regard du soleil.
Quand cette heure s'enfuit, de nos regrets suivie,

La mort est désirable, et vaut mieux que la vie.
O jeunesse rapide! ô songe d'un moment!
Puis l'infirme vieillesse, arrivant tristement,
Presse d'un malheureux la tête chancelante,
Courbe sur un bâton sa démarche tremblante;
Lui couvre d'un nuage et les yeux et l'esprit,
Et de soucis cuisans l'enveloppe et l'aigrit :
C'est son bien dissipé, c'est son fils, c'est sa femme,
Ou les douleurs du corps, si pesantes à l'ame;
Ou mille autres ennuis. Car, hélas! nul mortel
Ne vit exempt de maux sous la voûte du ciel.
O! quel présent funeste eut l'époux de l'aurore,
De vieillir chaque jour, et de vieillir encore,
Sans espoir d'échapper à l'immortalité!
Jeune, son front plaisait. Mais quoi! toute beauté
Se flétrit sous les doigts de l'aride vieillesse.
Sur le front du vieillard habite la tristesse;
Il se tourmente, il pleure, il veut que vous pleuriez.
Ses yeux par un beau jour ne sont plus égayés.
L'ombre épaisse et touffue et les prés et Zéphire
Ne lui disent plus rien, ne le font plus sourire.
La troupe des enfans, en l'écoutant venir,
Le fuit, comme ennemi de leur jeune plaisir;
Et s'il aime, en tous lieux sa faiblesse exposée
Sert aux jeunes beautés de fable et de risée.

ÉLÉGIE XXXIV.

Qu'un autre soit jaloux d'illustrer sa mémoire :
Moi, j'ai besoin d'aimer ; qu'ai-je besoin de gloire ?
S'il faut, pour obtenir ses regards complaisans,
A l'ennui de l'étude immoler mes beaux ans ;
S'il faut toujours errant, sans lien, sans maîtresse,
Étouffer dans mon cœur la voix de la jeunesse,
Et sur un lit oisif, consumé de langueur,
D'une nuit solitaire accuser la longueur ?
Aux sommets où Phœbus a choisi sa retraite,
Enfant, je n'allai point me réveiller poëte :
Mon cœur, loin du Permesse, a connu dans un jour
Les feux de Calliope et les feux de l'amour.
L'amour seul dans mon ame a créé le génie ;
L'amour est seul arbitre et seul dieu de ma vie ;
En faveur de l'amour quelquefois Apollon
Jusqu'à moi volera de son double vallon.
Mais que tous deux alors ils donnent à ma bouche
Cette voix qui séduit, qui pénètre, qui touche ;
Cette voix qui dispose à ne refuser rien,
Cette voix, des amans le plus tendre lien.
Puisse un coup-d'œil flatteur, provoquant mon hommage,

A ma langue incertaine inspirer du courage !
Sans dédain, sans courroux, puissé-je être écouté !
Puisse un vers caressant séduire la beauté !
Et si je puis encore, amoureux de sa chaîne,
Célébrer mon bonheur ou soupirer ma peine,
Si je puis par mes sons touchans et gracieux
Aller grossir un jour ce peuple harmonieux
De cygnes dont Vénus embellit ses rivages,
Et se plaît d'égayer les eaux de ses bocages ;
Sans regret, sans envie, aux vastes champs de l'air
Mes yeux verront planer l'oiseau de Jupiter.
Sans doute heureux celui qu'une palme certaine
Attend victorieux dans l'une et l'autre arène ;
Qui tour à tour convive et de Gnide et des cieux,
Des bras d'une maîtresse enlevé chez les dieux,
Ivre de voluptés, s'enivre encor de gloire ;
Et qui, cher à Vénus et cher à la victoire,
Ceint des lauriers du Pinde et des fleurs de Paphos,
Soupire l'Élégie et chante les héros.

Mais qui sut à ce point, sous un astre propice,
Vaincre du ciel jaloux l'inflexible avarice ?
Qui put voir en naissant, par un accord nouveau,
Tous les dieux à la fois sourire à son berceau ?
Un seul a pu franchir cette double carrière :
C'est lui qui va bientôt, loin des yeux du vulgaire,
Inscrire sa mémoire aux fastes d'Hélicon,
Digne de la nature et digne de Buffon.
Fortunée Agrigente, et toi reine orgueilleuse,
Rome, à tous les combats toujours victorieuse,

Du poids de vos grands noms nous ne gémirons plus.
Par l'ombre d'Empédocle étions-nous donc vaincus ?
Lucrèce aurait pu seul, aux flambeaux d'Epicure,
Dans ses temples secrets surprendre la nature ?
La nature aujourd'hui de ses propres crayons
Vient d'armer une main qu'éclairent ses rayons.
C'est toi qu'elle a choisi; toi, par qui l'Hippocrène
Mêle encore son onde à l'onde de la Seine;
Toi, par qui la Tamise et le Tibre en courroux
Lui porteront encor des hommages jaloux;
Toi, qui la vis couler plus lente et plus facile,
Quand ta bouche animait la flûte de Sicile;
Toi, quand l'amour trahi te fit verser des pleurs,
Qui l'entendis gémir et pleurer tes douleurs.
Malherbe tressaillit au-delà du Ténare,
A te voir agiter les rênes de Pindare;
Aux accens de Tyrtée enflammant nos guerriers,
Ta voix fit dans nos camps renaître les lauriers.
Les tyrans ont pâli, quand ta main courroucée
Écrasa leur Thémis sous les foudres d'Alcée.
D'autres tyrans encor, les méchans et les sots,
Ont fui devant Horace armé de tes bons mots.
Et maintenant, assis dans le centre du monde,
Le front environné d'une clarté profonde,
Tu perces les remparts que t'opposent les cieux,
Et l'univers entier tourne devant tes yeux.
Les fleuves et les mers, les vents et le tonnerre,
Tout ce qui peuple l'air et Thétis et la terre,
A ta voix accouru s'offrant de toutes parts,
Rend compte de soi-même, et s'ouvre à tes regards.

De l'erreur vainement les antiques prestiges
Voudraient de la nature étouffer les vestiges ;
Ta main les suit partout, et sur le diamant
Ils vivent, de ta gloire éternel monument.
Mais toi-même, Le Brun, que l'amour d'Uranie
Guide à tous les sentiers d'où la mort est bannie ;
Qui, roi sur l'Hélicon, de tous ses conquérans
Réunis dans ta main les sceptres différens ;
Toi-même, quel succès, dis-moi, quelle victoire
Chatouille mieux ton cœur du plaisir de la gloire ?
Est-ce lorsque Buffon et sa savante cour
Admirent tes regards qui fixent l'œil du jour ?
Qu'aux rayons dont l'éclat ceint ta tête brillante,
Ils suivent dans les airs ta route étincelante,
Animent de leurs cris ton vol audacieux,
Et d'un œil étonné te perdent dans les cieux ?
Ou lorsque de l'amour, interprète fidèle,
Ta naïve Érato fait sourire une belle ;
Que son ame se peint dans ses regards touchans,
Et vole sur sa bouche au-devant de tes chants ;
Qu'elle interrompt ta voix, et d'une voix timide
S'informe de Fanni, d'Églé, d'Adélaïde ;
Et vantant les honneurs qui suivent tes chansons,
Leur envie un amant qui fait vivre leurs noms?

ÉLÉGIE XXXV.

Hier, en te quittant, enivré de tes charmes,
Belle Daphné, vers moi, tenant en main des armes,
Une troupe d'enfans courut de toutes parts.
Ils portaient des flambeaux, des chaînes et des dards.
Leurs dards m'ont pénétré jusques au fond de l'ame,
Leurs flambeaux sur mon sein ont secoué la flamme,
Leurs chaînes m'ont saisi. D'une cruelle voix :
« Aimeras-tu Daphné? » criaient-ils à la fois,
« L'aimeras-tu toujours? » Troupe auguste et suprême,
Ah! vous le savez trop, dieux enfans, si je l'aime.
Mais qu'avez-vous besoin de chaînes et de traits ?
Je n'ai point voulu fuir. Pourquoi tous ces apprêts?
Sa beauté pouvait tout; mon âme sans défense
N'a point contre ses yeux cherché de résistance.
Oui, je brûle; ô Daphné! laisse-moi du repos.
Je brûle; ô de mon cœur éloigne ces flambeaux :
Ah! plutôt que souffrir ces douleurs insensées,
Combien j'aimerais mieux sur des Alpes glacées
Être une pierre aride, ou dans le sein des mers
Un roc battu des vents, battu des flots amers!
O terre! ô mer! je brûle. Un poison moins rapide

Sut venger le Centaure et consumer Alcide.
Tel que le faon blessé fuit, court; mais dans son flanc
Traîne le plomb mortel qui fait couler son sang ;
Ainsi là, dans mon cœur, errant à l'aventure,
Je porte cette belle, auteur de ma blessure.
Marne, Seine, Apollon n'est plus dans vos forêts,
Je ne le trouve plus dans vos antres secrets.
Ah! si je vais encor rêver sous vos ombrages,
Ce n'est plus que d'amour. Du sein de vos feuillages,
Daphné, fantôme aimé, m'environne, me suit
De bocage en bocage, et m'attire et me fuit.
Si dans mes tristes murs je me cherche un asile,
Hélas! contre l'amour en est-il un tranquille?
Si de livres, d'écrits, de sphères, de beaux-arts,
Contre elle, contre lui je me fais des remparts ;
A l'aspect de l'amour une terreur subite
Met bientôt les beaux-arts et les Muses en fuite.
Taciturne, mon front appuyé sur ma main,
D'elle seule occupé, mes jours coulent en vain.
Si j'écris, son nom seul est tombé de ma plume ;
Si je prends au hasard quelque docte volume,
Encor ce nom chéri, ce nom délicieux,
Partout, de ligne en ligne, étincelle à mes yeux.
Je lui parle toujours, toujours je l'envisage ;
Daphné, toujours Daphné, toujours sa belle image
Erre dans mon cerveau, m'assiége, me poursuit,
M'inquiète le jour, me tourmente la nuit.
Adieu donc, vains succès, studieuses chimères,
Et beaux-arts tant aimés, Muses jadis si chères ;
Malgré moi mes pensers ont un objet plus doux,

Ils sont tous à Daphné, je n'en ai plus pour vous.
Que ne puis-je à mon tour, ah ! que ne puis-je croire
Que loin d'elle toujours j'occupe sa mémoire.

ÉLÉGIE XXXVI.

O nécessité dure ! ô pesant esclavage !
O sort ! je dois donc voir, et dans mon plus bel âge,
Flotter mes jours tissus de désirs et de pleurs
Dans ce flux et reflux d'espoir et de douleurs !

Souvent, las d'être esclave et de boire la lie
De ce calice amer que l'on nomme la vie,
Las du mépris des sots qui suit la pauvreté,
Je regarde la tombe, asile souhaité ;
Je souris à la mort volontaire et prochaine ;
Je me prie, en pleurant, d'oser rompre ma chaîne,
Le fer libérateur qui percerait mon sein
Déjà frappe mes yeux et frémit sous ma main,
Et puis mon cœur s'écoute et s'ouvre à la faiblesse ;
Mes parens, mes amis, l'avenir, ma jeunesse,
Mes écrits imparfaits ; car, à ses propres yeux
L'homme sait se cacher d'un voile spécieux.
A quelque noir destin qu'elle soit asservie,

D'une étreinte invincible il embrasse la vie ;
Et va chercher bien loin, plutôt que de mourir,
Quelque prétexte ami, de vivre et de souffrir.
Il a souffert, il souffre : aveugle d'espérance,
Il se traîne au tombeau de souffrance en souffrance ;
Et la mort, de nos maux ce remède si doux,
Lui semble un nouveau mal, le plus cruel de tous.

ÉLÉGIE XXXVII.

(IMITÉ D'ASCLÉPIADE.)

O nuit ! j'avais juré d'aimer cette infidèle ;
Sa bouche me jurait une amour éternelle ;
Et c'est toi qu'attestait notre commun serment.
L'ingrate s'est livrée aux bras d'un autre amant,
Lui promet de l'aimer, le lui dit, le lui jure,
Et c'est encore toi qu'atteste la parjure !

Et toi lampe nocturne, astre cher à l'amour,
Sur le marbre posée, ô toi ! qui, jusqu'au jour,
De ta prison de verre éclairais nos tendresses,
C'est toi qui fus témoin de ses douces promesses ;
Mais, hélas ! avec toi son amour incertain

Allait se consumant, et s'éteignit enfin.
Avec toi les sermens de cette bouche aimée
S'envolèrent bientôt en légère fumée.
Près de son lit, c'est moi qui fis veiller tes feux
Pour garder mes amours, pour éclairer nos jeux;
Et tu ne t'éteins pas à l'aspect de son crime!
Et tu sers aux plaisirs d'un rival qui m'opprime!
Tu peux, fausse comme elle, et comme elle sans foi,
Être encor pour autrui ce que tu fus pour moi;
Montrant à d'autres yeux, que tu guides sur elle,
Combien elle est perfide et combien elle est belle!

— Poëte malheureux, de quoi m'accuses-tu?
Pour te la conserver j'ai fait ce que j'ai pu,
Mes yeux, dans ses forfaits même ont su la poursuivre,
Tant que ses soins jaloux me permirent de vivre :
Hier, elle semblait en efforts languissans
Avoir peine à traîner ses pas et ses accens.
Le jour venait de fuir, je commençais à luire;
Sa couche la reçut, et je l'ouïs te dire
Que de son corps souffrant les débiles langueurs
D'un sommeil long et chaste imploraient les douceurs.
Tu l'embrasses, tu pars, tu la vois endormie.
A peine tu sortais, que cette porte amie
S'ouvre : un front jeune et blond se présente, et je vois
Un amant aperçu pour la première fois.
Elle alors, d'une voix tremblante et favorable,
Lui disait : « Non, partez; non, je suis trop coupable. »
Elle parlait ainsi, mais lui tendait les bras.
Le jeune homme près d'elle arrivait pas à pas.

Alors je vis s'unir ces deux bouches perfides.
. . . .
Je vis de ses beaux flancs l'albâtre ardent et pur,
Lis, ébène, corail, roses, veines d'azur;
Telle enfin qu'autrefois tu me l'avais montrée,
De sa nudité seule embellie et parée,
Quand vos nuits s'envolaient, quand le mol oreiller
La vit sous tes baisers dormir et s'éveiller;
Et quand tes cris joyeux vantaient ma complaisance,
Et qu'elle, en souriant, maudissait ma présence.
En vain, au dieu d'amour que je crus ton appui,
Je demandai la voix qu'il me donne aujourd'hui.
Je voulais reprocher tes pleurs à l'infidèle,
Je l'aurais appelée ingrate, criminelle.
Du moins pour réveiller dans leur profane sein
Le remords, la terreur, je m'agitai soudain,
Et je fis à grand bruit de la mèche brûlante
Jaillir en mille éclairs la flamme pétillante.
Elle pâlit, trembla, tourna sur moi les yeux,
Et d'une voix mourante, elle dit : « Ah! grands dieux!
» Faut-il, quand tes désirs font taire mes murmures,
» Voir encor ce témoin qui compte mes parjures! »
Elle s'élance; et lui, la serrant dans ses bras,
La retenait, disant : « Non, non, ne l'éteins pas. »

Je cessai de brûler : suis mon exemple; cesse.
On aime un autre amant, aime une autre maîtresse :
Souffle sur ton amour, ami, si tu me croi,
Ainsi que pour m'éteindre elle a soufflé sur moi.

ÉLÉGIE XXXVIII.

Je suis né pour l'amour, j'ai connu ses travaux,
Mais, certes, sans mesure il m'accable de maux :
A porter ce revers mon ame est impuissante.
Eh quoi! beauté divine, incomparable amante,
Je vous perds! Quoi, par vous nos liens sont rompus,
Vous le voulez; adieu, vous ne me verrez plus :
Du besoin de tromper ma fuite vous délivre.
Je vais loin de vos yeux pleurer au lieu de vivre,
Mais vous fûtes toujours l'arbitre de mon sort;
Déjà vous prévoyez, vous annoncez ma mort.
Oui, sans mourir, hélas! on ne perd point vos charmes.
Ah! que n'êtes-vous là pour voir couler mes larmes!
Pour connaître mon cœur, vos fers, vos cruautés,
Tout l'amour qui m'embrâse et que vous méritez.
Pourtant que faut-il faire? on dit (dois-je le croire)
Qu'aisément de vos traits on bannit la mémoire;
Que jusqu'ici vos bras inconstans et légers
Ont reçu mille amans comme moi passagers;
Que l'ennui de vous perdre où mon ame succombe,
N'a d'aucun malheureux accéléré la tombe.
Comme eux j'ai pu vous plaire, et comme eux vous lasser;

De vous comme eux encor je pourrai me passer.
Mais quoi! je vous jurai d'éternelles tendresses!
Et quand vous m'avez fait, vous, les mêmes promesses,
Etait-ce rien qu'un piége? Il n'a point réussi.
J'ai fait comme vous-même, ah! l'on vous trompe aussi;
Vous, dans l'art de tromper maîtresse sans émule.
Vous avez donc pensé, perfide trop crédule,
Qu'un amant, par vous-même instruit au changement,
N'oserait, comme vous, abuser d'un serment?
En moi c'était vengeance; à vous ce fut un crime.
A tort un agresseur dispute à sa victime
Des armes dont son bras s'est servi le premier;
Le fer a droit d'ouvrir le flanc du meurtrier.
Trahir qui nous trahit est juste autant qu'utile,
Et l'inventeur cruel du taureau de Sicile
Lui-même à l'essayer justement condamné,
A fait mugir l'airain qu'il avait façonné.

Maintenant, poursuivez : il suffit qu'on vous voie,
Vos filets aisément feront une autre proie;
Je m'en fie à votre art moins qu'à votre beauté.
Toutefois, songez-y, fuyez la vanité.
Vous me devez un peu cette beauté nouvelle,
Vos attraits sont à moi : c'est moi qui vous fis belle,
Soit orgueil, indulgence, ou captieux détour,
Soit que mon cœur gagné par vos semblans d'amour,
D'un peu d'aveuglement n'ait point su se défendre,
(Car mon cœur est si bon et ma muse est si tendre!)
Je vins à vos genoux, en soupirs caressans,
D'un vers adulateur vous prodiguer l'encens;

11

De vos regards éteints la tristesse chagrine
Fut bientôt dans mes vers une langueur divine.
Ce corps fluet, débile, et presque inanimé,
En un corps tout nouveau dans mes vers transformé,
S'élançait léger, souple; ils vous portaient la vie;
Des Nymphes, dans mes vers, vous excitiez l'envie.
Que de fois sur vos traits, par ma muse polis,
Ils ont mêlé la rose au pur éclat des lis!
Tandis qu'au doux réveil de l'aurore fleurie
Vos traits n'offraient aux yeux qu'une pâleur flétrie,
Et le soir, embellis de tout l'art du matin,
N'avaient de rose, hélas! qu'un peu trop de carmin.
Ces folles visions des flammes dévorées
Ont péri, grâce aux dieux, pour jamais ignorées.
Sur la foi de mes vers mes amis transportés
Cherchaient partout vos pas, vos attraits si vantés,
Vous voyaient; et soudain, dans leur surprise extrême,
Se demandaient tout bas si c'était bien vous-même;
Et de mes yeux séduits plaignant la trahison
M'indiquaient l'ellébore ami de la raison.

    Quoi! c'est là cet objet d'un si pompeux hommage!
Dieux! quels flots de vapeurs inondent son visage!
Ses yeux si doux sont morts; elle croit qu'elle vit;
Esculape doit seul approcher de son lit;
Et puis tout ce qu'en vous je leur montrais de grâce
N'était rien à leurs yeux que fard et que grimace.
Je devais avoir honte : ils ne concevaient pas
Quel charme si puissant m'attirait dans vos bras.
Dans vos bras! qu'ai-je dit? Oh non! Vénus avare

ÉLÉGIES.

Ne m'a point fait un don qui fut toujours si rare.
Si je l'ai cru long-temps, après votre serment
Je vous crois, et jamais une belle ne ment;
Jamais de vos bontés la confidente amie
Ne vint m'ouvrir la nuit une porte endormie,
Et jusqu'au lit de pourpre en cent détours obscurs
Guider ma main errante à pas muets et sûrs.
Je l'ai cru; pardonnez, mais ce sera, je pense,
Oui, c'est qu'à mon sommeil plein de votre présence,
Un songe officieux, enfant de mes désirs,
M'apporta votre image et de vagues plaisirs.
Cette faute à vos yeux doit s'excuser peut-être;
Même on cite un ingrat qui vous la fit commettre.
Adieu, suivez le cours de vos nobles travaux.
Cherchez, aimez, trompez mille imprudens rivaux;
Je ne leur dirai point que vous êtes perfide,
Que le plaisir de nuire est le seul qui vous guide,
Que vous êtes plus tendre, alors qu'un noir dessein
Pour troubler leur repos veille dans votre sein;
Mais ils sauront bientôt, honteux de leur faiblesse,
Quitter avec opprobre une indigne maîtresse;
Vous pleurerez, et moi j'apprendrai vos douleurs
Sans même les entendre, ou rire de vos pleurs.

ÉLÉGIE XXXIX.

Allons, l'heure est venue, allons trouver Camille.
Elle me suit partout. Je dormais, seul, tranquille,
Un songe me l'amène; et mon sommeil s'enfuit.
Je la voyais en songe au milieu de la nuit,
Elle allait me cherchant sur sa couche fidelle,
Et me tendait les bras et m'appelait près d'elle.
Les songes ne sont point capricieux et vains;
Ils ne vont point tromper les esprits des humains.
De l'Olympe souvent un songe est la réponse,
Dans tous ceux des amans la vérité s'annonce.
Quel air suave et frais! le beau ciel! le beau jour!
Les Dieux me le gardaient; il est fait pour l'amour.

Quel charme de trouver la beauté paresseuse;
De venir visiter sa couche matineuse,
De venir la surprendre, au moment que ses yeux
S'efforcent de s'ouvrir à la clarté des cieux;
Douce dans son éclat, et fraîche, et reposée,
Semblable aux autres fleurs, filles de la rosée.
Oh! quand j'arriverai, si, livrée aux repos,
Ses yeux n'ont point encor secoué les pavots,

ÉLÉGIES.

Oh! je me glisserai vers la plume indolente,
Doucement, pas à pas, et ma main caressante,
Et mes fougueux transports feront à son sommeil
Succéder un subit mais un charmant réveil;
Elle reconnaîtra le mortel qui l'adore,
Et mes baisers long-temps empêcheront encore
Sur ses yeux, sur sa bouche, empressés de courir,
Sa bouche de se plaindre et ses yeux de s'ouvrir.

Mais j'entrevois enfin sa porte souhaitée.
Que de bruit! que de chars! quelle foule agitée!
Tous vont revoir leurs biens, leurs chimères, leur or;
Et moi, tout mon bonheur, Camille, mon trésor.
Hier, quand malgré moi je quittai son asile,
Elle m'a dit : « Pourquoi t'éloigner de Camille?
» Tu sais bien que je meurs si tu n'es près de moi. »
Ma Camille, je viens, j'accours, je suis chez toi.
Le gardien de tes murs, ce vieillard qui m'admire
M'a vu passer le seuil et s'est mis à sourire.
Bon! j'ai su (les amans sont guidés par les dieux)
Monter sans nul obstacle et j'ai fui tous les yeux.

Ah! que vois-je?... Pourquoi ma porte accoutumée,
Cette porte secrète est-elle donc fermée?
Camille, ouvrez, ouvrez, c'est moi. L'on ne vient pas.
Ciel! elle n'est point seule! On murmure tout bas.
Ah! c'est la voix de Lise. Elles parlent ensemble.
On se hâte ; l'on court ; on vient enfin ; je tremble.
Qu'est-ce donc? à m'ouvrir pourquoi tous ces délais?
Pourquoi ces yeux mourans et ces cheveux défaits?
Pourquoi cette terreur dont vous semblez frappée?

D'où vient qu'en me voyant Lise s'est échappée ?
J'ai cru, prêtant l'oreille, ouïr entre vous deux
Des murmures secrets, des pas tumultueux.
Pourquoi cette rougeur, cette pâleur subite,
Perfide? un autre amant... Ciel ! elle a pris la fuite.
Ah dieux! je suis trahi. Mais je prétends savoir...
Lise, Lise, ouvrez-moi, parlez ; mais fol espoir !
La digne confidente auprès de sa maîtresse
Lui travaille à loisir quelque subtile adresse,
Quelque discours profond et de raisons pourvu,
Par qui ce que j'ai vu je ne l'aurai point vu.
Dieux ! comme elle approchait (sexe ingrat, faux, perfide),
S'essayant, effrontée à la fois et timide,
Voulant hâter l'effort de ses pas languissans,
Voulant m'ouvrir des bras fatigués, impuissans ;
Abattue, et sa voix altérée, incertaine,
Ses yeux anéantis ne s'ouvrant plus qu'à peine,
Ses cheveux en désordre et rajustés en vain,
Et son haleine encore agitée, et son sein...
Des caresses de feu sur son sein imprimées,
Et de baisers récens ses lèvres enflammées.
J'ai tout vu. Tout m'a dit une coupable nuit.
Sans même oser répondre, interdite, elle fuit,
Sans même oser tenter le hasard d'un mensonge.
Et moi, comme abusé des promesses d'un songe,
Je venais, j'accourais, sûr d'être souhaité,
Plein d'amour et de joie et de tranquillité !

ÉLÉGIE XL,

AUX DEUX FRÈRES TRUDAINE.

Amis, couple chéri, cœurs formés pour le mien,
Je suis libre. Camille à mes yeux n'est plus rien.
L'éclat de ses yeux noirs n'éblouit plus ma vue;
Mais cette liberté sera bientôt perdue.
Je me connais. Toujours je suis libre et je sers;
Etre libre pour moi n'est que changer de fers.
Autant que l'univers a de beautés brillantes,
Autant il a d'objets de mes flammes errantes.
Mes amis, sais-je voir d'un œil indifférent
Ou l'or des blonds cheveux sur l'albâtre courant,
Ou d'un flanc délicat l'élégante noblesse,
Ou d'un luxe poli la savante richesse?
Sais-je persuader à mes rêves flatteurs
Que les yeux les plus doux peuvent être menteurs?
Qu'une bouche où la rose, où le baiser respire
Peut cacher un serpent à l'ombre d'un sourire?
Que sous les beaux contours d'un sein délicieux,
Peut habiter un cœur faux, parjure, odieux?
Peu fait à soupçonner le mal qu'on dissimule,

Dupe de mes regards, à mes désirs crédule,
Elles trouvent mon cœur toujours prêt à s'ouvrir.
Toujours trahi, toujours je me laisse trahir.
Je leur crois des vertus, dès que je les vois belles.
Sourd à tous vos conseils, ô mes amis fidèles!
Relevé d'une chute, une chute m'attend;
De Carybde à Scylla toujours vague et flottant,
Et toujours loin du bord jouet de quelque orage,
Je ne sais que périr de naufrage en naufrage.

Ah! je voudrais n'avoir jamais reçu le jour
Dans ces vaines cités que tourmente l'amour.
Où les jeunes beautés, par une longue étude,
Font un art des sermens et de l'ingratitude.
Heureux loin de ces lieux éclatans et trompeurs,
Eh! qu'il eût mieux valu naître un de ces pasteurs
Ignorés dans le sein de leurs Alpes fertiles,
Que nos yeux ont connus fortunés et tranquilles.
O! que ne suis-je enfant de ce lac enchanté
Où trois pâtres héros ont à la liberté
Rendu tous leurs neveux et l'Helvétie entière.
Faible, dormant encor sur le sein de ma mère,
O! que n'ai-je entendu ces bondissantes eaux,
Ces fleuves, ces torrens, qui, de leurs froids berceaux,
Viennent du bel Assly nourrir les doux ombrages.
Assly! frais Elysée! honneur des pâturages!
Lieu qu'avec tant d'amour la nature a formé,
Où l'Ar roule un or pur en son onde semé.
Là, je verrais assis dans ma grotte profonde
La génisse traînant sa mamelle féconde,

Prodiguant à ses fils ce trésor indulgent,
A pas lents agiter sa cloche au son d'argent,
Promener près des eaux sa tête nonchalante,
Ou de son large flanc presser l'herbe odorante.
Le soir, lorsque plus loin s'étend l'ombre des monts,
Ma conque rappelant mes troupeaux vagabonds,
Leur chanterait cet air si doux à ces campagnes ;
Cet air que d'Appenzel répètent les montagnes.

Si septembre, cédant au long mois qui le suit,
Marquait de froids zéphyrs l'approche de la nuit,
Dans ses flancs colorés une luisante argille
Garderait sous mon toit un feu lent et tranquille,
Ou brûlant sur la cendre à la fuite du jour,
Un mélèze odorant attendrait mon retour.
Une rustique épouse et soigneuse et zélée,
Blanche (car sous l'ombrage au sein de la vallée
Les fureurs du soleil n'osent les outrager),
M'offrirait le doux miel, les fruits de mon verger,
Le lait enfant des sels de ma prairie humide,
Tantôt breuvage pur, et tantôt mets solide
En un globe fondant sous ses mains épaissi,
En disque savoureux à la longue durci ;
Et cependant sa voix simple et douce et légère
Me chanterait les airs que lui chantait sa mère.

Hélas! aux lieux amers où je suis enchaîné
Ce repos à mes jours ne fut point destiné.
J'irai : je veux jamais ne revoir ce rivage.
Je veux, accompagné de ma muse sauvage,
Revoir le Rhin tomber en des gouffres profonds,

Et le Rhône grondant sous d'immenses glaçons,
Et d'Arve aux flots impurs la nymphe injurieuse.
Je vole, je parcours, la cime harmonieuse
Où souvent de leurs cieux les anges descendus,
En des nuages d'or mollement suspendus,
Emplissent l'air des sons de leur voix éthérée.
O lac, fils des torrens! ô Thoun, onde sacrée!
Salut, Monts chevelus, verds et sombres remparts
Qui contenez ses flots pressés de toutes parts!
Salut, de la nature admirables caprices,
Où les bois, les cités, pendent en précipices!
Je veux, je veux courir sur vos sommets touffus;
Je veux, jouet errant de vos sentiers confus,
Foulant de vos rochers la mousse insidieuse,
Suivre de mes chevreaux la trace hasardeuse;
Et toi, grotte escarpée et voisine des cieux,
Qui d'un ami des saints fus l'asile pieux,
Voûte obscure, où s'étend et chemine en silence
L'eau qui de roc en roc bientôt fuit et s'élance,
Ah! sous tes murs sans doute, un cœur trop agité
Retrouvera la joie et la tranquillité!

FRAGMENS.

Tel j'étais autrefois et tel je suis encor :
Quand ma main imprudente a tari mon trésor,
Quand la nuit, accourant au sortir de la table,
Si Fanni m'a fermé le seuil inexorable,
Je regagne mon toit. Là, lecteur studieux,
Content et sans désirs, je rends grâces aux dieux.
Je crie : « O soins de l'homme, inquiétudes vaines !
» O que de vide, hélas ! dans les choses humaines !
» Faut-il ainsi poursuivre, au hasard emportés,
» Et l'argent et l'amour, aveugles déités ! »
Mais si Plutus revient de sa source dorée
Conduire dans mes mains quelque veine égarée ;
A mes signes, du fond de son appartement,
Si ma blanche voisine a souri mollement ;
Adieu les grands discours, et le volume antique,
Et le sage lycée, et l'auguste portique ;
Et reviennent en foule et soupirs et billets,
Soins de plaire, parfums et fêtes et banquets,
Et longs regards d'amour, et molles élégies,
Et jusques au matin amoureuses orgies.

Eh bien ! je le voulais. J'aurais bien dû me croire !
Tant de fois à ses torts je cédai la victoire !
Je devais une fois, du moins pour la punir,
Tranquillement l'attendre et la laisser venir.
Non. Oubliant quels cris, quelle aigre impatience
Hier sut me contraindre à la fuite, au silence ;
Ce matin, de mon cœur trop facile bonté !
Je veux la ramener sans blesser sa fierté ;
J'y vole ; contre moi je lui cherche une excuse,
Je viens lui pardonner, et c'est moi qu'elle accuse.
C'est moi qui suis injuste, ingrat, capricieux :
Je prends sur sa faiblesse un empire odieux.
Et sanglots et fureurs, injures menaçantes,
Et larmes, à couler toujours obéissantes ;
Et pour la paix il faut, loin d'avoir eu raison,
Confus et repentant demander mon pardon.

Les esclaves d'Amour ont tant versé de pleurs !
S'il a quelques plaisirs, il a tant de douleurs !
Qu'il garde ses plaisirs. Dans un vallon tranquille
Les Muses contre lui nous offrent un asile ;
Les Muses, seul objet de mes jeunes désirs,
Mes uniques amours, mes uniques plaisirs.
L'Amour n'ose troubler la paix de ce rivage.
Leurs modestes regards ont, loin de leur bocage,
Fait fuir ce dieu cruel, leur légitime effroi.
Chastes Muses, veillez, veillez toujours sur moi.

Mais, non, le dieu d'amour n'est point l'effroi des muses;
Elles cherchent ses pas, elles aiment ses ruses.
Le cœur qui n'aime rien a beau les implorer,
Leur troupe qui s'enfuit ne veut pas l'inspirer.
Qu'un amant les invoque, et sa voix les attire :
C'est ainsi que toujours elles montent ma lyre.
Si je chante les dieux ou les héros ; soudain
Ma langue balbutie et se travaille en vain.
Si je chante l'amour, ma chanson d'elle-même
S'écoule de ma bouche et vole à ce que j'aime.

SUR LA MORT D'UN ENFANT.

L'innocente victime, au terrestre séjour,
N'a vu que le printemps qui lui donna le jour.
Rien n'est resté de lui qu'un nom, un vain nuage,
Un souvenir, un songe, une invisible image.
Adieu, fragile enfant, échappé de nos bras ;
Adieu, dans la maison d'où l'on ne revient pas.
Nous ne te verrons plus, quand de moisson couverte
La campagne d'été rend la ville déserte :
Dans l'enclos paternel nous ne te verrons plus,
De tes pieds, de tes mains, de tes flancs demi-nus,
Presser l'herbe et les fleurs dont les nymphes de Seine
Couronnent tous les ans les coteaux de Lucienne.
L'axe de l'humble char à tes jeux destiné,
Par de fidèles mains avec toi promené,

Ne sillonnera plus les prés et le rivage.
Tes regards, ton murmure, obscur et doux langage,
N'inquiéteront plus nos soins officieux ;
Nous ne recevrons plus, avec des cris joyeux,
Les efforts impuissans de ta bouche vermeille,
A bégayer les sons offerts à ton oreille.
Adieu, dans la demeure où nous nous suivrons tous ;
Où ta mère déjà tourne ses yeux jaloux.

Partons, la voile est prête, et Byzance m'appelle.
Je suis vaincu ; je suis au joug d'une cruelle.
Le temps, les longues mers peuvent seuls m'arracher
Ses traits que malgré moi je vais toujours chercher ;
Son image partout à mes yeux répandue,
Et les lieux qu'elle habite et ceux où je l'ai vue.
Son nom qui me poursuit, tout offre à tout moment,
Au feu qui me consume un funeste aliment,
Ma chère liberté, mon unique héritage,
Trésor qu'on méconnaît tant qu'on en a l'usage,
Si doux à perdre, hélas ! et si-tôt regretté,
M'attends-tu sur ces bords, ma chère liberté ?

Tout mortel se soulage à parler de ses maux.
Le suc que d'Amérique enfantent les roseaux
Tempère au moins un peu les breuvages d'absinthe.
Ainsi le fiel d'amour s'adoucit par la plainte ;

Soit que le jeune amant raconte son ennui
A quelque ami jadis agité comme lui ;
Soit que seul dans les bois, ses éloquentes peines
Ne s'adressent qu'aux vents, aux rochers, aux fontaines.

(Londres, décembre 1782.)

Sans parens, sans amis, et sans concitoyens,
Oublié sur la terre, et loin de tous les miens,
Par les vagues jeté sur cette île farouche,
Le doux nom de la France est souvent sur ma bouche.
Auprès d'un noir foyer, seul, je me plains du sort.
Je compte les momens, je souhaite la mort.
Et pas un seul ami dont la voix m'encourage ;
Qui près de moi s'asseye, et voyant mon visage
Se baigner de mes pleurs et tomber sur mon sein,
Me dise : « Qu'as-tu donc ? » et me presse la main.

La grâce, les talens, ni l'amour le plus tendre
D'un douloureux affront ne peuvent nous défendre.
Encore si vos yeux daignaient, pour nous trahir,
Chercher dans vos amans celui qu'on peut choisir ;
Qu'une belle ose aimer sans honte et sans scrupule,
Et qu'on ose soi-même avouer pour émule !
Mais dieux ! combien de fois notre orgueil ulcéré
A rougi du rival qui nous fut préféré !

Oui, Thersite souvent peut faire une inconstante.
Souvent l'appât du crime est tout ce qui vous tente.

LE courroux d'un amant n'est point inexorable.
Ah! si tu la voyais cette belle coupable
Rougir, et s'accuser et se justifier,
Sans implorer sa grâce et sans s'humilier!
Pourtant de l'obtenir doucement inquiète,
Et les cheveux épars, immobile, muette,
Les bras, la gorge nus, en un mol abandon,
Tourner sur toi des yeux qui demandent pardon!
Crois qu'abjurant soudain le reproche farouche,
Tes baisers porteraient son pardon sur sa bouche.

VIENS près d'elle au matin; quand le dieu du repos
Verse au mol oreiller de plus légers pavots,
Voir, sur sa couche encor du soleil ennemie,
Errer nonchalamment une main endormie;
Ses yeux prêts à s'ouvrir, et sur son teint vermeil,
Se reposer encor les ailes du sommeil.

ÉPITRES.

ÉPITRE PREMIÈRE,

A M. LE BRUN ET AU MARQUIS DE BRAZAIS.

Le Brun, qui nous attends aux rives de la Seine,
Quand un destin jaloux loin de toi nous enchaîne,
Toi, Brazais, comme moi sur ces bords appelé,
Sans qui de l'Univers je vivrais exilé :
Depuis que de Pandore un regard téméraire
Versa sur les humains un trésor de misère,
Pensez-vous que du ciel l'indulgente pitié
Leur ait fait un présent plus beau que l'amitié?

Ah! si quelque mortel est né pour la connaître,
C'est nous, ames de feu, dont l'amour est le maître.
Le cruel trop souvent empoisonne ses coups;
Elle garde à nos cœurs ses baumes les plus doux.
Malheur au jeune enfant seul, sans ami, sans guide,

Qui près de la beauté rougit et s'intimide;
Et d'un pouvoir nouveau lentement dominé,
Par l'appât du plaisir doucement entraîné,
Crédule, et sur la foi d'un sourire volage,
A cette mer trompeuse et se livre et s'engage!
Combien de fois tremblant et les larmes aux yeux,
Ses cris accuseront l'inconstance des dieux!
Combien il frémira d'entendre sur sa tête
Gronder les aquilons et la noire tempête;
Et d'écueils en écueils portera ses douleurs,
Sans trouver une main pour essuyer ses pleurs!
Mais heureux dont le zèle, au milieu du naufrage,
Viendra le recueillir, le pousser au rivage;
Endormir dans ses flancs le poison ennemi;
Réchauffer dans son sein le sein de son ami;
Et de son fol amour étouffer la semence,
Ou du moins dans son cœur ranimer l'espérance!
Qu'il est beau de savoir, digne d'un tel lien,
Au repos d'un ami sacrifier le sien!
Plaindre de s'immoler l'occasion ravie;
Être heureux de sa joie et vivre de sa vie!

Si le ciel a daigné, d'un regard amoureux,
Accueillir ma prière et sourire à mes vœux;
Je ne demande point que mes sillons avides
Boivent l'or du Pactole et ses trésors liquides;
Ni que le diamant, sur la pourpre enchaîné,
Pare mon cœur esclave au Louvre prosterné;
Ni même, vœu plus doux! que la main d'Uranie
Embellisse mon front des palmes du génie :

Mais que beaucoup d'amis, accueillis dans mes bras,
Se partagent ma vie et pleurent mon trépas :
Que ces doctes héros, dont la main de la gloire
A consacré les noms au temple de Mémoire,
Plutôt que leurs talens, inspirent à mon cœur
Les aimables vertus qui firent leur bonheur ;
Et que de l'amitié ces antiques modèles
Reconnaissent mes pas sur leurs traces fidèles.
Si le feu qui respire en leurs divins écrits
D'une vive étincelle échauffa nos esprits ;
Si leur gloire en nos cœurs souffle une noble envie ;
Oh ! suivons donc aussi l'exemple de leur vie :
Gardons d'en négliger la plus belle moitié ;
Soyons heureux comme eux au sein de l'amitié.
Horace, loin des flots qui tourmentent Cythère,
Y retrouvait d'un port l'asile salutaire ;
Lui-même au doux Tibulle, à ses tristes amours,
Prêta de l'amitié les utiles secours.
L'amitié rendit vains tous les traits de Lesbie,
Elle essuya les yeux que fit pleurer Cinthie.
Virgile n'a-t-il pas, d'un vers doux et flatteur,
De Gallus expirant consolé le malheur ?
Voilà l'exemple saint que mon cœur leur demande.
Ovide, ah ! qu'à mes yeux ton infortune est grande.
Non pour n'avoir pu faire aux tyrans irrités
Agréer de tes vers les lâches faussetés :
Je plains ton abandon, ta douleur solitaire.
Pas un cœur, qui du tien zélé dépositaire,
Vienne adoucir ta plaie, apaiser ton effroi,
Et consoler tes pleurs, et pleurer avec toi !

Ce n'est pas nous, amis, qu'un tel foudre menace,
Que des Dieux et des rois l'éclatante disgrace
Nous frappe ; leur tonnerre aura trompé leurs mains :
Nous resterons unis en dépit des destins.
Qu'ils excitent sur nous la fortune cruelle ;
Qu'elle arme tous ses traits ; nous sommes trois contre elle.
Nos cœurs peuvent l'attendre et dans tous ses combats,
L'un sur l'autre appuyés ne chancelleront pas.

Oui, mes amis, voilà le bonheur, la sagesse.
Que nous importe alors si le dieu du Permesse
Dédaigne de nous voir, entre ses favoris,
Charmer de l'Hélicon les bocages fleuris?
Aux sentiers où leur vie offre un plus doux exemple,
Où la félicité les reçut dans son temple,
Nous les aurons suivis ; et jusques au tombeau,
De leur double laurier su ravir le plus beau.
Mais nous pouvons, comme eux, les cueillir l'un et l'autre.
Ils reçurent du ciel un cœur tel que le nôtre,
Ce cœur fut leur génie, il fut leur Apollon,
Et leur docte fontaine, et leur sacré vallon.
Castor charme les Dieux et son frère l'inspire.
Loin de Patrocle, Achille aurait brisé sa lyre.
C'est près de Pollion, dans les bras de Varus,
Que Virgile envia le destin de Nisus.
Que dis-je? Ils t'ont transmis ce feu qui les domine.
N'ai-je pas vu ta muse au tombeau de Racine (*),

(*) Fils de l'auteur du poëme de *la Religion*, et petit-fils du grand Racine. Il mourut à Cadix, lors du désastre qui détruisit Lisbonne et qui ébranla toute la côte de Portugal et d'Espagne. (*Note de l'auteur.*)

Le Brun, faire gémir la lyre de douleurs
Que jadis Simonide anima de ses pleurs?
Et toi, dont le génie, amant de la retraite,
Et des leçons d'Ascra studieux interprète,
Accompagnant l'Année en ses douze palais,
Étale sa richesse et ses vastes bienfaits :
Brazais, que de tes chants mon ame est pénétrée,
Quand ils vont couronner cette vierge adorée,
Dont par la main du temps l'empire est respecté,
Et de qui la vieillesse augmente la beauté!
L'homme insensible et froid en vain s'attache à peindre
Ces sentimens du cœur que l'esprit ne peut feindre;
De ses tableaux fardés les frivoles appas
N'iront jamais au cœur dont ils ne viennent pas.
Eh! comment me tracer une image fidèle
Des traits dont votre main ignore le modèle?
Mais celui, qui dans soi descendant en secret,
Le contemple vivant ce modèle parfait :
C'est lui qui nous enflamme au feu qui le dévore ;
Lui, qui fait adorer la vertu qu'il adore;
Lui, qui trace en un vers des Muses agréé,
Un sentiment profond que son cœur a créé.
Aimer, sentir, c'est là cette ivresse vantée
Qu'aux célestes foyers déroba Prométhée.
Calliope jamais daigna-t-elle enflammer
Un cœur inaccessible à la douceur d'aimer?
Non; l'amour, l'amitié, la sublime harmonie,
Tous ces dons précieux n'ont qu'un même génie :
Même souffle anima le poëte charmant,
L'ami religieux, et le parfait amant.

Ce sont toutes vertus d'une ame grande et fière.
Bavius, et Zoïle, et Gacon, et Linière,
Aux concerts d'Apollon ne furent point admis,
Vécurent sans maîtresse et n'eurent point d'amis.

Et ceux qui par leurs mœurs dignes de plus d'estime,
Ne sont point nés pourtant sous cet astre sublime ;
Voyez-les, dans des vers divins, délicieux,
Vous habiller l'amour d'un clinquant précieux ;
Badinage insipide où leur ennui se joue,
Et qu'autant que l'amour le bon sens désavoue.
Voyez si d'une belle un jeune amant épris,
A tressailli jamais en lisant leurs écrits ;
Si leurs lyres jamais, froides comme leurs ames,
De la sainte amitié respirèrent les flammes.
O peuples de héros, exemples des mortels !
C'est chez vous que l'encens fuma sur ses autels ;
C'est aux temps glorieux des triomphes d'Athène,
Aux temps sanctifiés par la vertu romaine ;
Quand l'ame de Lélie animait Scipion,
Quand Nicoclès mourait au sein de Phocion.
C'est aux murs où Lycurgue a consacré sa vie,
Où les vertus étaient les lois de la patrie.
O demi-dieux amis ! Atticus, Cicéron,
Caton, Brutus, Pompée, et Sulpice, et Varron !
Ces héros, dans le sein de leur ville perdue,
S'assemblaient pour pleurer la liberté vaincue ;
Unis par la vertu, la gloire, le malheur,
Les arts et l'amitié consolaient leur douleur.
Sans l'amitié, quel antre ou quel sable infertile

N'eût été pour le sage un désirable asile ?
Quand du Tibre avili le sceptre ensanglanté
Armait la main du vice et la férocité ;
Quand d'un vrai citoyen l'éclat et le courage
Réveillaient du tyran la soupçonneuse rage ;
Quand l'exil, la prison, le vol, l'assassinat,
Étaient pour l'apaiser l'offrande du sénat ?
Thraséa, Soranus, Sénécion, Rustique,
Vous tous dignes enfans de la patrie antique,
Je vous vois tous amis, entourés de bourreaux,
Braver du scélérat les indignes faisceaux,
Du lâche délateur l'impudente richesse,
Et du vil affranchi l'orgueilleuse bassesse.
Je vous vois, au milieu des crimes, des noirceurs,
Garder une patrie et des lois et des mœurs ;
Traverser d'un pied sûr, sans tache, sans souillure,
Les flots contagieux de cette mer impure ;
Vous créer, au flambeau de vos mâles aïeux,
Sur ce monde profane un monde vertueux.

Oh ! viens rendre à leurs noms nos ames attentives,
Amitié ! de leur gloire ennoblis nos archives.
Viens, viens : que nos climats, par ton souffle épurés,
Enfantent des rivaux à ces hommes sacrés.
Rends-nous hommes comme eux. Fais sur la France heureuse
Descendre des vertus la troupe radieuse :
De ces filles du ciel qui naissent dans ton sein,
Et toutes sur tes pas se tiennent par la main.
Ranime les beaux-arts ; éveille leur génie ;
Chasse de leur empire et la haine et l'envie :

Loin de toi, dans l'opprobre ils meurent avilis ;
Pour conserver leur trône ils doivent être unis.
Alors de l'univers ils forcent les hommages ;
Tout, jusqu'à Plutus même, encense leurs images ;
Tout devient juste alors ; et le peuple et les grands,
Quand l'homme est respectable, honorent les talens.

 Ainsi l'on vit les Grecs prôner d'un même zèle
La gloire d'Alexandre et la gloire d'Apelle ;
La main de Phidias créa des immortels ;
Et Smyrne à son Homère éleva des autels.
Nous, amis, cependant, de qui la noble audace
Veut atteindre aux lauriers de l'antique Parnasse,
Au rang de ses grands noms nous pouvons être admis ;
Soyons cités comme eux entre les vrais amis.
Qu'au-delà du trépas notre ame mutuelle
Vive et respire encor sur la lyre immortelle.
Que nos noms soient sacrés ; que nos chants glorieux
Soient pour tous les amis un code précieux.
Qu'ils trouvent dans nos vers leur ame et leurs pensées ;
Qu'ils raniment encor nos muses éclipsées ;
Et qu'en nous imitant ils s'attendent un jour
D'être chez leurs neveux imités à leur tour.

ÉPITRE

A M. CHÉNIER L'AINÉ,
(André.)

Oui, l'astre du génie éclaira ton berceau ;
La Gloire a sur ton front secoué son flambeau ;
Les abeilles du Pinde ont nourri ton enfance.
Phœbus vit à la fois naître aux murs de Byzance,
Chez un peuple farouche et des arts ennemi,
A la Gloire un amant, à mon cœur un ami.

Que le nom de Péra soit vanté d'âge en âge !
Dans ces mêmes instans, sur ce même rivage,
Qui donnèrent Sophie à l'amour enchanté,
Apollon te vouait à l'immortalité.
Lui-même sur les flots guida la nef agile
Qui portait des Neuf Sœurs l'espérance fragile ;
Lui-même, sur nos bords, dans ton sein généreux
Souffla l'amour des arts, l'espoir d'un nom fameux.
Le vulgaire jamais n'eut cet instinct sublime.
Sur les arides monts que voit au loin Solyme,

Le cèdre, dans son germe invisible à nos yeux,
Médite ces rameaux qui toucheront les cieux.
Ton laurier doit un jour ombrager le Parnasse ;
J'entrevois sa hauteur dans sa naissante audace,
Si, modeste en son luxe, et docile aux Neuf Sœurs,
Il permet de leurs soins les heureuses lenteurs.

Non, non : j'en ai reçu ta fidèle promesse ;
Tu ne trahiras point les nymphes du Permesse ;
Non, tu n'iras jamais, oubliant leurs amours,
Adorer la fortune et ramper dans les cours.
Ton front ne ceindra pas la mitre et le scandale ;
Tu n'iras point, des lois embrouillant le dédale,
Consumer tes beaux jours à dormir sur nos lis,
Et vendre à ton réveil les arrêts de Thémis.

Ton jeune cœur, épris d'une plus noble gloire,
A choisi le sentier qui mène à la victoire.
Les armes sont tes jeux : vole à nos étendards ;
Les muses te suivront sous les tentes de Mars.
Les muses enflammaient l'impétueux Eschyle.
J'aime à voir une lyre aux mains du jeune Achille.
Un cœur ivre de gloire et d'immortalité
Porte dans les combats un courage indompté.
Du vainqueur des Persans la jeunesse guerrière
Toujours à son épée associait Homère.
Frédéric, son rival, n'a-t-il pas sous nos yeux
Fait parler Mars lui-même, en vers mélodieux ?
Couché sur un drapeau, noir de sang et de poudre,
N'a-t-il pas, d'une main qui sut lancer la foudre,
Avec grâce touché la lyre des Neuf Sœurs,

Et goûté dans un camp leurs paisibles douceurs?
Son camp fut leur séjour ; son palais fut leur temple.

Imite ces héros ; suis leur auguste exemple.
Laisse un oisif amas de braves destructeurs,
De l'antique ignorance orgueilleux protecteurs,
Ériger en vertu leur stupide manie,
Dégrader l'art des vers et siffler le génie :
Le langage des dieux n'est point fait pour les sots.
L'art qui rend immortel ne plaît qu'à des héros.

Insensés ! que du moins vos fureurs indiscrètes
Sachent des vils rimeurs distinguer les poëtes !
A ces fils d'Apollon, ingrats ! n'en doutez plus,
Vous devez des plaisirs, des arts et des vertus.
Et sans ressusciter les merveilles antiques,
Les chênes de Dodone et leurs vers prophétiques,
Et la lyre d'Orphée assemblant l'homme épars,
Et la voix d'Amphion lui créant des remparts;
Quel autre qu'un poëte, en ses vives images,
Sut rendre à la vertu de célestes hommages,
La placer dans l'Olympe, et, sur les sombres bords,
Des supplices du crime épouvanter les morts ?
Les cieux à nos accens s'ouvrirent pour Alcide;
Et l'Érèbe engloutit la pâle Danaïde.
Un monde juste est né des vers législateurs,
Et l'homme dut une ame à leurs sons créateurs.

Avant que la parole à nos yeux fût tracée,
Et qu'un papier muet fît parler la pensée,

Par un art plus divin les vers ingénieux
Fixèrent dans l'esprit leur sens harmonieux.
L'ame, en sons mesurés, se peignit à l'oreille;
La mémoire retint leur frappante merveille.
Seuls fastes des mortels, ce langage épuré,
Des usages, des lois fut le dépôt sacré;
Grâce aux vers immortels, la seule Mnémosyne,
Des siècles et des arts conserva l'origine.
Nul art n'a précédé l'art sublime des vers;
Il remonte au berceau de l'antique univers;
Et cet art, le premier qu'inspira la nature,
S'éteindra le dernier chez la race future.

Aime cet art céleste, et vole sur mes pas
Jusqu'aux lieux où la gloire affronte le trépas.
Soit que ton Apollon, vainqueur dans l'Épopée,
T'honore d'une palme à Voltaire échappée;
Soit que, de l'Élégie exhalant les douleurs,
De Properce, en tes vers, tu ranimes les pleurs;
Soit qu'enivré des feux de l'audace lyrique,
Tu disputes la foudre à l'aigle pindarique;
Ou soit que, de Lucrèce effaçant le grand nom,
Assise au char ailé de l'immortel Buffon,
Ta Minerve se plonge au sein de la nature,
Et nous peigne des cieux la mouvante structure.
Tu me verras toujours applaudir tes succès
Et du haut Hélicon t'aplanir les accès.

Que du faîte serein de ce temple des sages
Tu verras en pitié le monde et ses orages!

Tant d'aveugles mortels s'agiter follement,
Aux sentiers de la vie errer confusément,
Se croiser, se choquer, disputer de richesse,
Combattre d'insolence ou lutter de bassesse,
S'élever en rampant à d'indignes honneurs,
Et se précipiter sur l'écueil des grandeurs.

Mais tandis qu'agité du souffle de l'envie,
Fuyant, touchant à peine aux rives de la vie,
Ce torrent de mortels roule à flots insensés
A travers les débris des siècles entassés,
La gloire, et l'amitié plus douce que la gloire,
Fixeront nos destins au temple de Mémoire.

Le Brun.

ÉPITRE II.

Ami, chez nos Français ma muse voudrait plaire ;
Mais j'ai fui la satire à leurs regards si chère.
Le superbe lecteur, toujours content de lui,
Et toujours plus content s'il peut rire d'autrui,
Veut qu'un nom imprévu, dont l'aspect le déride,
Égaie au bout du vers une rime perfide ;

Il s'endort si quelqu'un ne pleure quand il rit.
Mais qu'Horace et sa troupe, irascible d'esprit,
Daignent me pardonner, si jamais ils pardonnent:
J'estime peu cet art; ces leçons qu'ils nous donnent,
D'immoler bien un sot, qui jure en son chagrin,
Au rire âcre et perçant d'un caprice malin.
Le malheureux déjà me semble assez à plaindre
D'avoir, même avant lui, vu sa gloire s'éteindre,
Et son livre au tombeau lui montrer le chemin;
Sans aller, sous la terre au trop fertile sein,
Semant sa renommée et ses tristes merveilles,
Faire à tous les roseaux chanter quelles oreilles
Sur sa tête ont dressé leurs sommets et leurs poids.

Autres sont mes plaisirs. Soit, comme je le crois,
Que d'une débonnaire et généreuse argile
On ait pétri mon ame innocente et facile;
Soit, comme ici, d'un œil caustique et médisant,
En secouant le front, dira quelque plaisant,
Que le ciel, moins propice, enviât à ma plume
D'un sel ingénieux la piquante amertume,
J'en profite à ma gloire, et je viens devant toi
Mépriser les raisins qui sont trop haut pour moi.
Aux reproches sanglans d'un vers noble et sévère
Ce pays toutefois offre une ample matière:
Soldats tyrans du peuple obscur et gémissant,
Et juges endormis aux cris de l'innocent;
Ministres oppresseurs dont la main détestable
Plonge au fond des cachots la vertu redoutable.
Mais, loin qu'ils aient senti la fureur de nos vers,

Nos vers rampent en foule aux pieds de ces pervers,
Qui savent bien payer d'un mépris légitime
Le lâche, qui pour eux feint d'avoir quelque estime.
Certe, un courage ardent qui s'armerait contre eux
Serait utile au moins s'il était dangereux.
Non d'aller, aiguisant une vaine satire,
Chercher sur quel poëte on a droit de médire ;
Si tel livre deux fois ne s'est pas imprimé,
Si tel est mal écrit, tel autre mal rimé.

Ainsi donc, sans coûter de larmes à personne,
A mes goûts innocens, ami, je m'abandonne.
Mes regards vont errant sur mille et mille objets.
Sans renoncer aux vieux, plein de nouveaux projets,
Je les tiens ; dans mon camp partout je les rassemble,
Les enrôle, les suis, les pousse tous ensemble.
S'égarant à son gré, mon ciseau vagabond
Achève à ce poëme ou les pieds ou le front ;
Creuse à l'autre les flancs ; puis l'abandonne et vole
Travailler à cet autre ou la jambe ou l'épaule.
Tous, boiteux, suspendus, traînent : mais je les vois
Tous bientôt sur leurs pieds se tenir à la fois.
Ensemble lentement tous couvés sous mes ailes,
Tous ensemble quittant leurs coques maternelles,
Sauront d'un beau plumage ensemble se couvrir,
Ensemble sous le bois voltiger et courir.
Peut-être il vaudrait mieux, plus constant et plus sage,
Commencer, travailler, finir un seul ouvrage.
Mais quoi ! cette constance est un pénible ennui.
« Eh bien ! nous lirez-vous quelque chose aujourd'hui ? »

Me dit un curieux, qui s'est toujours fait gloire
D'honorer les Neuf Sœurs, et toujours, après boire ;
Étendu dans sa chaise et se chauffant les piés,
Aime à dormir au bruit des vers psalmodiés.
« —Qui, moi? Non. Je n'ai rien. D'ailleurs je ne lis guère.
» —Certe, un tel nous lut hier une épitre !... et son frère
» Termina par une ode où j'ai trouvé des traits !....
» Ces messieurs plus féconds, dis-je, sont toujours prêts.
» Mais moi que le caprice et le hasard inspire,
» Je n'ai jamais sur moi rien qu'on puisse vous lire.
» —Bon ! bon ! Et cet Hermès, dont vous ne parlez pas,
» Que devient-il ? —Il marche, il arrive à grands pas.
» —Oh ! je m'en fie à vous.— Hélas ! trop, je vous jure.
» —Combien de chants de faits ?—Pas un, je vous assure.
» — Comment ? » Vous avez vu sous la main d'un fondeur
Ensemble se former, diverses en grandeur,
Trente cloches d'airain, rivales du tonnerre ?
Il achève leur moule enseveli sous terre ;
Puis, par un long canal en rameaux divisé,
Y fait couler les flots de l'airain embrasé.
Si bien qu'au même instant, cloches, petite et grande,
Sont prêtes, et chacune attend et ne demande
Qu'à sonner quelque mort, et du haut d'une tour
Réveiller la paroisse à la pointe du jour.
Moi je suis ce fondeur : de mes écrits en foule
Je prépare long-temps et la forme et le moule,
Puis sur tous à la fois je fais couler l'airain,
Rien n'est fait aujourd'hui, tout sera fait demain.

Ami, Phœbus ainsi me verse ses largesses.

Souvent des vieux auteurs j'envahis les richesses.
Plus souvent leurs écrits, aiguillons généreux,
M'embrasent de leur flamme et je crée avec eux.
Un juge sourcilleux, épiant mes ouvrages,
Tout-à-coup à grands cris dénonce vingt passages
Traduits de tel auteur qu'il nomme; et les trouvant,
Il s'admire et se plaît de se voir si savant.
Que ne vient-il vers moi ? je lui ferai connaître
Mille de mes larcins qu'il ignore peut-être.
Mon doigt sur mon manteau lui dévoile à l'instant
La couture invisible et qui va serpentant,
Pour joindre à mon étoffe une pourpre étrangère.
Je lui montrerai l'art, ignoré du vulgaire,
De séparer aux yeux, en suivant leur lien,
Tous ces métaux unis dont j'ai formé le mien.
Tout ce que des Anglais la muse inculte et brave,
Tout ce que des Toscans la voix fière et suave,
Tout ce que les Romains, ces rois de l'univers,
M'offraient d'or et de soie est passé dans mes vers.
Je m'abreuve surtout des flots que le Permesse
Plus féconds et plus purs fit couler dans la Grèce;
Là, Prométhée ardent, je dérobe les feux
Dont j'anime l'argile et dont je fais des dieux.
Tantôt chez un auteur j'adopte une pensée,
Mais qui revêt, chez moi souvent entrelacée,
Mes images, mes tours, jeune et frais ornement;
Tantôt je ne retiens que les mots seulement;
J'en détourne le sens, et l'art sait les contraindre
Vers des objets nouveaux qu'ils s'étonnent de peindre.
La prose plus souvent vient subir d'autres lois,

Et se transforme, et fuit mes poétiques doigts;
De rimes couronnée, et légère et dansante,
En nombres mesurés elle s'agite et chante.
Des antiques vergers ces rameaux empruntés
Croissent sur mon terrain mollement transplantés.
Aux troncs de mon verger ma main avec adresse
Les attache; et bientôt même écorce les presse.
De ce mélange heureux l'insensible douceur
Donne à mes fruits nouveaux une antique saveur.
Dévot adorateur de ces maîtres antiques,
Je veux m'envelopper de leurs saintes reliques.
Dans leur triomphe admis, je veux le partager;
Ou bien de ma défense eux-mêmes les charger.
Le critique imprudent, qui se croit bien habile,
Donnera sur ma joue un soufflet à Virgile.
Et ceci (tu peux voir si j'observe ma loi)
Montaigne, il t'en souvient, l'avait dit avant moi.

ÉPITRE III.

Laisse gronder le Rhin et ses flots destructeurs,
Muse; va de Le Brun gourmander les lenteurs.
Vole aux bords fortunés où les champs d'Élysée
De la ville des lis ont couronné l'entrée;

Aux lieux où sur l'airain Louïs ressuscité,
Contemple de Henri le séjour respecté,
Et des jardins royaux l'enceinte spacieuse.
Abandonne la rive où la Seine amoureuse,
Lente, et comme à regret quittant ces bords chéris,
Du vieux palais des rois baigne les murs flétris,
Et des fils de Condé les superbes portiques.
Suis ces fameux remparts et ces berceaux antiques
Où, tant qu'un beau soleil éclaire de beaux jours,
Mille chars élégans promènent les amours.
Un Paris tout nouveau sur les plaines voisines
S'étend, et porte au loin, jusqu'au pied des collines,
Un long et riche amas de temples, de palais,
D'ombrages où l'été ne pénètre jamais :
C'est là son Hélicon. Là, ta course fidèle
Le trouvera peut-être aux genoux d'une belle.
S'il est ainsi, respecte un moment précieux :
Sinon, tu peux entrer; tu verras dans ses yeux,
Dès qu'il aura connu que c'est moi qui t'envoie,
Sourire l'indulgence et peut-être la joie.
Souhaite-lui d'abord la paix, la liberté,
Les plaisirs, l'abondance, et surtout la santé.
Puis apprends, si toujours ami de la nature,
Il s'en tient comme nous aux bosquets d'Épicure;
S'il a de ses amis gardé le souvenir.
Quelle muse à présent occupe son loisir.
Si Tibulle et Vénus le couronnent de rose,
Ou si dans les déserts que le Permesse arrose,
Du vulgaire troupeau prompt à se séparer,
Aux sources de Pindare ardent à s'enivrer,

Sa lyre fait entendre aux nymphes de la Seine
Les sons audacieux de la lyre Thébaine.
Que toujours à m'écrire il est lent à mon gré ;
Que, de mon cher Brazais pour un temps séparé,
Les ruisseaux et les bois et Vénus et l'étude
Adoucissent un peu ma triste solitude.
Oui ! les cieux avec joie ont embelli ces champs.
Mais, Le Brun, dans l'effroi que respirent les camps,
Où les foudres guerriers étonnent mon oreille,
Où loin avant Phœbus Bellone me réveille,
Puis-je adorer encore et Vertumne et Palès ?
Il faut un cœur paisible à ces dieux de la paix.

ODES.

ODE PREMIÈRE,

A MARIE-JOSEPH CHÉNIER.

Mon frère, que jamais la tristesse importune
    Ne trouble tes prospérités !
Va remplir à la fois la scène et la tribune :
    Que les grandeurs et la fortune
Te comblent de leurs biens, au talent mérités.

Que les Muses, les arts toujours d'un nouveau lustre,
    Embellissent tous tes travaux ;
Et que cédant à peine à ton vingtième lustre,
    De ton tombeau la pierre illustre
S'élève radieuse entre tous les tombeaux.

ODE II.

STROPHE.

O mon esprit, au sein des cieux,
Loin de tes noirs chagrins une ardente allégresse
  Te transporte au banquet des dieux ;
  Lorsque ta haine vengeresse
Rallumée à l'aspect et du meurtre et du sang,
Ouvre de ton carquois l'inépuisable flanc.
De-là vole aux méchans ta flèche redoutée,
  D'un fiel vertueux humectée ;
Qu'au défaut de la foudre, esclave du plus fort,
  Sur tous ces pontifes du crime,
Par qui la France, aveugle et stupide victime,
Palpite et se débat contre une longue mort,
  Lance ta fureur magnanime.

ANTI-STROPHE.

Tu crois, d'un éternel flambeau,
Éclairant les forfaits d'une horde ennemie,
  Défendre à la nuit du tombeau
  D'ensevelir leur infamie.

Déjà tu penses voir, des bouts de l'Univers,
Sur la foi de ma lyre, au nom de ces pervers,
Frémir l'horreur publique; et d'honneur et de gloire
    Fleurir ma tombe et ta mémoire :
Comme autrefois tes Grecs accouraient à des jeux,
    Quand l'amoureux fleuve d'Élide
Eut de traîtres punis vu triompher Alcide ;
Ou quand l'arc Pithien d'un reptile fougueux
    Eut purgé les champs de Phocide.

ÉPODE I.

Vain espoir! inutile soin!
Ramper est des humains l'ambition commune ;
    C'est leur plaisir, c'est leur besoin.
Voir, fatigue leurs yeux ; juger, les importune ;
    Ils laissent juger la fortune,
Qui fait juste celui qu'elle fait tout-puissant.
Ce n'est point la vertu, c'est la seule victoire
    Qui donne et l'honneur et la gloire.
Teint du sang des vaincus tout glaive est innocent.

STROPHE II.

Que tant d'opprimés expirans
  Aillent aux cieux réveiller le supplice ;
    Que sur ces monstres dévorans
    Son bras d'airain s'appesantisse ;
Qu'ils tombent; à l'instant vois-tu leurs noms flétris,
Par leur peuple vénal leurs cadavres meurtris,

Et pour jamais transmise à la publique ivresse
  Ta louange avec leur bassesse.
Mais si Mars est pour eux, leurs vertus, leurs bienfaits
  Sont bénis de la terre entière.
Tout s'obscurcit auprès de la splendeur guerrière;
Elle éblouit les yeux, et sur les noirs forfaits
  Etend un voile de lumière.

ANTI-STROPHE II.

  Dès-lors l'étranger étonné
Se tait avec respect devant leur sceptre immense;
  Leur peuple à leurs pieds enchaîné,
  Vantant jusques à leur clémence,
Nous voue à la risée, à l'opprobre, aux tourmens;
Nous, de la vertu libre indomptables amans.
Humains, lâche troupeau.... Mais qu'importent au sage
  Votre blâme, votre suffrage,
Votre encens, vos poignards, et de flux en reflux
  Vos passions précipitées?
Il nous faut tous mourir. A sa vie ajoutées,
Au prix du déshonneur, quelques heures de plus
  Lui sembleraient trop achetées.

ÉPODE II.

  Lui, grands dieux! courtisan menteur,
De sa raison céleste abandonner le faîte,
  Pour descendre à votre hauteur!
En lui-même affermi, comme l'antique athlète,

Sur le sol où son pied s'arrête,
Il reste inébranlable à tout effort mortel;
Et laisse avec dédain ce vulgaire imbécile,
　　Toujours turbulent et servile,
Flotter de maître en maître et d'autel en autel.

ODE III.

Byzance, mon berceau, jamais tes janissaires
Du Musulman paisible ont-ils forcé le seuil?
Vont-ils jusqu'en son lit, nocturnes émissaires,
　　Porter l'épouvante et le deuil?

Son harem ne connaît, invisible retraite,
Le choix, ni les projets, ni le nom des visirs.
Là, sûr du lendemain, il repose sa tête,
　　Sans craindre au sein de ses plaisirs,

Que cent nouvelles lois qu'une nuit a fait naître,
De juges assassins un tribunal pervers,
Lancent sur son réveil, avec le nom de traître,
　　La mort, la ruine, ou les fers.

Tes mœurs et ton Coran sur ton sultan farouche

Veillent, le glaive nu, s'il croyait tout pouvoir;
S'il osait tout braver; et dérober sa bouche
    Au frein de l'antique devoir.

Voilà donc une digue où la toute-puissance
Voit briser le torrent de ses vastes progrès!
Liberté qui nous fuis, tu ne fuis point Byzance;
    Tu planes sur ses minarets!

ODE IV.

J'ai vu sur d'autres yeux, qu'amour faisait sourire,
    Ses doux regards s'attendrir et pleurer,
Et du miel le plus doux que sa bouche respire
    Un autre s'enivrer.

Et quand, sur mon visage, un trouble involontaire
Exprimait le dépit de mon cœur agité,
Un coup-d'œil caressant, furtivement jeté,
Tempérait dans mon sein cette souffrance amère.

    Ah! dans le fond de ses forêts,
    Le ramier, déchiré de traits,
    Gémit au moins sans se contraindre;

Et le fugitif Actéon,
Percé par les traits d'Orion,
Peut l'accuser et peut se plaindre.

ODE V,

AUX PREMIERS FRUITS DE MON VERGER.

Précurseurs de l'automne, ô fruits nés d'une terre
Où l'art industrieux, sous ses maisons de verre,
Des soleils du midi sait feindre les chaleurs,
Allez trouver Fanny; cette mère craintive.
A sa fille aux doux yeux, fleur débile et tardive,
 Rendez la force et les couleurs.

Non qu'un péril funeste assiége son enfance;
Mais du cœur maternel la tendre défiance
N'attend pas le danger qu'elle sait trop prévoir.
Et Fanny, qu'une fois les destins ont frappée,
Soupçonneuse et long-temps de sa perte occupée,
 Redoute de loin leur pouvoir.

L'été va dissiper de si promptes alarmes.
Nous devons en naissant tous un tribut de larmes;
Les siennes ont déjà trop satisfait aux dieux.

Sa beauté, ses vertus, ses grâces naturelles,
N'ont point des dieux sans doute, ainsi que des mortelles,
    Armé le courroux envieux.

Belle bientôt comme elle, au retour d'Érigone,
L'enfant va ranimer, nourrisson de Pomone,
Ce front que de Borée un souffle avait terni.
O de la conserver, Cieux, faites votre étude;
Que jamais la douleur, même l'inquiétude,
    N'approchent du sein de Fanny.

Que n'est-ce encor ce temps et d'amour et de gloire,
Qui de Pollux, d'Alceste, a gardé la mémoire,
Quand un pieux échange apaisait les enfers!
Quand les trois Sœurs pouvaient n'être point inflexibles,
Et qu'au prix de ses jours, de leurs ciseaux terribles,
    On rachetait des jours plus chers!

Oui, je voudrais alors qu'en effet toute prête,
La Parque, aimable enfant, vînt menacer ta tête,
Pour me mettre en ta place et te sauver le jour;
Voir ma trame rompue à la tienne enchaînée;
Et Fanny s'avouer par moi seul fortun
    Et s'applaudir de mon amour.

Ma tombe quelque jour troublerait sa pensée.
Quelque jour, à sa fille entre ses bras pressée,
L'œil humide peut-être, en passant près de moi :
« Celui-ci, dirait-elle, à qui je fus bien chère,

» Fut content de mourir, en songeant que ta mère
» N'aurait point à pleurer sur toi. »

ODE VI.

Non, de tous les amans les regards, les soupirs
    Ne sont point des piéges perfides.
Non, à tromper des cœurs délicats et timides,
    Tous ne mettent point leurs plaisirs.
    Toujours la feinte mensongère
Ne farde point de pleurs, vains enfans des désirs,
    Une insidieuse prière.

Non, avec votre image, artifice et détour
    Fanny, n'habitent point une ame :
Des yeux pleins de vos traits, sont à vous. Nulle femme
    Ne leur paraît digne d'amour.
    Ah! la pâle fleur de Clytie
Ne voit au ciel qu'un astre ; et l'absence du jour
    Flétrit sa tête appesantie.

Des lèvres d'une belle un seul mot échappé,
    Blesse d'une trace profonde
Le cœur d'un malheureux qui ne voit qu'elle au monde.

Son cœur pleure en secret frappé,
Quand sa bouche feint de sourire.
Il fuit; et jusqu'au jour de son trouble occupé,
Absente, il ose au moins lui dire :

« Fanny, belle adorée aux yeux doux et sereins,
» Heureux qui n'ayant d'autre envie
» Que de vous voir, vous plaire et vous donner sa vie,
» Oublié de tous les humains,
» Près d'aller rejoindre ses pères,
» Vous dira, vous pressant de ses mourantes mains:
» Crois-tu qu'il soit des cœurs sincères? »

ODE VII.

FANNY, l'heureux mortel qui près de toi respire
Sait, à te voir parler et rougir et sourire,
De quels hôtes divins le ciel est habité.
La grâce, la candeur, la naïve innocence
Ont, depuis ton enfance,
De tout ce qui peut plaire enrichi ta beauté.

Sur tes traits, où ton ame imprime sa noblesse,
Elles ont su mêler aux roses de jeunesse

Ces roses de pudeur, charmes plus séduisans;
Et remplir tes regards, tes lèvres, ton langage,
  De ce miel dont le sage
Cherche lui-même en vain à défendre ses sens.

O! que n'ai-je moi seul tout l'éclat et la gloire
Que donnent les talens, la beauté, la victoire,
Pour fixer sur moi seul ta pensée et tes yeux!
Que loin de moi, ton cœur fût plein de ma présence
  Comme, dans ton absence,
Ton aspect bien-aimé m'est présent en tous lieux.

Je pense: Elle était là. Tous disaient: « Qu'elle est belle! »
Tels furent ses regards, sa démarche fut telle,
Et tels ses vêtemens, sa voix et ses discours.
Sur ce gazon assise, et dominant la plaine,
  Des Méandres de Seine,
Rêveuse, elle suivait les obliques détours.

Ainsi dans les forêts j'erre avec ton image:
Ainsi le jeune faon, dans son désert sauvage,
D'un plomb volant percé, précipite ses pas.
Il emporte en fuyant sa mortelle blessure;
  Couché près d'une eau pure,
Palpitant, hors d'haleine, il attend le trépas.

ODE VIII,

A FANNY, MALADE.

Quelquefois un souffle rapide
Obscurcit un moment sous sa vapeur humide
L'or, qui reprend soudain sa brillante couleur.
Ainsi du Sirius, ô jeune bien-aimée !
    Un moment l'haleine enflammée
De ta beauté vermeille a fatigué la fleur.

    De quel tendre et léger nuage
Un peu de pâleur douce, épars sur ton visage,
Enveloppa tes traits calmes et languissans !
Quel regard, quel sourire, à peine sur ta couche
    Entr'ouvraient tes yeux et ta bouche !
Et que de miel coulait de tes faibles accens !

    O ! qu'une belle est plus à craindre,
Alors qu'elle gémit, alors qu'on peut la plaindre,
Qu'on s'alarme pour elle. Ah ! s'il était des cœurs,
Fanny, que ton éclat eût trouvés insensibles,
    Ils ne resteraient point paisibles
Près de ton front voilé de ces douces langueurs.

Oui, quoique meilleure et plus belle,
Toi-même cependant tu n'es qu'une mortelle ;
Je le vois. Mais du ciel, toi, l'orgueil et l'amour,
Tes beaux ans sont sacrés. Ton ame et ton visage
    Sont des dieux la divine image ;
Et le ciel s'applaudit de t'avoir mise au jour.

    Le ciel t'a vue en tes prairies
Oublier tes loisirs, tes lentes rêveries ;
Et tes dons et tes soins chercher les malheureux.
Tes délicates mains à leurs lèvres amères
    Présenter des sucs salutaires,
Ou presser d'un lin pur leurs membres douloureux.

    Souffrances que je leur envie !
Qu'ils eurent de bonheur de trembler pour leur vie,
Puisqu'ils virent sur eux tes regrets caressans !
Et leur toit rayonner de ta douce présence,
    Et la bonté, la complaisance,
Attendrir tes discours, plus chers que tes présens !

    Près de leur lit, dans leur chaumière,
Ils crurent voir descendre un ange de lumière,
Qui des ombres de mort dégageait leur flambeau ;
Leurs cœurs étaient émus comme, aux yeux de la Grèce,
    La victime qu'une déesse
Vint ravir à l'Aulide, à Chalchas, au tombeau.

    Ah ! si des douleurs étrangères
D'une larme si noble humectent tes paupières,
Et te font des destins accuser la rigueur,
Ceux qui souffrent pour toi, tu les plaindras peut-être ;

Et les douleurs que tu fais naître
Ont-elles moins le droit d'intéresser ton cœur?

Troye, antique honneur de l'Asie,
Vit le prince expirant des guerriers de Mysie
D'un vainqueur généreux éprouver les bienfaits.
D'Achille désarmé la main amie et sûre
Toucha sa mortelle blessure,
Et soulagea les maux qu'elle-même avait faits.

A tous les instans rappelée,
Ta vue apaise ainsi l'ame qu'elle a troublée.
Fanny, pour moi ta vue est la clarté des cieux,
Vivre est te regarder, et t'aimer, te le dire;
Et quand tu daignes me sourire,
Le lit de Vénus même est sans prix à mes yeux.

ODE IX,

A MARIE-ANNE-CHARLOTTE CORDAY.

Quoi! tandis que partout, ou sincères, ou feintes,
Des lâches, des pervers, les larmes et les plaintes
Consacrent leur Marat parmi les immortels;
Et que, prêtre orgueilleux de cette idole vile,
Des fanges du Parnasse un impudent reptile
Vomit un hymne infâme au pied de ses autels;

La vérité se tait! Dans sa bouche glacée,
Des liens de la peur sa langue embarrassée,
Dérobe un juste hommage aux exploits glorieux!
Vivre est-il donc si doux! de quel prix est la vie,
Quand, sous un joug honteux la pensée asservie,
Tremblante au fond du cœur se cache à tous les yeux!

Non, non, je ne veux point t'honorer en silence,
Toi qui crus par ta mort ressusciter la France,
Et dévouas tes jours à punir des forfaits.
Le glaive arma ton bras, fille grande et sublime,
Pour faire honte aux dieux, pour réparer leur crime,
Quand d'un homme à ce monstre ils donnèrent les traits.

Le noir serpent, sorti de sa caverne impure,
A donc vu rompre enfin sous ta main ferme et sûre
Le venimeux tissu de ses jours abhorrés!
Aux entrailles du tigre, à ses dents homicides,
Tu vins redemander et les membres livides,
Et le sang des humains qu'il avait dévorés!

Son œil mourant t'a vue, en ta superbe joie,
Féliciter ton bras et contempler ta proie.
Ton regard lui disait : « Va, tyran furieux,
» Va, cours frayer la route aux tyrans tes complices,
» Te baigner dans le sang fut tes seules délices,
» Baigne-toi dans le tien et reconnais des dieux. »

La Grèce, ô fille illustre, admirant ton courage,
Épuiserait Paros pour placer ton image
Auprès d'Harmodius, auprès de son ami;

Et des chœurs sur ta tombe, en une sainte ivresse,
Chanteraient Némésis, la tardive déesse,
Qui frappe le méchant sur son trône endormi.

Mais la France à la hache abandonne ta tête.
C'est au monstre égorgé qu'on prépare une fête
Parmi ses compagnons, tous dignes de son sort.
O! quel noble dédain fit sourire ta bouche,
Quand un brigand, vengeur de ce brigand farouche,
Crut te faire pâlir aux menaces de mort!

C'est lui qui dut pâlir : et tes juges sinistres,
Et notre affreux sénat et ses affreux ministres,
Quand, à leur tribunal, sans crainte et sans appui,
Ta douceur, ton langage et simple et magnanime,
Leur apprit qu'en effet, tout puissant qu'est le crime,
Qui renonce à la vie est plus puissant que lui.

Long-temps, sous les dehors d'une allégresse aimable,
Dans ses détours profonds ton ame impénétrable
Avait tenu cachés les destins du pervers.
Ainsi, dans le secret amassant la tempête,
Rit un beau ciel d'azur, qui cependant s'apprête
A foudroyer les monts, à soulever les mers.

Belle, jeune, brillante, aux bourreaux amenée,
Tu semblais t'avancer sur le char d'hyménée;
Ton front resta paisible et ton regard serein.
Calme sur l'échafaud, tu méprisas la rage
D'un peuple abject, servile et fécond en outrage,
Et qui se croit encore et libre et souverain.

La vertu seule est libre : Honneur de notre histoire,
Notre immortel opprobre y vit avec ta gloire;
Seule tu fus un homme, et vengeas les humains!
Et nous, eunuques vils, troupeau lâche et sans ame,
Nous savons répéter quelques plaintes de femme,
Mais le fer pèserait à nos débiles mains.

Un scélérat de moins rampe dans cette fange.
La vertu t'applaudit; de sa mâle louange,
Entends, belle héroïne, entends l'auguste voix.
O vertu! le poignard, seul espoir de la terre,
Est ton arme sacrée, alors que le tonnerre
Laisse régner le crime et te vend à ses lois.

ODE X.

O Versaille, ô bois, ô portiques,
   Marbres vivans, berceaux antiques,
Par les dieux et les rois Élysée embelli,
   A ton aspect, dans ma pensée,
Comme sur l'herbe aride une fraîche rosée,
   Coula un peu de calme et d'oubli.

   Paris me semble un autre empire,
   Dès que chez toi je vois sourire

Mes pénates secrets couronnés de rameaux ;
D'où souvent les monts et les plaines
Vont dirigeant mes pas aux campagnes prochaines,
Sous de triples ceintres d'ormeaux.

Les chars, les royales merveilles,
Des gardes les nocturnes veilles,
Tout a fui ; des grandeurs tu n'es plus le séjour :
Mais le sommeil, la solitude,
Dieux jadis inconnus, et les arts, et l'étude
Composent aujourd'hui ta cour.

Ah ! malheureux ! à ma jeunesse
Une oisive et morne paresse
Ne laisse plus goûter les studieux loisirs.
Mon ame, d'ennui consumée,
S'endort dans les langueurs. Louange et renommée
N'inquiètent plus mes désirs.

L'abandon, l'obscurité, l'ombre,
Une paix taciturne et sombre,
Voilà tous mes souhaits. Cache mes tristes jours
Et nourris, s'il faut que je vive,
De mon pâle flambeau la clarté fugitive,
Aux douces chimères d'amours.

L'ame n'est point encor flétrie,
La vie encor n'est point tarie,
Quand un regard nous trouble et le cœur et la voix.
Qui cherche les pas d'une belle,
Qui peut ou s'égayer ou gémir auprès d'elle,
De ses jours peut porter le poids.

J'aime ; je vis. Heureux rivage !
Tu conserves sa noble image,
Son nom, qu'à tes forêts j'ose apprendre le soir ;
Quand, l'ame doucement émue,
J'y reviens méditer l'instant où je l'ai vue,
Et l'instant où je dois la voir.

Pour elle seule encore abonde
Cette source, jadis féconde,
Qui coulait de ma bouche en sons harmonieux.
Sur mes lèvres tes bosquets sombres
Forment pour elle encor ces poétiques nombres,
Langage d'amour et des dieux.

Ah ! témoin des succès du crime,
Si l'homme juste et magnanime
Pouvait ouvrir son cœur à la félicité,
Versailles, tes routes fleuries,
Ton silence, fertile en belles rêveries,
N'auraient que joie et volupté.

Mais souvent tes vallons tranquilles,
Tes sommets verts, tes frais asiles,
Tout-à-coup à mes yeux s'enveloppent de deuil.
J'y vois errer l'ombre livide
D'un peuple d'innocens, qu'un tribunal perfide
Précipite dans le cercueil.

ODE XI.

LA JEUNE CAPTIVE.

L'épi naissant mûrit de la faux respecté ;
Sans crainte du pressoir, le pampre tout l'été
    Boit les doux présens de l'aurore ;
Et moi, comme lui belle, et jeune comme lui,
Quoique l'heure présente ait de trouble et d'ennui,
    Je ne veux point mourir encore.

Qu'un stoïque aux yeux secs vole embrasser la mort,
Moi je pleure et j'espère ; au noir souffle du Nord
    Je plie et relève ma tête.
S'il est des jours amers, il en est de si doux !
Hélas ! quel miel jamais n'a laissé de dégoûts ?
    Quelle mer n'a point de tempête ?

L'illusion féconde habite dans mon sein.
D'une prison sur moi les murs pèsent en vain,
    J'ai les ailes de l'espérance :
Échappée aux réseaux de l'oiseleur cruel,
Plus vive, plus heureuse, aux campagnes du ciel
    Philomèle chante et s'élance.

Est-ce à moi de mourir! Tranquille je m'endors,
Et tranquille je veille; et ma veille aux remords
  Ni mon sommeil ne sont en proie.
Ma bien-venue au jour me rit dans tous les yeux;
Sur des fronts abattus, mon aspect dans ces lieux
  Ranime presque de la joie.

Mon beau voyage encore est si loin de sa fin!
Je pars, et des ormeaux qui bordent le chemin
  J'ai passé les premiers à peine.
Au banquet de la vie à peine commencé,
Un instant seulement mes lèvres ont pressé
  La coupe en mes mains encor pleine.

Je ne suis qu'au printemps, je veux voir la moisson;
Et comme le soleil, de saison en saison,
  Je veux achever mon année.
Brillante sur ma tige et l'honneur du jardin,
Je n'ai vu luire encor que les feux du matin,
  Je veux achever ma journée.

O mort! tu peux attendre; éloigne, éloigne-toi;
Va consoler les cœurs que la honte, l'effroi,
  Le pâle désespoir dévore.
Pour moi Palès encore a des asiles verts;
Les amours des baisers, les Muses des concerts;
  Je ne veux pas mourir encore.

Ainsi, triste et captif, ma lyre, toutefois
S'éveillait; écoutant ces plaintes, cette voix,

Ces vœux d'une jeune captive ;
Et secouant le joug de mes jours languissans,
Aux douces lois des vers je pliais les accens
 De sa bouche aimable et naïve.

Ces chants, de ma prison témoins harmonieux,
Feront à quelque amant des loisirs studieux
 Chercher quelle fut cette belle :
La grâce décorait son front et ses discours,
Et comme elle craindront de voir finir leurs jours
 Ceux qui les passeront près d'elle.

POÉSIES DIVERSES.

FRAGMENS

D'UN POËME INTITULÉ : *HERMÈS.*

. . . .

Chassez de vos autels, juges vains et frivoles,
Ces héros conquérans, meurtrières idoles;
Tous ces grands noms, enfans des crimes, des malheurs,
De massacres fumans, teints de sang et de pleurs.
Venez tomber aux pieds de plus nobles images :
Voyez ces hommes saints, ces sublimes courages;
Héros dont les vertus, les travaux bienfaisans,
Ont éclairé la terre et mérité l'encens;
Qui, dépouillés d'eux-même et vivant pour leurs frères,
Les ont soumis au frein des règles salutaires,
Au joug de leur bonheur; les ont faits citoyens;
En leur donnant des lois leur ont donné des biens;
Des forces, des parens, la liberté, la vie;
Enfin, qui d'un pays ont fait une patrie.

Et que de fois pourtant leurs frères envieux
Ont d'affronts insensés, de mépris odieux,
Accueilli les bienfaits de ces illustres guides!
Comme dans leurs maisons ces animaux stupides,
Dont la dent méfiante ose outrager la main
Qui se tendait vers eux pour apaiser leur faim.
Mais n'importe; un grand homme au milieu des supplices
Goûte de la vertu les augustes délices.
Il le sait : les humains sont injustes, ingrats.
Que leurs yeux un moment ne le connaissent pas;
Qu'un jour, entre eux et lui, s'élève avec murmure
D'insectes ennemis une nuée obscure :
N'importe; il les instruit, il les aime pour eux.
Même ingrats, il est doux d'avoir fait des heureux.
Il sait que leur vertu, leur bonté, leur prudence,
Doit être son ouvrage et non sa récompense,
Et que leur repentir, pleurant sur son tombeau,
De ses soins, de sa vie, est un prix assez beau.
Au loin dans l'avenir sa grande ame contemple
Les sages opprimés que soutient son exemple.
Des méchans dans soi-même il brave la noirceur :
C'est là qu'il sait les fuir; son asile est son cœur.
De ce faîte serein, son olympe sublime,
Il voit, juge, connaît. Un démon magnanime
Agite ses pensers, vit dans son cœur brûlant,
Travaille son sommeil actif et vigilant,
Arrache au long repos sa nuit laborieuse,
Allume avant le jour sa lampe studieuse,
Lui montre un peuple entier, par ses nobles bienfaits,
Indompté dans la guerre, opulent dans la paix;

Son beau nom remplissant leur cœur et leur histoire,
Les siècles prosternés aux pieds de sa mémoire.

Par ses sueurs bientôt l'édifice s'accroît.
En vain l'esprit du peuple est rampant, est étroit,
En vain le seul présent les frappe et les entraîne,
En vain leur raison faible et leur vue incertaine
Ne peut de ses regards suivre les profondeurs,
De sa raison céleste atteindre les hauteurs.
Il appelle les dieux à son conseil suprême.
Ses décrets, confiés à la voix des dieux même,
Entraînent sans convaincre ; et le monde ébloui
Pense adorer les dieux en n'adorant que lui.
Il fait honneur aux dieux de son divin ouvrage.
C'est alors qu'il a vu tantôt à son passage
Un buisson enflammé recéler l'Éternel ;
C'est alors qu'il rapporte, en un jour solennel,
De la montagne ardente et du sein du tonnerre,
La voix de Dieu lui-même écrite sur la pierre ;
Ou c'est alors qu'au fond de ses augustes bois
Un nymphe l'appelle et lui trace des lois,
Et qu'un oiseau divin, messager de miracles,
A son oreille vient lui dicter des oracles.
Tout agit pour lui seul et la tempête et l'air,
Et le cri des forêts et la foudre et l'éclair ;
Tout. Il prend à témoin le monde et la nature ;
Mensonge grand et saint! glorieuse imposture!
Quand aux peuples trompés ce piége généreux
Lui rend sacré le joug qui doit le rendre heureux.

. . . .
Avant que des États la base fût constante,
Avant que de pouvoir à pas mieux assurés
Des sciences, des arts monter quelques degrés,
Du temps et du besoin l'inévitable empire
Dut avoir aux humains enseigné l'art d'écrire.
D'autres arts l'ont poli ; mais aux arts, le premier,
Lui seul, des vrais succès put ouvrir le sentier.
Sur la feuille d'Egypte, ou sur la peau ductile,
Même un jour sur le dos d'un albâtre docile
Au fond des eaux formé des dépouilles du lin,
Une main éloquente, avec cet art divin,
Tient, fait voir l'invisible et rapide pensée,
L'abstraite intelligence et palpable et tracée ;
Peint des sons à nos yeux, et transmet à la fois
Une voix aux couleurs, des couleurs à la voix.
Quand des premiers traités la fraternelle chaîne
Commença d'approcher, d'unir la race humaine,
La terre, et de hauts monts, des fleuves, des forêts,
Des contrats attestés garants sûrs et muets,
Furent le livre auguste et les lettres sacrées
Qui faisaient lire aux yeux les promesses jurées.
Dans la suite peut-être ils voulurent sur soi
L'un de l'autre emporter la parole et la foi ;
Ils surent donc, broyant de liquides matières,
L'un sur l'autre imprimer leurs images grossières,
Ou celle du témoin, homme, plante ou rocher,
Qui vit jurer leur bouche et leurs mains se toucher.

De-là, dans l'Orient ces colonnes savantes,
Rois, prêtres, animaux, peints en scènes vivantes,
De la religion ténébreux monumens,
Pour les sages futurs laborieux tourmens,
Archives de l'État, où les mains politiques
Traçaient en longs tableaux les annales publiques.
De-là, dans un amas d'emblêmes captieux,
Pour le peuple ignorant monstres religieux,
Des membres ennemis vont composer ensemble
Un seul tout, étonné du nœud qui le rassemble;
Un corps de femme au front d'un aigle enfant des airs
Joint l'écaille et les flancs d'un habitant des mers.
Cet art simple et grossier nous a suffi peut-être
Tant que tous nos discours n'ont su voir ni connaître
Que les objets présens dans la nature épars,
Et que tout notre esprit était dans nos regards.
Mais on vit, quand vers l'homme on apprit à descendre,
Quand il fallut fixer, nommer, écrire, entendre,
Du cœur, des passions les plus secrets détours,
Les espaces du temps, ou plus longs ou plus courts,
Quel cercle étroit bornait cette antique écriture.
Plus on y mit de soins, plus incertaine, obscure,
Du sens confus et vague elle épaissit la nuit.
Quelque peuple à la fin par le travail instruit
Compte combien de mots l'héréditaire usage
A transmis jusqu'à lui pour former un langage.
Pour chacun de ces mots un signe est inventé ;
Et la main qui l'entend des lèvres répété
Se souvient d'en tracer cette image fidèle :
Et sitôt qu'une idée inconnue et nouvelle

Grossit d'un mot nouveau ces mots déjà nombreux,
Un nouveau signe accourt s'enrôler avec eux.

C'est alors, sur des pas si faciles à suivre,
Que l'esprit des humains est assuré de vivre.
C'est alors que le fer, à la pierre, aux métaux,
Livre en dépôt sacré, pour les âges nouveaux,
Nos ames et nos mœurs fidèlement gardées ;
Et l'œil sait reconnaître une forme aux idées.
Dès-lors des grands aïeux les travaux, les vertus
Ne sont point pour leur fils des exemples perdus !
Le passé du présent est l'arbitre et le père,
Le conduit par la main, l'encourage, l'éclaire.
Les aïeux, les enfans, les arrière-neveux,
Tous sont du même temps, ils ont les mêmes vœux.
La patrie au milieu des embûches, des traîtres,
Remonte en sa mémoire, a recours aux ancêtres,
Cherche ce qu'ils feraient en un danger pareil ;
Et des siècles vieillis assemble le conseil.

———————

. . . .
Dans nos vastes cités, par le sort partagés,
Sous deux injustes lois les hommes sont rangés.
Les uns, princes et grands, d'une avide opulence
Étalent sans pudeur la barbare insolence.
Les autres, sans pudeur vils cliens de ces grands,
Vont ramper sous les murs qui cachent leurs tyrans ;
Admirer ces palais aux colonnes hautaines

Dont eux-même ont payé les splendeurs inhumaines,
Qu'eux-même ont arrachés aux entrailles des monts,
Et tout trempés encor des sueurs de leurs fronts.

Moi je me plus toujours, client de la nature,
A voir son opulence et bienfaisante et pure,
Cherchant loin de nos murs les temples, les palais
Où la divinité me révèle ses traits.
Ces monts, vainqueurs sacrés des fureurs du tonnerre,
Ces chênes, ces sapins, premiers nés de la terre :
Les pleurs des malheureux n'ont point teint ces lambris.
D'un feu religieux le saint poëte épris
Cherche leur pur éther et plane sur leur cime.
Mer bruyante, la voix du poëte sublime
Lutte contre les vents; et tes flots agités
Sont moins forts, moins puissans que ses vers indomptés.
A l'aspect du volcan, aux astres élancée,
Luit, vole avec l'Etna la bouillante pensée.

Heureux qui sait aimer ce trouble auguste et grand :
Seul il rêve en silence à la voix du torrent
Qui le long des rochers se précipite et tonne ;
Son esprit en torrent et s'élance et bouillonne.
Là je vais dans mon sein méditant à loisir
Des chants à faire entendre aux siècles à venir ;
Là, dans la nuit des cœurs qu'osa sonder Homère,
Cet aveugle divin et me guide et m'éclaire.
Souvent mon vol, armé des ailes de Buffon,
Franchit avec Lucrèce, au flambeau de Newton,
La ceinture d'azur sur le globe étendue.

Je vois l'être et la vie et leur source inconnue ;
Dans les fleuves d'éther tous les mondes roulans.
Je poursuis la comète aux crins étincelans,
Les astres et leurs poids, leurs formes, leurs distances;
Je voyage avec eux dans leurs cercles immenses.
Comme eux, astre, soudain je m'entoure de feux;
Dans l'éternel concert je me place avec eux :
En moi leurs doubles lois agissent et respirent ;
Je sens tendre vers eux mon globe qu'ils attirent.
Sur moi qui les attire ils pèsent à leur tour.
Les élémens divers, leur haine, leur amour,
Les causes, l'infini s'ouvre à mon œil avide.
Bientôt redescendu sur notre fange humide,
J'y rapporte des vers de nature enflammés,
Aux purs rayons des dieux dans ma course allumés.
Écoutez donc ces chants d'Hermès dépositaires,
Où l'homme antique, errant dans ses routes premières,
Fait revivre à vos yeux l'empreinte de ses pas.
Mais dans peu, m'élançant aux armes, aux combats,
Je dirai l'Amérique à l'Europe montrée;
J'irai dans cette riche et sauvage contrée
Soumettre au Mançanar le vaste Maramon.
Plus loin dans l'avenir je porterai mon nom,
Celui de cette Europe en grands exploits féconde,
Que nos jours ne sont loin des premiers jours du monde.

FRAGMENS
D'UN POËME SUR L'AMÉRIQUE.

. . . .

J'accuserai les vents et cette mer jalouse
Qui retient, qui peut-être a ravi La Pérouse.
Il partit. L'amitié, les sciences, l'amour
Et la gloire française imploraient son retour.
Dix ans sont écoulés sans que la renommée
De son trépas au moins soit encore informée.
Malheureux ! un rocher inconnu sous les eaux
A-t-il, brisant les flancs de tes hardis vaisseaux,
Dispersé ta dépouille au sein du gouffre immense ?
Ou, le nombre et la fraude opprimant ta vaillance,
Nu, captif, désarmé, du sauvage inhumain
As-tu vu s'apprêter l'exécrable festin ?
Ou plutôt dans une île, assis sur le rivage,
Attends-tu ton ami voguant de plage en plage ;
Ton ami qui partout jusqu'aux bornes des mers,
Où d'éternelles nuits et d'éternels hivers
Font plier notre globe entre deux monts de glace,
Aux flots de l'Océan court demander ta trace ?

Malheureux! tes amis, souvent dans leurs banquets,
disent en soupirant : « Reviendra-t-il jamais! »
Ta femme à son espoir, à ses vœux enchaînée,
Doutant de son veuvage ou de son hyménée,
N'entend, ne voit que toi dans ses chastes douleurs,
Se reproche un sourire ; et, toute entière aux pleurs,
Cherche en son lit désert, peuplé de ton image,
Un pénible sommeil que trouble ton naufrage.

———

Un Inca, racontant la conquête du Mexique par les Espagnols, que le peuple prenait pour des dieux, s'exprime ainsi :

Pour moi, je les crois fils de ces dieux malfaisans
Pour qui nos maux, nos pleurs, sont le plus doux encens.
Loin d'être dieux eux-même ils sont tels que nous sommes,
Vieux, malades, mortels. Mais s'ils étaient des hommes,
Quel germe dans leur cœur peut avoir enfanté
Un tel excès de rage et de férocité?
Chez eux peut-être aussi qu'une avare nature
N'a point voulu nourrir cette race parjure.
Le Cacao sans doute et ses glands onctueux
Dédaignent d'habiter leurs bois infructueux.
Leur soleil ne sait point sur leurs arbres profanes
Mûrir le doux Coco, les mielleuses Bananes.
Leurs champs du beau Maïs ignorent la moisson,
La Mangue leur refuse une douce boisson.
D'herbages venimeux leurs terres sont couvertes.

Noires d'affreux poisons, leurs rivières désertes
N'offrent à leurs filets nulle proie; et leurs traits
Ne trouvent point d'oiseaux dans leurs sombres forêts.

FRAGMENS
D'UN POËME SUR L'ART D'AIMER.

. . . .

Flore met plus d'un jour à finir une rose.
Plus d'un jour fait l'ombrage où Palès se repose;
Et plus d'un soleil dore, au penchant des coteaux,
Les grappes de Bacchus ces rivales des eaux.
Qu'ainsi ton doux projet en silence mûrisse,
Que sous tes pas certains la route s'aplanisse.
Qu'un œil sûr te dirige, et de loin avec art
Dispose ces ressorts que l'on nomme hasard.
Mais souvent un jeune homme, aspirant à la gloire
De venir, voir et vaincre et prôner sa victoire,
Vole et hâte l'assaut qu'il eût dû préparer.
. . . .
L'imprudent a voulu cueillir avant l'automne
L'espoir à peine éclos d'une riche Pomone;

Il a coupé ses bleds quand les jeunes moissons
Ne passaient point encor les timides gazons.

Si d'un mot échappé l'outrageuse rudesse
A pu blesser l'amour et sa délicatesse,
Immobile il gémit; songe à tout expier.
Sans honte, sans réserve, il faut s'humilier;
Églé, tombe à genoux, bien loin de te défendre;
Tu le verras soudain plus amoureux, plus tendre,
Courir et t'arrêter, et lui-même à genoux
Accuser en pleurant son injuste courroux.
Mais souvent malgré toi, sans fiel ni sans injure,
Ta bouche d'un trait vif aiguise sa piqûre;
Le trait vole, tu veux le rappeler en vain;
Ton amant consterné dévore son chagrin :
Ou bien d'un dur refus l'inflexible constance,
De ses feux tout un jour a trompé l'espérance.
Il boude : un peu d'aigreur, un mot même douteux
Peut tourner la querelle en débat sérieux.
O trop heureuse alors, si, pour fuir cet orage,
Les grâces t'ont donné leur divin badinage,
Cet air humble et soumis de n'oser s'approcher,
D'avoir peur de ses yeux et de t'aller cacher,
Et de mille autres jeux l'inévitable adresse,
De mille mots plaisans l'aimable gentillesse,
Enfin tous ces détours dont le charme ingénu
Force un rire amoureux vainement retenu.

Il t'embrasse, il te tient; plus que jamais il t'aime;
C'est ton tour maintenant de le bouder lui-même.
Loin de s'en effrayer, il rit; et mes secrets
L'ont instruit des moyens de ramener la paix.

Quand Junon sur l'Ida plut au maître du monde,
Noüs l'avait tenue au cristal de son onde;
Et sur sa peau vermeille une savante main
Fit distiller la rose et les flots de jasmin.
Cultivez vos attraits; la plus belle nature
Veut les soins délicats d'une aimable culture.
Mais si l'usage est doux, l'abus est odieux.
Des parfums entassés l'amas fastidieux,
De la triste laideur trop impuissantes armes,
A d'indignes soupçons exposeraient vos charmes.
Que dans vos vêtemens le goût seul consulté
N'étale qu'élégance et que simplicité.
L'or ni les diamans n'embellissent les belles;
Le goût est leur richesse; et tout puissant comme elles
Il sait créer de rien leurs plus beaux ornemens;
Et tout est sous ses doigts l'or et les diamans.
J'aime un sein qui palpite et soulève une gaze.
L'heureuse volupté se plaît, dans son extase,
A fouler mollement ces habits radieux
Que déploie au Cathay le ver industrieux.
Le coton mol et souple, en une trame habile,
Sur les bords indiens, pour vous prépare et file

Ce tissu transparent, ce réseau de Vulcain,
Qui, perfide et propice à l'amant incertain,
Lui semble un voile d'air, un nuage liquide,
Où Vénus se dérobe et fuit son œil avide.

Crains que l'ennui fatal dans son cœur introduit
Puisse compter les pas de l'heure qui s'enfuit.
Il est pour la tromper un aimable artifice ;
Amuse-là des jeux qu'invente le caprice,
Lasse sa patience à mille tours malins,
Ris et de sa faiblesse et de ses cris mutins.
Tu braves tant de fois sa menace éprouvée,
Elle vole ; tu fuis ; la main déjà levée
Elle te tient, te presse ; elle va te punir.
Mais vos bouches déjà ne cherchent qu'à s'unir.
Le ciel d'un feu plus beau luit après un orage,
L'amour fait à Paphos naître plus d'un nuage.
Mais c'est le souffle pur qui rend l'éclat à l'or,
Et la peine en amour est un plaisir encor.
Le hasard à ton gré n'est pas toujours docile ?
Une belle est un bien si léger, si mobile !
Souvent tes doux projets, médités à loisir,
D'avance destinaient la journée au plaisir ;
Non, elle ne veut pas. D'autres soins occupée,
Tu vois avec douleur ton attente échappée.
Surtout point de contrainte. Espère un plus beau jour,
Imprudent qui fatigue et tourmente l'amour.

Essaye avec les pleurs, les tendres doléances,
De faire à ses desseins de douces violences.
Sinon, tu vas l'aigrir ; tu te perds. La beauté,
Je te l'ai fait entendre, aime sa volonté.
Son cœur impatient, que la contrainte blesse,
Se dépite : il est dur de n'être pas maîtresse.
Prends-y garde : une fois le ramier envolé,
Dans sa cage confuse est en vain rappelé.
Cède, assieds-toi près d'elle ; et soumis avec grâce,
D'un ton un peu plus froid, sans aigreur ni menace,
Dis-lui que de tes vœux son plaisir est la loi.
Va, tu n'y perdras rien, repose-toi sur moi.
Complaisance a toujours la victoire propice.
Souvent de tes désirs l'utile sacrifice,
Comme un jeune rameau planté dans la saison,
Te rendra de doux fruits une longue moisson.

———

Flore a pour les amans ses corbeilles fertiles ;
Et les fleurs, dans leurs jeux, ne sont pas inutiles.
Les fleurs vengent souvent un amant courroucé,
Qui feint sur un seul mot de paraître offensé.
Il poursuit son espiègle ; il la tient, il la presse ;
Et, fixant de ses flancs l'indocile souplesse,
D'un faisceau de bouquets en cachette apporté
Châtie, en badinant, sa coupable beauté ;
La fait taire et la gronde, et d'un maître sévère
Imite, avec amour, la plainte et la colère ;

Et négligeant ses cris, sa lutte, ses transports,
Arme le fouet léger de rapides efforts,
Frappe et frappe sans cesse, et s'irrite et menace,
Et force enfin sa bouche à lui demander grâce.
Telle Vénus souvent, aux genoux d'Adonis,
Vit des taches de rose empreintes sur ses lis.
Tel l'amour, enchanté d'un si doux badinage,
Loin des yeux de sa mère, en un charmant rivage,
Caressait sa Psyché dans leurs jeux enfantins,
Et de lacets dorés chargeait ses belles mains.

Fontenay! lieu qu'amour fit naître avec la rose,
J'irai (sur cet espoir mon ame se repose),
J'irai te voir, et Flore et le ciel qui te luit.
Là je contemple enfin (ma déesse m'y suit)
Sur un lit que je cueille en tes rians asiles,
Ses appas, sa pudeur, et ses fuites agiles,
Et dans la rose en feu l'albâtre confondu,
Comme un ruisseau de lait sur la pourpre étendu.

Offrons tout ce qu'on doit d'encens, d'honneurs suprêmes,
Aux dieux, à la beauté plus divine qu'eux-mêmes.
Puisse aux vallons d'Hémus, où les rocs et les bois
Admirèrent d'Orphée et suivirent la voix,
L'Hèbre ne m'avoir pas en vain donné naissance!
Les Muses avec moi vont connaître Byzance.
Et si le ciel se prête à mes efforts heureux,

De la Grèce oubliée enfant plus généreux,
Sur ses rives jadis si noblement fécondes,
Du Permesse égaré je ramène les ondes.
Pour la première fois de sa honte étonné,
Le farouche turban, jaloux et consterné,
D'un sérail oppresseur, noir séjour des alarmes,
Entendra nos accens et l'amour et vos charmes.
C'est là, non loin des flots dont l'amère rigueur
Osa ravir Sestos au nocturne nageur,
Qu'en des jardins chéris des eaux et du zéphire,
Pour vous, rayonnant d'or, de jaspe, de porphire,
Un temple par mes mains doit s'élever un jour.
Sous vos lois j'y rassemble une superbe cour
Où de tous les climats brillent toutes les belles :
Elles règnent sur tout, et vous régnez sur elles.
Là des filles d'Indus l'essaim noble et pompeux,
Les vierges de Tamise, au cœur tendre, aux yeux bleus,
De Tibre et d'Éridan les flatteuses sirènes,
Et du blond Eurotas les touchantes Hélènes,
Et celles de Colchos, jeune et riche trésor,
Plus beau que la toison étincelante d'or,
Et celles qui du Rhin l'ornement et la gloire
Vont dans ces froids torrens baigner leurs pieds d'ivoire,
Toutes enfin ; ce bord sera tout l'univers.

L'amour croît par l'exemple, et vit d'illusions.
Belles, édudiez ces tendres fictions
Que les poëtes saints, en leurs douces ivresses,
Inventent dans la joie aux bras de leurs maîtresses.
De tout aimable objet Jupiter enflammé ;
Et le dieu des combats par Vénus désarmé,
Quand la tête en son sein mollement étendue,
Aux lèvres de Vénus son ame est suspendue ;
Et dans ses yeux divins oubliant les hasards,
Nourrit d'un long amour ses avides regards ;
Quels appas trop chéris mirent Pergame en cendre ;
Quelles trois déités un berger vit descendre
Qui, pour briguer la pomme abandonnant les cieux,
De leurs charmes rivaux enivrèrent ses yeux ;
Et le sang d'Adonis, et la blanche Hyacinthe
Dont la feuille respire une amoureuse plainte ;
Et la triste Syrinx aux mobiles roseaux,
Et Daphné de lauriers peuplant le bord des eaux ;
Herminie aux forêts révélant ses blessures,
Les grottes, de Médor confidentes parjures,
Et les ruses d'Armide, et l'amoureux repos
Où, sur des lits de fleurs, languissent les héros ;
Et le myrte vivant aux bocages d'Alcine.
Les Grâces dont les soins ont élevé Racine
Aiment à répéter ses écrits enchanteurs,
Tendres comme leurs yeux, doux comme leurs faveurs.

Belles, ces chants divins sont nés pour votre bouche.
La lyre de Le Brun qui vous plaît et vous touche,
Tantôt de l'élégie exhale les soupirs,
Tantôt au lit d'amour éveille les plaisirs.
Suivez de sa Psyché la gloire et les alarmes ;
Elle-même voulut qu'il célébrât ses charmes,
Qu'amour vînt pour l'entendre; et dans ces chants heureux
Il la trouva plus belle et redoubla ses feux.
Mon berceau n'a point vu luire un même génie :
Ma Lycoris pourtant ne sera point bannie.
Comme eux, aux traits d'amour j'abandonnai mon cœur
Et mon vers a peut-être aussi quelque douceur.

HYMNE
A LA FRANCE.

France, ô belle contrée, ô terre généreuse,
Que les dieux complaisans formaient pour être heureuse,
Tu ne sens point du nord les glaçantes horreurs ;
Le midi de ses feux t'épargne les fureurs.
Tes arbres innocens n'ont point d'ombres mortelles ;
Ni des poisons épars dans tes herbes nouvelles
Ne trompent une main crédule; ni tes bois

Des tigres frémissans ne redoutent la voix ;
Ni les vastes serpens ne traînent, sur tes plantes,
En longs cercles hideux leurs écailles sonnantes.

Les chênes, les sapins et les ormes épais
En utiles rameaux ombragent tes sommets ;
Et de Baune et d'Aï les rives fortunées,
Et la riche Aquitaine et les hauts Pyrénées,
Sous leurs bruyans pressoirs font couler en ruisseaux
Des vins délicieux mûris sur leurs coteaux.
La Provence odorante et de zéphire aimée
Respire sur les mers une haleine embaumée,
Au bord des flots couvrant, délicieux trésor,
L'orange et le citron de leur tunique d'or ;
Et plus loin au penchant des collines pierreuses
Forme la grasse olive aux liqueurs savonneuses,
Et ces rézeaux légers, diaphanes habits,
Où la fraîche grenade enferme ses rubis.
Sur tes rochers touffus la chèvre se hérisse,
Tes prés enflent de lait la féconde génisse ;
Et tu vois tes brebis, sur le jeune gazon,
Épaissir le tissu de leur blanche toison.
Dans les fertiles champs voisins de la Touraine,
Dans ceux où l'Océan boit l'urne de la Seine,
S'élèvent pour le frein des coursiers belliqueux.
Ajoutez cet amas de fleuves tortueux :
L'indomptable Garonne aux vagues insensées,
Le Rhône impétueux, fils des Alpes glacées ;
La Seine au flot royal, la Loire dans son sein
Incertaine, et la Saône et mille autres enfin

Qui nourrissent partout, sur tes nobles rivages,
Fleurs, moissons et vergers et bois et pâturages ;
Rampent au pied des murs d'opulentes cités
Sous les arches de pierre à grand bruit emportés.

Dirai-je ces travaux, source de l'abondance,
Ces ports où des deux mers l'active bienfaisance
Amène les tributs du rivage lointain,
Que visite Phœbus le soir ou le matin ?
Dirai-je ces canaux, ces montagnes percées,
De bassins en bassins ces ondes amassées,
Pour joindre au pied des monts l'une et l'autre Thétis ?
Et ces vastes chemins en tous lieux départis,
Où l'étranger, à l'aise achevant son voyage,
Pense aux noms des Trudaine et bénit leur ouvrage.

Ton peuple industrieux est né pour les combats.
Le glaive, le mousquet n'accablent point ses bras.
Il s'élance aux assauts, et son fer intrépide
Chassa l'impie Anglais, usurpateur avide.
Le ciel les fit humains, hospitaliers et bons ;
Amis des doux plaisirs, des festins, des chansons ;
Mais faibles opprimés, la tristesse inquiète
Glace ces chants joyeux sur leur bouche muette,
Pour les jeux, pour la danse appesantit leurs pas,
Renverse devant eux les tables des repas,
Flétrit de longs soucis, empreinte douloureuse,
Et leur front et leur ame. O France trop heureuse,
Si tu voyais tes biens, si tu profitais mieux
Des dons que tu reçus de la bonté des cieux !

Vois le superbe Anglais, l'Anglais dont le courage
Ne s'est soumis qu'aux lois d'un sénat libre et sage,
Qui t'épie, et, dans l'Inde éclipsant ta splendeur,
Sur tes fautes sans nombre élève sa grandeur.
Il triomphe, il t'insulte. O combien tes collines
Tressailleraient de voir réparer tes ruines,
Et pour la liberté donneraient sans regrets
Et leur vin et leur huile et leurs belles forêts !
J'ai vu dans tes hameaux la plaintive misère,
La mendicité blême et la douleur amère.
Je t'ai vu dans tes biens, indigent laboureur,
D'un fisc avare et dur maudissant la rigueur,
Versant aux pieds des grands des larmes inutiles,
Tout trempé de sueurs pour toi-même infertiles,
Découragé de vivre, et plein d'un juste effroi
De mettre au jour des fils malheureux comme toi ;
Tu vois sous les soldats les villes gémissantes ;
Corvée, impôts rongeurs, tributs, taxes pesantes,
Le sel, fils de la terre, ou même l'eau des mers,
Source d'oppressions et de fléaux divers :
Vingt brigands revêtus du nom sacré de prince,
S'unir à déchirer une triste province,
Et courir, à l'envi, de son sang altérés,
Se partager entre eux ses membres déchirés.
O sainte égalité ! dissipe nos ténèbres,
Renverse les verroux, les bastilles funèbres.
Le riche indifférent, dans un char promené,
De ces gouffres secrets partout environné,
Rit avec les bourreaux, s'il n'est bourreau lui-même ;
Près de ces noirs réduits de la misère extrême,

D'une maîtresse impure achète les transports,
Chante sur des tombeaux, et boit parmi des morts.

Malesherbes, Turgot, ô vous en qui la France
Vit luire, hélas! en vain, sa dernière espérance,
Ministres dont le cœur a connu la pitié,
Ministres dont le nom ne s'est point oublié :
Ah! si de telles mains, justement souveraines,
Toujours de cet empire avaient tenu les rênes!
L'équité clairvoyante aurait régné sur nous,
Le faible aurait osé respirer près de vous.
L'oppresseur, évitant d'armer d'injustes plaintes,
Sinon quelque pudeur aurait eu quelques craintes.
Le délateur impie, opprimé par la faim,
Serait mort dans l'opprobre ; et tant d'hommes enfin,
A l'insu de nos lois, à l'insu du vulgaire,
Foudroyés sous les coups d'un pouvoir arbitraire,
De cris non entendus, de funèbres sanglots,
Ne feraient point gémir les voûtes des cachots.

Non, je ne veux plus vivre en ce séjour servile;
J'irai, j'irai bien loin me chercher un asile,
Un asile à ma vie en son paisible cours,
Une tombe à ma cendre à la fin de mes jours,
Où d'un grand, au cœur dur, l'opulence homicide
Du sang d'un peuple entier ne sera point avide,
Et ne me dira point, avec un rire affreux,
Qu'ils se plaignent sans cesse et qu'ils sont trop heureux.
Où, loin des ravisseurs, la main cultivatrice
Recueillera les dons d'une terre propice ;

Où mon cœur, respirant sous un ciel étranger,
Ne verra plus des maux qu'il ne peut soulager ;
Où mes yeux éloignés des publiques misères
Ne verront plus partout les larmes de mes frères,
Et la pâle indigence à la mourante voix,
Et les crimes puissans qui font trembler les lois.
Toi donc, Équité sainte, ô toi, vierge adorée,
De nos tristes climats pour long-temps ignorée,
Daigne, du haut des cieux, goûter le libre encens
D'une lyre au cœur chaste, aux transports innocens,
Qui ne saura jamais, par des vœux mercenaires,
Flatter, à prix d'argent, des faveurs arbitraires ;
Mais qui rendra toujours, par amour et par choix,
Un noble et pur hommage aux appuis de tes lois.
De vœux pour les humains tous ses chants retentissent :
La vérité l'enflamme ; et ses cordes frémissent,
Quand l'air qui l'environne auprès d'elle a porté
Le doux nom des vertus et de la Liberté.

LE JEU DE PAUME,

A LOUIS DAVID, PEINTRE.

I.

Reprends ta robe d'or, ceins ton riche bandeau,
    Jeune et divine poésie :
Quoique ces temps d'orage éclipsent ton flambeau,
Aux lèvres de David, roi du savant pinceau,
    Porte la coupe d'ambroisie.
La patrie, à son art indiquant nos beaux jours,
    A confirmé mes antiques discours :
Quand je lui répétais que la liberté mâle
    Des arts est le génie heureux ;
Que nul talent n'est fils de la faveur royale ;
    Qu'un pays libre est leur terre natale.
    Là, sous un soleil généreux,
Ces arts, fleurs de la vie, et délices du monde,
    Forts, à leur croissance livrés,
    Atteignent leur grandeur féconde.
La palette offre l'ame aux regards enivrés.
Les antres de Paros de dieux peuplent la terre.

L'airain coule et respire. En portiques sacrés
S'élancent le marbre et la pierre.

II.

Toi-même, belle vierge à la touchante voix,
Nymphe ailée, aimable sirène,
Ta langue s'amollit dans les palais des rois,
Ta hauteur se rabaisse, et d'enfantines lois
Oppriment ta marche incertaine ;
Ton feu n'est que lueur, ta beauté n'est que fard.
La liberté du génie et de l'art
T'ouvre tous les trésors. Ta grâce auguste et fière
De nature et d'éternité
Fleurit. Tes pas sont grands. Ton front ceint de lumière
Touche les cieux. Ta flamme agite, éclaire,
Dompte les cœurs. La liberté,
Pour dissoudre en secret nos entraves pesantes,
Arme ton fraternel secours.
C'est de tes lèvres séduisantes
Qu'invisible elle vole ; et par d'heureux détours
Trompe les noirs verroux, les fortes citadelles,
Et les mobiles ponts qui défendent les tours,
Et les nocturnes sentinelles.

III.

Son règne au loin semé par tes doux entretiens
Germe dans l'ombre au cœur des sages.
Ils attendent son heure, unis par tes liens,

Tous, en un monde à part, frères, concitoyens,
　　Dans tous les lieux, dans tous les âges.
Tu guidais mon David à la suivre empressé :
　　Quand, avec toi, dans le sein du passé,
Fuyant parmi les morts sa patrie asservie,
　　Sous sa main, rivale des dieux,
La toile s'enflammait d'une éloquente vie ;
　　Et la ciguë, instrument de l'envie,
　　Portant Socrate dans les cieux ;
Et le premier consul, plus citoyen que père,
　　Rentré seul par son jugement,
　　Aux pieds de sa Rome si chère
Savourant de son cœur le glorieux tourment ;
L'obole mendié seul appui d'un grand homme ;
Et l'Albain terrassé dans le mâle serment
　　Des trois frères sauveurs de Rome.

IV.

Un plus noble serment d'un si digne pinceau
　　Appelle aujourd'hui l'industrie.
Marathon, tes Persans et leur sanglant tombeau
Vivaient par ce bel art. Un sublime tableau
　　Naît aussi pour notre patrie.
Elle expirait : son sang était tari ; ses flancs
　　Ne portaient plus son poids. Depuis mille ans
A soi-même inconnue, à son heure suprême,
　　Ses guides tremblans, incertains
Fuyaient. Il fallut donc, dans le péril extrême,
　　De son salut la charger elle-même.

Long-temps, en trois races d'humains,
Chez nous l'homme a maudit ou vanté sa naissance :
Les ministres de l'encensoir,
Et les grands, et le peuple immense.
Tous à leurs envoyés confieront leur pouvoir.
Versailles les attend. On s'empresse d'élire ;
On nomme. Trois palais s'ouvrent pour recevoir
Les représentans de l'empire.

V.

D'abord pontifes, grands, de cent titres ornés,
Fiers d'un règne antique et farouche,
De siècles ignorans à leurs pieds prosternés,
De richesses, d'aïeux vertueux ou prônés.
Douce égalité, sur leur bouche,
A ton seul nom pétille un rire âcre et jaloux.
Ils n'ont point vu sans effroi, sans courroux,
Ces élus plébéiens, forts des maux de nos pères,
Forts de tous nos droits éclaircis,
De la dignité d'homme, et des vastes lumières
Qui du mensonge ont percé les barrières.
Le sénat du peuple est assis.
Il invite en son sein, où respire la France,
Les deux fiers sénats ; mais leurs cœurs
N'ont que des refus. Il commence :
Il doit tout voir ; créer l'État, les lois, les mœurs.
Puissant par notre aveu, sa main sage et profonde
Veut sonder notre plaie, et de tant de douleurs
Dévoiler la source féconde.

VI.

On tremble. On croit, n'osant encor lever le bras,
  Les disperser par l'épouvante.
Ils s'assemblaient; leur seuil méconnaissant leurs pas
Les rejette. Contre eux, prête à des attentats,
  Luit la baïonnette insolente.
Dieu! vont-ils fuir? Non, non. Du peuple accompagnés,
  Tous, par la ville, ils errent indignés :
Comme Latone enceinte, et déjà presque mère,
  Victime d'un jaloux pouvoir,
Sans asile flottait, courait la terre entière,
  Pour mettre au jour les dieux de la lumière.
    Au loin fut un ample manoir
Où le réseau noueux, en élastique égide,
  Arme d'un bras souple et nerveux,
  Repoussant la balle rapide,
Exerçait la jeunesse en de robustes jeux.
Peuple, de tes élus cette retraite obscure
Fut la Délos. O murs! temple à jamais fameux!
    Berceau des lois! sainte masure!

VII.

N'allons pas d'or, de jaspe, avilir à grands frais
    Cette vénérable demeure;
Sa rouille est son éclat. Qu'immuable à jamais
Elle règne au milieu des dômes, des palais.
    Qu'au lit de mort tout Français pleure,

S'il n'a point vu ces murs où renaît son pays,
    Que Sion, Delphe, et la Mecque, et Saïs
Aient de moins de croyans attiré l'œil fidèle.
    Que ce voyage souhaité
Récompense nos fils. Que ce toit leur rappelle
    Ce tiers-état à la honte rebelle,
        Fondateur de la liberté :
Comme en hâte arrivait la troupe courageuse,
    A travers d'humides torrens
    Que versait la nue orageuse ;
Cinq prêtres avec eux ; tous amis, tous parens,
S'embrassant au hasard dans cette longue enceinte ;
Tous juraient de périr ou vaincre les tyrans ;
    De ranimer la France éteinte ;

VIII.

De ne point se quitter que nous n'eussions des lois
    Qui nous feraient libres et justes.
Tout un peuple, inondant jusqu'aux faîtes des toits,
De larmes, de silence, ou de confuses voix,
    Applaudissait ces vœux augustes.
O jour ! jour triomphant ! jour saint ! jour immortel !
    Jour le plus beau qu'ait fait luire le ciel
Depuis qu'au fier Clovis Bellone fut propice !
        O soleil, ton char étonné
S'arrêta. Du sommet de ton brûlant solstice
    Tu contemplais ce divin sacrifice !
        O jour de splendeur couronné,
Tu verras nos neveux, superbes de ta gloire,

Vers toi d'un œil religieux
Remonter au loin dans l'histoire.
Ton lustre impérissable, honneur de leurs aïeux,
Du dernier avenir ira percer les ombres.
Moins belle la comète aux longs crins radieux
Enflamme les nuits les plus sombres.

IX.

Que faisaient cependant les sénats séparés?
Le front ceint d'un vaste plumage,
Ou de mitres, de croix, d'hermines décorés,
Que tentaient-ils d'efforts pour demeurer sacrés?
Pour arrêter le noble ouvrage?
Pour n'être point Français? pour commander aux lois?
Pour ramener ces temps de leurs exploits,
Où ces tyrans, valets sous le tyran suprême,
Aux cris du peuple indifférens,
Partageaient le trésor, l'État, le diadême?
Mais l'équité dans leurs sanhédrins même
Trouve des amis. Quelques grands,
Et des dignes pasteurs une troupe fidèle,
Par ta céleste main poussés,
Conscience, chaste immortelle,
Viennent aux vrais Français, d'attendre enfin lassés,
Se joindre; à leur orgueil abandonnant des prêtres
D'opulence perdus, des nobles insensés
Ensevelis dans leurs ancêtres.

X.

Bientôt ce reste même est contraint de plier.
  O raison, divine puissance !
Ton souffle impérieux dans le même sentier
Les précipite tous. Je vois le fleuve entier
  Rouler en paix son onde immense,
Et dans ce lit commun tous ces faibles ruisseaux
 Perdre à jamais et leurs noms et leurs eaux.
O France ! sois heureuse entre toutes les mères.
  Ne pleure plus des fils ingrats,
Qui jadis s'indignaient d'être appelés nos frères ;
  Tous revenus des lointaines chimères,
  La famille est toute en tes bras.
Mais que vois-je ? ils feignaient ? Aux bords de notre Seine
  Pourquoi ces belliqueux apprêts ?
  Pourquoi vers notre cité reine
Ces camps, ces étrangers, ces bataillons français
Traînés à conspirer au trépas de la France ?
De quoi rit ce troupeau d'eunuques du palais ?
  Riez, lâche et perfide engeance.

XI.

D'un roi facile et bon corrupteurs détrônés,
  Riez ; mais le torrent s'amasse.
Riez ; mais du volcan les feux emprisonnés
Bouillonnent. Des lions si long-temps déchaînés
  Vous n'attendiez plus tant d'audace ?

Le peuple est réveillé. Le peuple est souverain.
  Tout est vaincu. La tyrannie en vain,
Monstre aux bouches de bronze, arme pour cette guerre
  Ses cent yeux, ses vingt mille bras,
Ses flancs gros de salpêtre, où mugit le tonnerre :
  Sous son pied faible elle sent fuir sa terre,
    Et meurt sous les pesans éclats
Des créneaux fulminans, des tours et des murailles
    Qui ceignaient son front détesté.
    Déraciné dans ses entrailles,
L'enfer de la Bastille à tous les vents jeté,
Vole, débris infâme, et cendre inanimée;
Et de ces grands tombeaux, la belle liberté,
    Altière, étincelante, armée,

XII.

Sort. Comme un triple foudre éclate au haut des cieux;
    Trois couleurs dans sa main agile
Flottent en long drapeau. Son cri victorieux
Tonne. A sa voix, qui sait, comme la voix des dieux,
    En homme transformer l'argile,
La terre tressaillit. Elle quitta son deuil.
  Le genre humain d'espérance et d'orgueil
Sourit. Les noirs donjons s'écroulèrent d'eux-mêmes.
    Jusque sur les trônes lointains
Les tyrans ébranlés, en hâte à leurs fronts blêmes,
    Pour retenir leurs tremblans diadêmes,
      Portèrent leurs royales mains.
A son souffle de feu, soudain de nos campagnes

S'écoulent les soldats épars,
Comme les neiges des montagnes;
Et le fer ennemi tourné vers nos remparts,
Comme aux rayons lancés du centre ardent d'un verre,
Tout-à-coup à nos yeux fondu de toutes parts,
Fuit et s'échappe sous la terre.

XIII.

Il renaît citoyen; en moisson de soldats
Se résout la glèbe aguerrie.
Cérès même et sa faux s'arment pour les combats.
Sur tous ses fils, jurant d'affronter le trépas,
Appuyée au loin, la patrie
Brave les rois jaloux, le transfuge imposteur,
Des paladins le fer gladiateur,
Des Zoïles verbeux l'hypocrite délire.
Salut, peuple français! ma main
Tresse pour toi les fleurs que fait naître la lyre.
Reprends tes droits, rentre dans ton empire.
Par toi sous le niveau divin
La fière égalité range tout devant elle.
Ton choix, de splendeur revêtu,
Fait les grands. La race mortelle
Par toi lève son front si long-temps abattu.
Devant les nations souverains légitimes,
Ces fronts, dits souverains, s'abaissent. La vertu
Des honneurs aplanit les cimes.

XIV.

O peuple deux fois né! peuple vieux et nouveau!
    Tronc rajeuni par les années!
Phénix sorti vivant des cendres du tombeau!
Et vous aussi, salut, vous porteurs du flambeau
    Qui nous montra nos destinées!
Paris vous tend les bras, enfans de notre choix!
    Pères d'un peuple! architectes des lois!
Vous qui savez fonder, d'une main ferme et sûre,
    Pour l'homme un code solennel,
Sur tous ses premiers droits, sa charte antique et pure;
    Ses droits sacrés, nés avec la nature,
    Contemporains de l'Éternel.
Vous avez tout dompté. Nul joug ne vous arrête.
    Tout obstacle est mort sous vos coups.
    Vous voilà montés sur le faîte.
Soyez prompts à fléchir sous vos devoirs jaloux.
Bienfaiteurs, il vous reste un grand compte à nous rendre.
Il vous reste à borner et les autres et vous;
    Il vous reste à savoir descendre.

XV.

Vos cœurs sont citoyens. Je le veux. Toutefois
    Vous pouvez tout. Vous êtes hommes.
Hommes, d'un homme libre écoutez donc la voix.
Ne craignez plus que vous, magistrats, peuples, rois,
    Citoyens, tous tant que nous sommes,

Tout mortel dans son cœur cache, même à ses yeux,
    L'ambition, serpent insidieux,
Arbre impur, qui déguise une brillante écorce.
    L'empire, l'absolu pouvoir
Ont, pour la vertu même, une mielleuse amorce.
    Trop de désirs naissent de trop de force.
    Qui peut tout, pourra trop vouloir.
Il pourra négliger, sûr du commun suffrage,
    Et l'équitable humanité,
    Et la décence au doux langage.
L'obstacle nous fait grands. Par l'obstacle excité,
L'homme, heureux à poursuivre une pénible gloire,
Va se perdre à l'écueil de la prospérité,
    Vaincu par sa propre victoire.

XVI.

Mais au peuple surtout sauvez l'abus amer
    De sa subite indépendance.
Contenez dans son lit cette orageuse mer.
Par vous seuls dépouillé de ses liens de fer,
    Dirigez sa bouillante enfance.
Vers les lois, le devoir, et l'ordre, et l'équité,
    Guidez, hélas! sa jeune liberté.
Gardez que nul remords n'en attriste la fête.
    Repoussant d'antiques affronts,
Qu'il brise pour jamais, dans sa noble conquête,
    Le joug honteux qui pesait sur sa tête,
    Sans le poser sur d'autres fronts.
Ah! ne le laissez pas, dans la sanglante rage

D'un ressentiment inhumain,
Souiller sa cause et votre ouvrage.
Ah! ne le laissez pas sans conseil et sans frein,
Armant, pour soutenir ses droits si légitimes,
La torche incendiaire et le fer assassin,
Venger la raison par des crimes.

XVII.

Peuple! ne croyons pas que tout nous soit permis.
Craignez vos courtisans avides,
O peuple souverain! A votre oreille admis
Cent orateurs bourreaux se nomment vos amis.
Ils soufflent des feux homicides.
Aux pieds de notre orgueil prostituant les droits,
Nos passions par eux deviennent lois.
La pensée est livrée à leurs lâches tortures.
Partout cherchant des trahisons,
A nos soupçons jaloux, aux haines, aux parjures,
Ils vont forgeant d'exécrables pâtures.
Leurs feuilles noires de poisons,
Sont autant de gibets affamés de carnage.
Ils attisent de rang en rang
La proscription et l'outrage.
Chaque jour, dans l'arène, ils déchirent le flanc
D'hommes que nous livrons à la fureur des bêtes.
Ils nous vendent leur mort. Ils emplissent de sang
Les coupes qu'ils nous tiennent prêtes.

XVIII.

Peuple, la liberté, d'un bras religieux,
   Garde l'immuable équilibre
De tous les droits humains, tous émanés des cieux.
Son courage n'est point féroce et furieux ;
   Et l'oppresseur n'est jamais libre.
Périsse l'homme vil ! périssent les flatteurs,
   Des rois, du peuple infâmes corrupteurs !
L'amour du souverain, de la loi salutaire,
   Toujours teint leurs lèvres de miel.
Peur, avarice ou haine, est leur dieu sanguinaire.
   Sur la vertu toujours leur langue amère
   Distille l'opprobre et le fiel.
Hydre en vain écrasé, toujours prompt à renaître,
   Séjans, Tigellins empressés
   Vers quiconque est devenu maître ;
Si, voués au lacet, de faibles accusés
Expirent sous les mains de leurs coupables frères ;
Si le meurtre est vainqueur ; si les bras insensés
   Forcent des toits héréditaires ;

XIX.

C'est bien. Fais-toi justice, ô peuple souverain,
   Dit cette cour lâche et hardie.
Ils avaient dit : C'est bien ; quand, la lyre à la main,
L'incestueux chanteur, ivre de sang romain,
   Applaudissait à l'incendie.

Ainsi de deux partis les aveugles conseils
  Chassent la paix. Contraires, mais pareils,
Dans un égal abîme, une égale démence,
  De tous deux entraîne les pas.
L'un, Vandale stupide, en son humble arrogance,
  Veut être esclave et despote, et s'offense
    Que ramper soit honteux et bas.
L'autre arme son poignard du sceau de la loi sainte,
    Il veut du faible sans soutien
    Savourer les pleurs ou la crainte.
L'un du nom de sujet, l'autre de citoyen,
Masque son ame inique et de vice flétrie ;
L'un sur l'autre acharnés, ils comptent tous pour rien
    Liberté, vérité, patrie.

XX.

De prières, d'encens prodigue nuit et jour,
    Le fanatisme se relève.
Martyrs, bourreaux, tyrans, rebelles tour à tour ;
Ministres effrayans de concorde et d'amour,
    Venus pour apporter le glaive ;
Ardens contre la terre à soulever les cieux,
    Rivaux des lois, d'humbles séditieux,
De trouble et d'anathême artisans implacables...
    Mais où vais-je ? L'œil tout-puissant
Pénètre seul les cœurs à l'homme impénétrables.
    Laissons cent fois échapper les coupables,
      Plutôt qu'outrager l'innocent.
Si plus d'un, pour tromper, étale un faux scrupule ;

Plus d'un, par les méchans conduit,
N'est que vertueux et crédule.
De l'exemple éloquent laissons germer le fruit.
La vertu vit encore. Il est, il est des ames
Où la patrie aimée et sans faste et sans bruit,
Allume de constantes flammes.

XXI.

Par ces sages esprits, forts contre les excés,
Rocs affermis du sein de l'onde,
Raison, fille du temps, tes durables succès
Sur le pouvoir des lois établiront la paix.
Et vous, usurpateurs du monde,
Rois, colosses d'orgueil, en délices noyés,
Ouvrez les yeux : hâtez-vous. Vous voyez
Quel tourbillon divin de vengeances prochaines
S'avance vers vous. Croyez-moi,
Prévenez l'ouragan et vos chutes certaines.
Aux nations déguisez mieux vos chaînes :
Allégez-leur le poids d'un roi.
Effacez de leur sein les livides blessures,
Traces de vos pieds oppresseurs.
Le ciel parle dans leurs murmures.
Si l'aspect d'un bon roi peut adoucir vos mœurs;
Ou si le glaive ami, sauveur de l'esclavage,
Sur vos fronts suspendu, peut éclairer vos cœurs
D'un effroi salutaire et sage :

XXII.

Apprenez la justice ; apprenez que vos droits
   Ne sont point votre vain caprice.
Si votre sceptre impie ose frapper les lois ;
Parricides, tremblez ; tremblez, indignes rois.
    La liberté législatrice,
La sainte liberté, fille du sol français,
  Pour venger l'homme et punir les forfaits,
Va parcourir la terre en arbitre suprême.
   Tremblez, ses yeux lancent l'éclair.
Il faudra comparaître et répondre vous-même ;
  Nus, sans flatteurs, sans cour, sans diadème,
    Sans gardes hérissés de fer.
La nécessité traîne, inflexible et puissante,
    A ce tribunal souverain,
    Votre majesté chancelante :
Là seront recueillis les pleurs du genre humain :
Là, juge incorruptible, et la main sur sa foudre,
Elle entendra le peuple, et les sceptres d'airain
    Disparaîtront, réduits en poudre.

SUR UN GROUPE

DE JUPITER ET EUROPE.

Étranger, ce taureau qu'au sein des mers profondes
D'un pied léger et sûr tu vois fendre les ondes,
Est le seul que jamais Amphitrite ait porté.
Il nage aux bords crétois. Une jeune beauté
Dont le vent fait voler l'écharpe obéissante
Sur ses flancs est assise ; et d'une main tremblante
Tient sa corne d'ivoire, et les pleurs dans les yeux
Appelle ses parens, ses compagnes, ses jeux ;
Et redoutant la vague et ses assauts humides,
Retire et veut sous soi cacher ses pieds timides.

L'art a rendu l'airain fluide et frémissant.
On croit le voir flotter. Ce nageur mugissant,
Ce taureau, c'est un dieu ; c'est Jupiter lui-même.
Dans ces traits déguisés, du monarque suprême
Tu reconnais encore et la foudre et les traits.
Sidon l'a vu descendre au bord de ses guérets,
Sous ce front emprunté couvrant ses artifices,
Brillant objet des vœux de toutes les génisses.

La vierge tyrienne, Europe, son amour,
Imprudente, le flatte; il la flatte à son tour :
Et, se fiant à lui, la belle désirée
Ose asseoir sur son flanc cette charge adorée.
Il s'élance dans l'onde, et le divin nageur,
Le taureau roi des dieux, l'humide ravisseur
A déjà passé Chypre et ses rives fertiles;
Il approche de Crète et va voir les cent villes.

A M. DE PANGE.

Heureux qui se livrant aux sages disciplines,
Nourri du lait sacré des antiques doctrines,
Ainsi que de talens a jadis hérité
D'un bien modique et sûr qui fait la liberté!
Il a, dans sa paisible et sainte solitude,
Du loisir, du sommeil et les bois et l'étude;
Le banquet des amis et quelquefois, les soirs,
Le baiser jeune et frais d'une blanche aux yeux noirs.
Il ne faut point qu'il dompte un ascendant suprême,
Opprime son génie et s'éteigne lui-même,
Pour user, sans honneur, et sa plume et son temps
A des travaux obscurs tristement importans.
Il n'a point, pour pousser sa barque vagabonde,

A se précipiter dans les flots du grand monde;
Il n'a point à souffrir vingt discours odieux,
De raisonneurs méchans encor plus qu'ennuyeux.
Tels qu'en de longs détours de disputes frivoles
Hurlent de vingt partis les prétentions folles,
Prêtres et gens de cour, ambitieux tyrans,
Nobles et magistrats, superbes ignorans,
Tous vieux usurpateurs et voraces corsaires,
Et dignes héritiers de l'esprit de nos pères.
Il n'entend point tonner le chef-d'œuvre ampoulé
D'un sourcilleux rimeur au fauteuil installé.
Il ne doit point toujours déguiser ce qu'il pense,
Imposer à son ame un éternel silence,
Trahir la vérité pour avoir le repos,
Et feindre d'être un sot pour vivre avec les sots.

FABLE.

(HORACE, SATIRE VI, LIVRE II.)

Un jour le rat des champs, ami du rat de ville,
Invita son ami dans son rustique asile.
Il était économe et soigneux de son bien :
Mais l'hospitalité, leur antique lien,

Fit les frais de ce jour, comme d'un jour de fête.
Tout fut prêt, lard, raisin, et fromage et noisette.
Il cherchait par le luxe et la variété
A vaincre les dégoûts d'un hôte rebuté,
Qui parcourant de l'œil sa table officieuse,
Jetait sur tout à peine une dent dédaigneuse.
Et lui, d'orge et de blé faisant tout son repas,
Laissait au citadin les mets plus délicats.

« Ami, dit celui-ci, veux-tu dans la misère,
» Vivre au dos escarpé de ce mont solitaire,
» Ou préférer le monde à tes tristes forêts ?
» Viens; crois-moi, suis mes pas; la ville est ici près :
» Festins, fêtes, plaisirs y sont en abondance.
» L'heure s'écoule, ami ; tout fuit; la mort s'avance :
» Les grands ni les petits n'échappent à ses lois ;
» Jouis, et te souviens qu'on ne vit qu'une fois. »

Le villageois écoute, accepte la partie :
On se lève, et d'aller. Tous deux de compagnie,
Nocturnes voyageurs, dans des sentiers obscurs,
Se glissent vers la ville et rampent sous les murs.

La nuit quittait les cieux, quand notre couple avide
Arrive en un palais opulent et splendide,
Et voit fumer encor dans des plats de vermeil
Des restes d'un souper le brillant appareil.
L'un s'écrie; et riant de sa frayeur naïve,
L'autre sur le duvet fait placer son convive,
S'empresse de servir, ordonner, disposer,
Va, vient, fait les honneurs, le priant d'excuser.

Le campagnard bénit sa nouvelle fortune;
Sa vie en ses déserts était âpre, importune.
La tristesse, l'ennui, le travail et la faim.
Ici, l'on y peut vivre. Et de rire. Et soudain
Des volets à grand bruit interrompent la fête.
On court, on vole, on fuit; nul coin, nulle retraite.
Les dogues réveillés les glacent par leur voix;
Toute la maison tremble au bruit de leurs abois.
Alors le campagnard, honteux de son délire :
« Soyez heureux, dit-il; adieu, je me retire,
» Et je vais dans mon trou rejoindre en sûreté
» Le sommeil, un peu d'orge, et la tranquillité. »

SUR LA FRIVOLITÉ.

Mère du vain caprice et du léger prestige,
La fantaisie ailée autour d'elle voltige :
Nymphe au corps ondoyant, née de lumière et d'air,
Qui mieux que l'onde agile ou le rapide éclair,
Ou la glace inquiète au soleil présentée,
S'allume en un instant, purpurine, argentée;
Ou s'enflamme de rose ou pétille d'azur.
Un vol la précipite, inégal et peu sûr.
La déesse jamais ne connut d'autre guide.

Les rêves transparens, troupe vaine et fluide,
D'un vol étincelant caressent ses lambris.
Auprès d'elle à toute heure elle occupe les ris.
L'un pétrit les baisers des bouches embaumées;
L'autre le jeune éclat des lèvres enflammées;
L'autre, inutile et seul, au bout d'un chalumeau
En globe aérien souffle une goutte d'eau.
La reine, en cette cour qu'anime la folie,
Va, vient, chante, se tait, regarde, écoute, oublie;
Et dans mille cristaux qui portent son palais,
Rit de voir mille fois étinceler ses traits.

(Au bord du Rhône, le 7 juillet 1790.)

. . . . Terre, terre chérie,
Que la liberté sainte appelle sa patrie.
Père du grand sénat, ô sénat de Romans,
Qui de la liberté jeta les fondemens;
Romans, berceau des lois, vous Grenoble et Valence,
Vienne, toutes enfin! monts sacrés d'où la France
Vit naître le soleil avec la liberté!
Un jour le voyageur par le Rhône emporté,
Arrêtant l'aviron dans la main de son guide,
En silence et debout sur sa barque rapide,

Fixant vers l'Orient un œil religieux,
Contemplera long-temps ces sommets glorieux;
Car son vieux père, ému de transports magnanimes,
Lui dira : « Vois, mon fils, vois ces augustes cimes. »

IAMBE I,

SUR LES SUISSES RÉVOLTÉS DU RÉGIMENT DE CHATEAUVIEUX, FÊTÉS A PARIS SUR UNE MOTION DE COLLOT-D'HERBOIS.

Salut, divin triomphe ! entre dans nos murailles :
    Rends-nous ces guerriers illustrés
Par le sang de Désille et par les funérailles
    De tant de Français massacrés.
Jamais rien de si grand n'embellit ton entrée ;
    Ni quand l'ombre de Mirabeau
S'achemina jadis vers la voute sacrée
    Où la gloire donne un tombeau ;
Ni quand Voltaire mort et sa cendre bannie
    Rentrèrent aux murs de Paris,
Vainqueurs du fanatisme et de la calomnie
    Prosternés devant ses écrits.
Un seul jour peut atteindre à tant de renommée,
    Et ce beau jour luira bientôt ;
C'est quand tu porteras Jourdan à notre armée,
    Et La Fayette à l'échafaud ! *

---

* Le sens ironique de cet iambe est sensible par l'opposition que présentent les quatre vers qui le terminent. Un suppôt de Marat, que

IAMBE II.

Quand au mouton bêlant la sombre boucherie
 Ouvre ses cavernes de mort,
Pauvres chiens et moutons, toute la bergerie
 Ne s'informe plus de son sort.
Les enfans qui suivaient ses ébats dans la plaine,
 Les vierges aux belles couleurs
Qui le baisaient en foule, et sur sa blanche laine
 Entrelaçaient rubans et fleurs,
Sans plus penser à lui le mangent s'il est tendre.
 Dans cet abîme enseveli
J'ai le même destin. Je m'y devais attendre.
 Accoutumons-nous à l'oubli.
Oubliés comme moi dans cet affreux repaire
 Mille autres moutons comme moi
Pendus aux crocs sanglans du charnier populaire
 Seront servis au peuple-roi.

---

l'anarchie de ces temps aurait pu associer à la gloire de nos armées, y contraste avec un vertueux défenseur du droit des peuples. L'un, connu sous le nom de *Jourdan-coupe-tête*, périt sur l'échafaud ; l'autre est cet ami éclairé de la liberté, pour laquelle il a eu l'avantage de combattre dès sa jeunesse.

Que pouvaient mes amis? Oui, de leur main chérie,
    Un mot à travers ces barreaux,
A versé quelque baume en mon ame flétrie;
    De l'or peut-être à mes bourreaux....
Mais tout est précipice. Ils ont eu droit de vivre.
    Vivez, amis; vivez contens.
En dépit de Bavus soyez lents à me suivre.
    Peut-être en de plus heureux temps
J'ai moi-même, à l'aspect des pleurs de l'infortune,
    Détourné mes regards distraits;
A mon tour aujourd'hui mon malheur importune.
    Vivez, amis; vivez en paix.

IAMBE III.

Que promet l'avenir? Quelle franchise auguste,
    De mâle constance et d'honneur
Quels exemples sacrés, doux à l'ame du juste,
    Pour lui quelle ombre de bonheur,
Quelle Thémis, terrible aux têtes criminelles,
    Quels pleurs d'une noble pitié,
Des antiques bienfaits quels souvenirs fidèles,
    Quels beaux échanges d'amitié
Font digne de regrets l'habitacle des hommes?
    La peur blême et louche est leur dieu.

Le désespoir?—le fer. Ah! lâches que nous sommes,
 Tous, oui tous. Adieu, terre, adieu.
Vienne, vienne la mort! Que la mort me délivre!
 Ainsi donc, mon cœur abattu
Cède au poids de ses maux? Non, non, puissé-je vivre!
 Ma vie importe à la vertu.
Car l'honnête homme enfin, victime de l'outrage,
 Dans les cachots, près du cercueil,
Relève plus altiers son front et son langage,
 Brillans d'un généreux orgueil.
S'il est écrit aux cieux que jamais une épée
 N'étincellera dans mes mains,
Dans l'encre et l'amertume une autre arme trempée
 Peut encor servir les humains.
Justice, vérité, si ma bouche sincère,
 Si mes pensers les plus secrets
Ne froncèrent jamais votre sourcil sévère;
 Et si les infâmes progrès,
Si la risée atroce, ou (plus atroce injure)
 L'encens de hideux scélérats,
Ont pénétré vos cœurs d'une longue blessure,
 Sauvez-moi. Conservez un bras
Qui lance votre foudre, un amant qui vous venge.
 Mourir sans vider mon carquois!
Sans percer, sans fouler, sans pétrir dans leur fange
 Ces bourreaux barbouilleurs de lois,
Ces tyrans effrontés de la France asservie,
 Égorgée!... O mon cher trésor,
O ma plume! Fiel, bile, horreur, dieux de ma vie!
 Par vous seul je respire encor.

Quoi! nul ne restera pour attendrir l'histoire
 Sur tant de justes massacrés :
. . . .
Pour consoler leurs fils, leurs veuves et leurs mères;
 Pour que des brigands abhorrés
Frémissent aux portraits noirs de leur ressemblance;
 Pour descendre jusqu'aux enfers
Chercher le triple fouet, le fouet de la vengeance
 Déjà levé sur ces pervers; . . . .
Pour insulter leurs noms, pour chanter leur supplice!
 Allons, étouffe tes clameurs :
Souffre, ô cœur gros de haine, affamé de justice.
 Toi, Vertu, pleure si je meurs.

IAMBE IV.

(DERNIERS VERS DE L'AUTEUR.)

Comme un dernier rayon, comme un dernier zéphire
 Anime la fin d'un beau jour,
Au pied de l'échafaud j'essaie encor ma lyre.
 Peut-être est-ce bientôt mon tour;
Peut-être avant que l'heure en cercle promenée
 Ait posé, sur l'émail brillant,
Dans les soixante pas où sa route est bornée,

Son pied sonore et vigilant,
Le sommeil du tombeau pressera mes paupières,
Avant que de ses deux moitiés
Ce vers que je commence ait atteint la dernière,
Peut-être en ces murs effrayés
Le messager de mort, noir recruteur des ombres,
Escorté d'infâmes soldats,
Remplira de mon nom ces longs corridors sombres.

MÉLANGES
DE PROSÉ.

Pendant que nous poursuivions l'impression de cet ouvrage, les deux morceaux qu'on va lire, intitulés, l'un : *Avis aux Français sur leurs véritables ennemis*, l'autre : *Réflexions sur l'Esprit de parti*, ont été offerts à l'éditeur par un ancien ami d'André Chénier, M. le marquis de Barthélemy, maintenant pair de France, et auteur de la fameuse proposition faite en 1819 contre notre loi des Élections. Ces deux écrits renferment les développemens d'une opinion si remarquable, ils manifestent un si vif sentiment de la liberté, que nous osons espérer que nos lecteurs partageront, pour le noble pair, la reconnaissance que nous nous faisons un devoir de lui exprimer ici.

AVIS AUX FRANÇAIS

SUR

LEURS VÉRITABLES ENNEMIS.

Lorsqu'une grande nation, après avoir vieilli dans l'erreur et l'insouciance, lasse enfin de malheurs et d'oppression, se réveille de cette longue léthargie, et, par une insurrection juste et légitime, rentre dans tous ses droits et renverse l'ordre de choses qui les violait tous; elle ne peut en un instant se trouver établie et calme dans le nouvel état qui doit succéder à l'ancien. La forte impulsion donnée à une si pesante masse la fait vaciller quelque temps avant de pouvoir prendre son assiette. Ainsi, après que tout ce qui était mal est détruit, lorsqu'il faut que les mains chargées des réformes poursuivent à la hâte leur ouvrage, il ne faut pas espérer qu'un peuple, encore chaud des émotions qu'il a reçues et exalté par le succès, puisse demeurer tranquille, et attendre paisiblement le nouveau régime qu'on lui prépare. Tous pensent avoir acquis le droit, tous ont l'imprudente prétention d'y concourir autrement que par une docilité raisonnée. Tous veulent non-seulement assister et veiller au tout; mais encore présider au moins à une partie de l'édifice; et, comme toutes ces réformes partielles ne sont pas d'un intérêt général aussi évident ni aussi frappant pour la multitude, l'unanimité n'est pas aussi grande ni aussi active; les efforts se croisent : un si grand nombre de pieds retarde la marche; un si grand nombre de bras retarde l'action.

Dans cet état d'incertitude, la politique s'empare de tous les esprits; tous les autres travaux sont en suspens; tous les antiques genres d'industrie sont dépaysés ; les têtes s'échauffent; on enfante ou on croit enfanter des idées ; on s'y attache, on ne voit qu'elles ; les patriotes, qui dans le premier instant ne faisaient qu'un seul corps, parce qu'ils ne voyaient qu'un but, commencent à trouver entre eux des différences le plus souvent imaginaires.

Chacun s'évertue et se travaille, chacun veut se montrer, chacun veut porter le drapeau ; chacun exalte ce qu'il a déjà fait et ce qu'il compte faire encore; chacun, dans ses principes, dans ses discours, dans ses actions, veut aller au-delà des autres. Ceux qui, depuis longues années, imbus et nourris d'idées de liberté, ayant prévenu par leurs pensées tout ce qui arrive, se sont trouvés prêts d'avance, et demeurent fermes et modérés, sont taxés d'un patriotisme peu zélé par les nouveaux convertis, et n'en font que rire. Les fautes, les erreurs, les démarches mal combinées, inséparables d'un moment où chacun croit devoir agir pour soi et pour tous, donnent lieu, à ceux qui regrettent l'ancien régime et s'opposent aux nouveaux établissemens, d'attaquer tout ce qui se fait et tout ce qui se fera, par de vaines objections, par d'insignifiantes railleries ; d'autres, pour leur répondre, exagèrent la vérité jusqu'au point où ce n'est plus la vérité; et voulant rendre la cause d'autrui odieuse ou ridicule, on gâte la sienne par la manière dont on la défend.

Ces agitations, pourvu qu'un nouvel ordre de choses, sage et aussi prompt qu'il se peut, ne leur laisse pas le temps d'aller trop loin, peuvent n'être point nuisibles, peuvent même tourner au profit du bien général, en excitant une sorte d'émulation patriotique. Et si, au milieu de tout cela, la nation s'éclaire et se façonne à de justes principes de liberté, si les représentans du peuple ne sont point interrompus dans l'ouvrage d'une constitution, et si toute la machine publique s'achemine vers un bon gouvernement, tous ces faibles inconvéniens s'évanouissent bientôt d'eux-mêmes par la seule force des choses, et on ne doit point s'en alarmer. Mais, si bien loin d'avoir disparu après quelque temps, l'on voit les germes de haines politiques s'enraciner profondément; si l'on voit les accusations graves, les imputations atroces se multiplier au hasard; si l'on voit surtout un faux esprit, de faux principes fermenter sourdement, et presque avec suite dans la plus nombreuse classe de citoyens; si l'on voit enfin aux mêmes instans, dans tous les coins de l'empire, des insurrections illégitimes, amenées de la même manière, fondées sur les mêmes méprises, soutenues par les mêmes sophismes; si l'on voit paraître souvent et en armes, et dans des occasions semblables, cette dernière classe du peuple, qui ne connaissant rien, n'ayant rien, ne prenant intérêt à rien, ne sait que se vendre à qui veut la payer : alors ces symptômes doivent paraître effrayans. Ils semblent déceler une espèce de système général propre à empêcher le retour de l'ordre et de l'équilibre, sans lequel on ne peut rien regarder comme fini; à corrompre, à fatiguer la nation dans une stagnante anarchie; à embarrasser les législateurs de mille incidens qu'il est impossible de prévoir ou d'écarter; à agrandir l'intervalle qu'il doit nécessairement y avoir entre la fin du passé et le commencement de l'avenir; à suspendre tout acheminement au bien. La chose publique est dans un véritable danger, et il devient difficile alors de méconnaître le manége et l'influence de quelques ennemis publics. N'est-ce pas là notre portrait dans cet instant, ou si ce n'est qu'une peinture fantastique?

Mais ces ennemis, qui sont-ils? Ici commencent les cris vagues : chaque parti, chaque citoyen s'en prend à quiconque ne pense pas en tout précisément comme lui : les inculpations de complot, de conspirations, d'argent donné et reçu, qui peuvent, en quelques occasions, paraître appuyées sur assez de probabilités, deviennent cependant si générales qu'on n'y saurait plus donner aucune confiance. Il serait toutefois bien important de savoir avec certitude de quel côté nous avons à craindre, afin de savoir en même temps où nous devons porter notre défense ; et que notre inquiétude errante et nos soupçons indéterminés ne nous jettent dans ces combats de nuit où l'on frappe amis et ennemis. Essayons donc si, en écoutant tout ce qui se dit, nous pourrons entrevoir quelque lueur qui nous conduise.

Tous ceux qui ont quelque sagesse, et qui veulent motiver les alarmes qu'ils nous donnent, et non se borner à des déclamations sans suite et sans liaison, se réduisent à peu près à ceci. Ils calculent le ressentiment des princes étrangers que notre révolution a pu blesser, et l'intérêt et les craintes de tous les rois dont les sujets peuvent être trop frappés de l'exemple des Français, et l'ambition et l'avidité des nations qui, malgré les principes d'humanité, de justice et de droit des gens universellement professés aujourd'hui, ne laissent pas de continuer à épier toute occasion de s'enrichir et de s'agrandir aux dépens de celles qui paraissent être peu en état de se défendre. Ainsi, ils dirigent nos inquiétudes, tantôt vers les Autrichiens, qui cependant, fatigués et épuisés par une longue guerre sanglante et coûteuse, et alarmés eux-mêmes des insurrections ou commencées ou instantes dans plusieurs de leurs provinces, ne paraissent guère pouvoir songer à nous insulter; tantôt vers les Anglais, et cette nation, dont on parle tant à Paris, quoiqu'on l'y connaisse si mal, est en effet plus redoutable; tantôt contre d'autres puissances qui toutes sont en effet plus ou moins à craindre; mais presque tous se réunissent à penser que ces puissances sont excitées et encouragées par les fugitifs français, et par les relations qu'ils ont conservées en France.

Il est pourtant bien peu vraisemblable que les cabinets de l'Europe soient entièrement livrés aux conseils d'étrangers fugitifs, dont les uns, et c'est le grand nombre, n'étaient dans leur patrie que des particuliers peu connus; et les autres ont tous perdu leur crédit, et presque tous leurs richesses dans la révolution qui s'opère. Il est peu vraisemblable aussi qu'ils ne voient pas que cette révolution n'est point l'ouvrage de quelques volontés isolées; que la nation entière en a eu besoin, l'a voulue, l'a opérée; et que, par conséquent, les secours formels qui pourraient leur être destinés parmi nous seraient peu de chose. Et s'il est vrai que les puissances étrangères songent en effet à fondre sur nous, je crois qu'elles comptent beaucoup plus sur l'état de faiblesse où elles nous supposent, et où l'on suppose toujours, et presque toujours assez mal à propos, les peuples qui deviennent libres; sur les divisions insensées, et nullement fondées, qui nous fatiguent chaque jour; sur l'insubordination générale, et sur ces alarmes vagues qui nous agitent au seul nom de guerre, et qu'elles peuvent prendre pour de l'effroi.

C'est, d'ailleurs, vraiment une absurdité de croire que les Français qui n'aiment point notre révolution actuelle, principalement ceux que le mécontentement ou la crainte ont fait fuir chez les étrangers, soient tous, sans exception, des ennemis actifs, des conspirateurs ardens, qui n'aient d'autre vœu que de voir tous les citoyens s'entregorger, ou d'exciter contre nous les États voisins, afin de rentrer en France le fer et la flamme à la main. Je ne suis que trop persuadé qu'il en est quelques-uns à qui l'orgueil blessé, la haine, la vengeance, un puérile attachement à des distinctions aussi frivoles qu'injustes, pourraient faire inventer ou adopter avidement ces projets insensés et coupables, et qui peut-être se repaissent au loin de la folle espérance d'être les Coriolans de leur patrie. Mais la nature humaine ne produit qu'un très-petit nombre de ces esprits inflexibles et turbulens sans relâche, que même le ressentiment d'une injure puisse égarer en des excès à la fois aussi violens et aussi durables. La plupart des hommes, capables peut-être d'un coup désespéré dans la première fureur d'une passion irritée, finissent par se calmer d'eux-mêmes, et sont bientôt fatigués de la seule idée de ces vengeances laborieuses et réfléchies.

Aussi la plupart de nos mécontens, soit sédentaires et secrets, soit fugitifs et connus, désirent probablement, plus qu'on ne le croit, plus peut-être qu'ils ne le croient eux-mêmes, de vivre sans inquiétude dans leur patrie, heureuse et tranquille, et de rentrer dans leurs foyers. Un esprit borné, une éducation erronée, une vanité pusillanime et ridicule, des pertes réelles dans leur fortune, des notions fausses et factices de ce qui est grand et noble, des dangers que plusieurs d'entre eux ont courus, tout cela les attache, les affectionne à leurs antiques chimères; plusieurs les croient, de très-bonne foi, nécessaires à la félicité humaine ; et comparant le calme de l'ancien esclavage avec les troubles et les malheurs qui sont arrivés, et dont quelques-uns sont inséparables du moment où un grand peuple s'affranchit, en concluent que les meurtres et les incendies sont de l'essence de la liberté, c'est-à-dire de la raison et de la justice. Mais détrompez leur ignorance, en leur faisant voir l'ordre, l'équité, la concorde rétablis dans les villes et les campagnes ; les choses et les personnes en sûreté ; tous les citoyens sous la sauve-garde de la loi, et n'obéissant qu'à elle : qui peut douter qu'alors ils ne reviennent de leur exil et de leurs erreurs? Qui peut douter qu'alors dans l'ame de ceux qui sont absens il ne se réveille un vif désir de revoir leur patrie, que peut-être ils croient haïr? Qui peut les croire assez stupides pour préférer, à la douceur de venir rétablir leur fortune, améliorer ce qui leur reste de biens, et achever de vivre tranquillement avec leurs amis et leur famille sur le sol qui les a vus naître, l'ennui d'errer de contrée en contrée, pauvres, ne tenant à rien, sans parens, sans amis, seuls, en butte à la fatigante curiosité ou à la pitié humiliante, ou même quelquefois à l'insulte et au mépris?

Mais, rentrés chez eux, ils ne seront peut-être pas des patriotes bien zélés? Qu'importe, avez-vous d'ailleurs le droit, avez-vous le pouvoir de l'exiger? Pouvez-vous contraindre un homme à aimer ce qu'il n'aime point? Pouvez-vous le forcer à quitter des préjugés antiques, lorsque ses trop faibles yeux n'en voient point l'absurdité? Ce que vous pouvez exiger, c'est qu'ils soient des citoyens paisibles, et il est évident qu'ils le seront. Peut-il tomber sous le sens qu'ils voulussent compromettre leur repos, leur sûreté, leur famille, leur vie, dans les hasards de complots toujours si difficiles à tramer au milieu de la vigilance publique, et aujourd'hui impossibles à exécuter avec une si prodigieuse inégalité de force, de nombre et de moyens?

Je crois même hors de doute que le plus grand nombre serait déjà revenu s'il l'eût osé, et qu'ils dépenseraient parmi nous leur fortune, dont le vide se fait sentir. Beaucoup de gens qui détestaient l'ancien régime vivaient sous l'ancien régime; pourquoi tous ceux qui n'aiment pas le nouveau aimeraient-ils mieux s'exiler que d'y vivre, s'ils croyaient le pouvoir en sûreté? Mais leurs amis leur mandent comment ils courraient risque d'être accueillis; ils leur apprennent les visites, les interrogatoires, toutes ces perquisitions plus gênantes pour l'innocent que terribles pour le coupable. Des courriers arrêtés sur les frontières, menacés, renvoyés; des lettres ouvertes; les secrets des cabinets politiques, ceux des familles et des particuliers, plus sacrés encore, violés, divulgués, diffamés; et par qui? par des magistrats, par des officiers municipaux; par ceux que des suffrages libres et un choix réfléchi ont déclarés les plus sages de leurs cantons. Ils apprennent encore que des groupes de peuple, tantôt proposent de les forcer à revenir au bout d'un tel temps, à défaut de quoi, que leurs biens soient confisqués, quoiqu'un décret de l'Assemblée nationale prohibe les confiscations dans tous les cas; tantôt inventent d'autres moyens, tous du même genre. Cela est-il bien encourageant? cela est-il propre à leur offrir leur patrie sous un aspect riant et doux? Qu'on change de méthode, ou qu'on cesse d'accuser leur absence.

Au reste, n'oublions pas qu'il en est plusieurs qui, sans avoir jamais mérité aucun blâme, ni fait aucun mal, ont été contraints de fuir après avoir vu leur asile violé, leur famille insultée; après avoir, eux et les leurs, échappé difficilement. Ceux-là, si leurs cœurs ulcérés les éloignaient à jamais de la France, s'ils ne pouvaient point lui faire le sacrifice de leur ressentiment, qui oserait leur en faire précisément un crime? Ceux-là, j'ai honte de le dire, nous avons moins à leur faire des reproches que des réparations : c'est à eux de nous pardonner.

Il en est d'autres, qui jadis maîtres et tout-puissans dans l'État, dénués de talens et de mérite, ne seront plus jamais rien, parce qu'ils n'ont jamais dû rien être; n'ont plus rien, parce qu'ils ne vivaient que d'extorsions et d'abus, et qu'un luxe prodigue épuisait dans leurs mains des déprédations immenses. Ceux-là, il est difficile de croire qu'ils deviennent jamais de bons Français. Mais hors ce petit nombre, tous les autres rentreront dès qu'ils verront la porte ouverte. La persécution ne fait pas de prosélytes, elle ne fait que des martyrs. Qu'on cesse de les effrayer, et ils cesseront d'être à craindre.

Mais je veux admettre qu'ils le soient toujours, et autant qu'on le dit; j'admets que nous soyons menacés par des millions d'ennemis extérieurs et intérieurs : avons-nous pensé que l'on acquérait la liberté sans obstacles? Je vois, dans toutes les histoires des peuples libres, leur liberté naissante attaquée de mille manières; et je ne vois pas que les issues de presque toutes ces guerres doivent trop abattre notre courage. Nos alarmes subites aux plus absurdes nouvelles, nos espèces de terreurs paniques, sont-elles un bon moyen d'éloigner nos ennemis, de les combattre, de les connaître même? La France est immensément peuplée; elle a des armes; elle a de tout : ce n'est qu'avec de l'union, du sang-froid, de la sagesse, que l'on peut faire un usage vigoureux et efficace de ces forces ; ce n'est qu'avec cette concorde courageuse, qui ne connaît d'autre parti que le bien général, qu'on parvient à tout voir, à tout prévenir ou à tout réparer, à faire face à tout. Ainsi, cette désunion, cette divison de partis sont imprudentes et dangereuses; et la paix et l'unanimité sont aussi conformes à l'intérêt, qu'à la dignité nationale.

Il est digne, en effet, de la liberté et d'un grand peuple qui vient de la conquérir, qu'il prise assez sa conquête pour affronter tous les orages qu'elle peut attirer sur lui. Il a dû s'y attendre; et si, calme et bien uni, et ne faisant pour ainsi dire qu'un seul homme, il attend les attaques avec une contenance mâle et altière, et une fierté paisible, fondée sur la conscience qu'il est libre et qu'il ne peut plus ne pas l'être : on y réfléchit à deux fois avant de l'attaquer; et un grand peuple qui marche au combat avec la forte certitude qu'il peut périr, mais non pas servir, est bien rarement vaincu.

Du moment qu'il nous est bien démontré que si nous avons des ennemis au-dehors, ou des ennemis cachés au milieu de nous, ce n'est que dans le calme et la concorde que nous pouvons trouver de sûrs moyens de les connaître, de les intimider, de les combattre; il reste évident que notre premier intérêt est de chercher et de détruire comme ennemies toutes les causes qui empêchent le calme et la concorde de se rétablir parmi nous, et d'amener un bon esprit public, sans lequel les institutions salutaires sont vaines. Et, examinant à quoi tient parmi nous ce penchant aux soupçons, au tumulte, aux insurrections, porté à un si haut degré, quoique la division d'intérêts, la chaleur des opinions, le peu d'habitude de la liberté, en soient des causes toutes naturelles : nous ne pourrons méconnaître qu'elles sont prodigieusement augmentées, nourries, entretenues, par une foule d'orateurs et d'écrivains qui semblent se réunir en un parti. Tout ce qui s'est fait de bien et de mal, dans cette révolution, est dû à des écrits. Ce sera donc là peut-être aussi que nous trouverons la source des maux qui nous menacent. Nous chercherons alors quel peut être l'intérêt de ces auteurs de conseils sinistres, et il se trouvera que la plupart sont des hommes trop obscurs, trop incapables, pour être des chefs de parti. Nous en conclurons que leur mobile est l'argent, ou une sotte persuasion; car, dans les révolutions politiques, il ne faut pas croire que tous ceux qui embrassent une mauvaise cause, et qui soutiennent des opinions funestes, soient tous des hommes pervers et mal intentionnés. Comme la plupart des hommes ont des passions fortes et un jugement faible, dans ce moment tumultueux, toutes ces passions étant en mouvement, ils veulent tous agir et ne savent point ce qu'il faut faire, ce qui les met bientôt à la merci de scélérats habiles : alors, l'homme sage les suit des yeux ; il regarde où ils tendent ; il observe leurs démarches et leurs préceptes ; il finit peut-être par démêler quels intérêts les animent, et il les déclare ennemis publics, s'il est vrai qu'ils prêchent une doctrine propre à égarer, reculer, détériorer l'esprit public.

Qu'est-ce qu'un bon esprit public dans un pays libre? N'est-ce pas une certaine raison générale, une certaine sagesse pratique et comme de routine, à peu près également départie entre tous les citoyens, et toujours d'accord et de niveau avec toutes les institutions publiques; et par laquelle chaque citoyen connaît bien ce qui lui appartient, et par conséquent ce qui appartient aux autres; chaque citoyen connaît bien ce qui est dû à la société entière, et s'y prête de tout son pouvoir; chaque citoyen se respecte dans autrui, et ses droits dans ceux d'autrui ; chaque citoyen, quoiqu'il étende ses prétentions aussi loin qu'il peut, ne dispute jamais contre la loi, et s'arrête devant elle machinalement et comme sans le vouloir? Et quand la société dure depuis assez long-temps pour que tout cela soit dans tous une habitude innée, et soit devenu une sorte de religion, je dirais presque de superstition ; certes, alors un pays a le meilleur esprit public qu'il puisse avoir. Je sais qu'il y aurait de la démence à vouloir qu'après une seule année d'affranchissement, cela fût déjà ainsi parmi nous. Je sais qu'on n'y arrive que lentement; et je ne suis pas de ceux qui crient que tout est perdu, lorsque tout n'est pas fait en un jour. Mais encore est-il tel degré de lenteur qui permet de craindre qu'on n'arrive pas, et qu'on ne meure en chemin; et l'on peut au moins juger des progrès, lorsqu'il y a eu une grande quantité d'actions successives, auxquelles toutes ces règles de conduite s'appliquent naturellement.

Ainsi voyons quels pas notre raison nationale a faits vers ce modèle que nous devons nous proposer. Voyons en quoi elle s'est éclairée, affermie, agrandie; voyons de quoi nous a servi l'expérience d'une année, et d'une année si fertile en événemens. Que si l'on m'objecte encore que ce ne sera pas là un juste pronostic de l'avenir, parce qu'on a fait naître autour de nous trop de tumultes et d'agitations pour que nous ayons pu avancer vers cette perfection sociale : j'en conviendrai ; et cela même servira à montrer combien ces tumultes et ces agitations inutiles nous ont été préjudiciables ; et que par conséquent nous n'avancerons pas davantage à l'avenir, si nous ne prévenons pas les mêmes troubles.

En effet, comme l'année dernière, nous n'écoutons que nos caprices du moment; comme l'année dernière, nous oublions aujourd'hui la loi que nous avons faite hier. Nous poursuivons cette année les vendeurs d'argent comme les vendeurs de blé l'année dernière; comme l'année dernière, une partie du peuple se porte à des violences contre les grands d'autrefois; ils semblent croire que la liberté leur donne le droit d'opprimer ceux qui les opprimaient jadis, et que la verge de fer n'a fait que changer de main; comme l'année dernière, nous parlons de fermer nos portes, de retenir les gens par force; comme l'année dernière, des personnes à qui il plaît d'aller voyager, et qui ont le droit de faire en cela ce qui leur plaît, sont, au mépris des décrets de l'Assemblée nationale et des droits de l'homme, au mépris du sens commun, arrêtés, interrogés, leurs équipages livrés à des recherches inexcusables; comme l'année dernière, des comités d'inquisition fouillent dans les maisons, dans les papiers, dans les pensées, et nous les applaudissons; et qu'on ne me dise pas que ces soins et ces perquisitions ont eu quelques bons effets; car, outre que je pourrais le nier formellement, je dis que cette raison ne vaut rien; qu'un établissement mal conçu n'est jamais aussi utile un moment qu'il est nuisible à la longue; et qu'enfin on est bien loin d'un bon esprit public, quand on pense que le succès peut rendre bonne une chose essentiellement mauvaise; enfin, comme l'année dernière, une partie du peuple s'obstine à se mettre à la place des tribunaux, et se fait un jeu, un amusement, de donner la mort; et sans nos magistrats, sans nos gardes nationales, qui avancent l'ouvrage, quand nous restons en arrière, personne ne doute que des scènes de sang ne se renouvelassent à nos yeux.

Abominable spectacle! ignominieux pour le nom français! ignominieux pour l'espèce humaine! de voir d'immenses troupes d'hommes se faire, au même instant, délateurs, juges et bourreaux. Qu'on excuse, qu'on justifie même, sur la première effervescence du moment, sur le sentiment d'une longue oppression, sur l'irrésistible effet d'un changement total dans un grand peuple, ces catastrophes, qui furent funestes à des hommes chefs d'établissemens qui faisaient gémir la nation ; soit, j'y consens. Mais excusera-t-on ces supplices longs et laborieux, ces tortures subtiles et recherchées, auxquelles une populace impie a livré des victimes, pour la plupart innocentes? excusera-t-on ces exécrables railleries dont elle accompagnait leurs plaintes et leurs derniers momens? excusera-t-on, expliquera-t-on dans des hommes cette horrible soif de sang, cet horrible appétit de voir souffrir, qui les porte à se jeter en foule sur des accusés qu'ils n'ont jamais connus, ou sur des coupables dont les crimes ne les ont jamais atteints, ou encore sur des hommes surpris dans des délits de police, qu'aucune législation n'est assez barbare pour punir de mort; à vouloir les massacrer de leurs propres mains; à murmurer, à se soulever contre les soldats armés par la loi, qui viennent les leur arracher au péril de leur vie ?

Et qu'il se trouve des écrivains assez féroces, assez lâches pour se déclarer les protecteurs, les apologistes de ces assassinats! qu'ils osent les encourager! qu'ils osent les diriger sur la tête de tel ou tel! qu'ils aient le front de donner à ces horribles violations de tout droit, de toute justice, le nom de justice populaire! Certes, il est incontestable que tout pouvoir émanant du peuple, celui de pendre en émane aussi; mais il est bien affreux que ce soit le seul qu'il ne veuille pas exercer par représentans. Et c'est ici une des choses où les gens de bien ont le plus à se reprocher de n'avoir pas manifesté assez hautement leur indignation. Soit étonnement, soit désespoir de réussir, soit crainte, ils sont presque demeurés muets; ils ont détourné la tête avec un silence mêlé d'horreur et de mépris, et ils ont abandonné cette classe du peuple, aux fureurs, aux instigations meurtrières de ces hommes atroces et odieux, pour qui un accusé est toujours un coupable; pour qui la justification d'un innocent est une calamité publique; qui n'aiment la liberté que lorsqu'elle a des traîtres à punir; qui n'aiment la loi que lorsqu'elle prononce la mort; qui n'aiment les tribunaux que lorsqu'ils tuent; qui, lorsque la société s'est vue contrainte à verser du sang, l'en félicitent et lui en souhaitent, et lui en demandent encore; et dont les cris et les murmures, quand ils voient absoudre, ressemblent à la rage et aux grincemens de bêtes féroces, aux dents et aux ongles desquelles on vient d'arracher des corps vivans qu'elles commençaient à dévorer.

Mais quoi! tous les citoyens n'ont-ils pas le droit d'avoir et de publier leur opinion sur tout ce qui concerne la chose publique? assurément ils l'ont. Mais ils n'ont pas celui de prêcher la révolte et la sédition; et indépendamment de cela, quand même ils ne sortiraient pas des bornes que les lois doivent leur prescrire, il n'en serait pas moins possible, il n'en serait pas moins permis d'examiner où tendent leurs opinions, où tendent leurs principes et leur doctrine, et quelle sorte d'influence leurs conseils peuvent, doivent avoir sur cet esprit public dont nous sommes occupés ici. Or, à travers cet amas bourbeux de déclamations, d'injures, d'atrocités, cherchons s'ils veulent, s'ils approuvent, s'ils proposent quelque chose; si, après une critique bonne ou mauvaise de telle ou telle loi, ils indiquent au moins bien ou mal ce qu'ils jugent qu'on pourrait mettre à la place: non, rien. Ils contredisent, mais ils ne disent pas; ils empêchent, mais ils ne font pas. Quel décret de l'Assemblée nationale leur plaît? quelle loi ne leur semble point injuste, dure, tyrannique? quel établissement leur paraît bon, utile, supportable, si ce n'est peut-être ces établissemens, heureusement éphémères, qui servent à inquiéter les citoyens, à les soumettre à des perquisitions iniques, à les arrêter, à les emprisonner, à les interroger sans décret et sans forme de loi. Enfin, quel emploi, quel office, quelle chose, quelle personne publique a pu trouver grâce devant eux?

M. Bailly est porté par le suffrage public à la première magistrature de la cité; les gens de bien s'en réjouissent, et voient un encouragement au mérite et à la vertu dans l'élévation d'un homme qui doit tout au mérite et à la vertu. Mais sitôt que cet homme veut remplir sévèrement les devoirs de sa charge, en s'efforçant d'établir le bon ordre et l'union, de calmer et de concilier les intérêts divers, et d'empêcher que les ambitions particulières n'empiètent sur les droits d'autrui et sur la paix publique, le voilà dénoncé lui-même comme un ambitieux, comme un despote ennemi de la liberté. M. de la Fayette est mis à la tête de l'armée parisienne; de grandes actions exécutées pour une belle cause, à un âge où la plupart des autres hommes se bornent à connaître les grandes actions d'autrui, le rendent cher à tous ceux qui pensent et qui sentent : tout le monde applaudit. Mais, dès qu'avec beaucoup de courage, d'activité, de sagesse, il parvient à apaiser un peu les agitations de cette grande cité; dès qu'on le voit se porter de côté et d'autre en un instant et ramener la tranquillité, veiller à tout ce qui intéresse la ville au-dedans et au-dehors, contenir chacun dans ses limites, en un mot, faire son devoir : les voilà tous déchaînés contre M. de la Fayette; c'est un traître, un homme vendu, un ennemi de la liberté. L'abbé Sieyes, par des écrits énergiques et lumineux, et par son courage dans les états-généraux, jette les fondemens de l'Assemblée nationale et de notre constitution, et du gouvernement représentatif ; et tout se réunit pour admirer, respecter, honorer l'abbé Sieyes. Ce même abbé Sieyes s'oppose au torrent de l'opinion générale dans une matière où l'expérience a démontré qu'il avait raison ; il condamne les rigueurs exercées contre des personnes, lorsqu'il ne devait être question que des choses; il veut mettre un frein à l'intolérable audace des écrivains calomniateurs : et voilà l'abbé Sieyes devenu un ennemi de l'État, un fauteur du despotisme, un dangereux hypocrite, un courtisan déguisé. Voyez M. de Condorcet, qui depuis vingt ans n'a cessé de bien mériter de l'espèce humaine, par nombre d'écrits profonds destinés à l'éclairer et à défendre tous ses droits; voyez, en un mot, tous les hommes qui ont consacré au bien public, à la patrie, à la liberté, leur voix, ou leur plume, ou leur épée, tous, sans exception, se sont vus dénoncés dans ces amas de feuilles impures, comme ennemis de la liberté, du moment qu'ils n'ont pas voulu que la liberté consistât à diffamer au hasard, et à ouvrir des listes de proscrits dans les groupes du Palais-Royal.

Tel est l'esprit de cette nombreuse et effrayante race de libellistes sans pudeur, qui, sous des titres fastueux et des démonstrations convulsives d'amour pour le peuple et pour la patrie, cherchent à s'attirer la confiance populaire; gens pour qui toute loi est onéreuse, tout frein insupportable, tout gouvernement odieux ; gens pour qui l'honnêteté est de tous les jougs le plus pénible. Ils haïssent l'ancien régime, non parce qu'il était mauvais, mais parce que c'était un régime ; ils haïront le nouveau, ils les haïraient tous quels qu'ils fussent. D'une part, selon eux, les ministres du roi sont des perfides qui nous ruinent, qui appellent contre nous les armées étrangères, qui veulent ouvrir nos ports aux flottes ennemies ; de l'autre, selon eux aussi, l'Assemblée nationale elle-même est vendue, est corrompue, et conspire contre nous. Ainsi, tout ce qui nous fait des lois, tout ce qui nous les explique, tout ce qui les fait exécuter, tout ce qui nous entoure, est ennemi et coupable ; ainsi, nous ne devons nous fier qu'à ceux qui nous agitent, qui nous aigrissent contre tous, qui nous mettent des poignards à la main, qui nous indiquent de quoi tuer, qui nous demandent en grâce de les baigner dans du sang.

Si les criailleries de ces brouillons faméliques étaient généralement dévouées au mépris ou à l'oubli qu'elles méritent, les honnêtes gens ne daigneraient pas sans doute s'abaisser jusqu'à leur répondre, et ne voudraient pas, en les citant, leur donner une sorte d'existence. Mais il n'en est pas ainsi : ceux qui parlent ou écrivent de cette manière savent trop bien qu'elle est utile pour acquérir de la confiance ou de l'argent, et que la multitude aveugle, ignorante, et si long-temps opprimée, doit naturellement n'avoir que trop de penchant à écouter des soupçons de cette nature. Mais, que toutes les classes de citoyens examinent où nous conduiraient enfin tous ces furieux, qui ne conseillent que révolte et qu'insurrection, si leur doctrine était suivie. L'Assemblée nationale est le seul pouvoir qui existe en pleine activité; elle seule peut mettre en mouvement les autres pouvoirs constitués par elle au nom de la nation. Tous les pouvoirs anciens avaient été détruits : les uns, parce que leur existence s'opposait à l'établissement d'une constitution libre; les autres, parce qu'ils n'étaient qu'une suite et une dépendance des premiers; tous par l'irrésistible nécessité des choses. L'Assemblée nationale est donc la dernière ancre qui nous soutienne et nous empêche d'aller nous briser. L'Assemblée nationale a fait des fautes, parce qu'elle est composée d'hommes; parce que ces hommes, vu la manière dont ils ont été élus, devaient nécessairement être agités d'intérêts divers et incompatibles, parce que des hommes ne peuvent pas n'être point fatigués de l'immense quantité de travaux que l'Assemblée nationale a été contrainte de faire dans le même instant, et qu'elle a déjà si fort avancés. Mais son ouvrage même renferme déjà les germes de perfections dont il sera susceptible; mais les fautes qu'elle a pu commettre peuvent être réparées par ce qu'elle-même a fait; mais la souveraineté de la nation, l'égalité des hommes, et les autres immuables bases sur lesquelles elle a fondé son édifice, en assurent la durée, si nous-mêmes n'y mettons obstacle. Ainsi elle est l'unique centre autour duquel tous les citoyens honnêtes, tous les Français doivent se rallier; ils doivent tous l'aider de tout leur pouvoir à terminer son grand ouvrage, et à le transmettre à des mains instruites par elles à le perfectionner, à le consolider.

Je le répète donc : que tous les citoyens honnêtes contemplent et envisagent sans effroi, s'ils le peuvent, dans quel abîme nous jetteraient les conseils de ces perturbateurs séditieux. Il ne faut, pour faire cet examen, que de la bonne foi et une raison ordinaire; car, indépendamment de leurs violentes sorties contre l'Assemblée nationale elle-même, n'est-il pas évident que leur turbulente doctrine ne tend qu'à sa destruction, et par conséquent à la nôtre. En effet, si, comme ils le veulent, la plus nombreuse partie de la nation conservait ce goût et cette habitude des attroupemens tumultueux et des soulèvemens contre tout ce qui ne lui plairait pas, que deviendraient les travaux et l'industrie, qui seuls peuvent faire acquitter les impôts; c'est-à-dire, soutenir la fortune publique? Et ici je ne parle même pas des conseils donnés expressément et directement contre l'impôt même, lorsque l'Assemblée nationale en a allégé le poids autant que pouvaient le permettre nos pénibles circonstances. Je me borne à montrer l'effet naturel, certain, infaillible, que produirait cet esprit d'insubordination, de fermentation auquel le peuple a toujours du penchant, et que ses ennemis ont de tout temps cherché à lui faire regarder comme un de ses droits. Or, disais-je, n'est-il pas évident que, d'une part, les ouvriers et journaliers de tout genre, qui ne vivent que d'un travail constant et assidu, se livrant à cette oisiveté tumultueuse, ne pourraient plus gagner de quoi vivre; et bientôt, aiguillonnés par la faim et par la colère qu'elle inspire, ne pourraient avoir d'autre idée que d'aller chercher de l'argent dans les lieux où ils croiraient qu'il y en a? De l'autre, il est inutile de dire que les terres et les ateliers, délaissés par cet abandon, cesseraient de pouvoir produire le revenu des particuliers, qui fait seul le revenu public. Ainsi plus d'impôts; dès-lors plus de service public; déslors les rentiers réduits à la misère, et n'écoutant plus que leur désespoir; l'armée débandée, pillant et ravageant tout; l'infâme banqueroute nationale faite et déclarée; les citoyens armés tous contre tous. Plus d'impôts; dès-lors plus de gouvernement, plus d'empire; l'Assemblée nationale contrainte d'abandonner son ouvrage, dispersée, fugitive, errante; le feu et la mort partout; les provinces, les villes, les particuliers s'accusant réciproquement des malheurs communs; les vengeances, les meurtres, les crimes; bientôt différens cantons les armes à la main, cherchant à s'arranger entre eux ou avec les peuples voisins; la France déchirée dans les convulsions de cette anarchie incendiaire, bientôt mise en pièces, et n'existant plus; et ce qui survivrait de Français, dévoué à l'esclavage, à l'opprobre qui accompagne la mauvaise conduite et l'infidélité dans les engagemens, à la risée des tyrans étrangers, aux mépris, aux malédictions, aux reproches de toutes les nations de l'Europe.

Car il ne faut point le perdre de vue : la France n'est point dans ce moment chargée de ses seuls intérêts; la cause de l'Europe entière est déposée dans ses mains. La révolution qui s'achève parmi nous est, pour ainsi dire, grosse des destinées du monde. Les nations qui nous environnent ont l'œil fixé sur nous, et attendent l'événement de nos combats intérieurs avec une impatience intéressée et une curieuse inquiétude; et l'on peut dire que la race humaine est maintenant occupée à faire sur nos têtes une grande expérience. Si nous réussissons, le sort de l'Europe est changé; les hommes rentrent dans leurs droits, les peuples rentrent dans leur souveraineté usurpée; les rois, frappés du succès de nos travaux et séduits par l'exemple du roi des Français, transigeront peut-être avec les nations qu'ils seront appelés à gouverner ; et peut-être, bien instruits par nous, des peuples plus heureux que nous parviendront à une constitution équitable et libre, sans passer par les troubles et les malheurs qui nous auront conduits à ce premier de tous les biens. Alors la liberté s'étend et se propage dans tous les sens, et le nom de la France est à jamais béni sur la terre. Mais s'il arrivait que nos dissensions, nos inconséquences, notre indocilité à la loi, fissent crouler cet édifice naissant, et parvinssent à nous abîmer dans cette dissolution de l'empire ; alors, perdus pour jamais, nous perdons avec nous pour long-temps le reste de l'Europe ; nous la reculons de plusieurs siècles ; nous appesantissons ses chaînes, nous relevons l'orgueil des tyrans; le seul exemple de la France, rappelé par eux aux nations qui essaieraient de devenir libres, leur feront baisser les yeux : « Que ferons-nous ? se diraient-elles : avons-nous plus de lumières, plus de ressources que les Français ? Sommes-nous plus riches, plus braves, plus nombreux ? Regardons ce qu'ils sont devenus, et tremblons. » La liberté serait calomniée ; nos fautes, nos folies, nos perversités ne seraient imputées qu'à elle ; elle-même serait renvoyée parmi ces rêves philosophiques, vains enfans de l'oisiveté ; le spectacle de la France s'élèverait comme un épouvantail sinistre pour protéger partout les abus, et mettre en fuite toute idée de réforme et d'un meilleur ordre de choses ; et la vérité, la raison, l'égalité, n'oseraient se montrer sur la terre que lorsque le nom français serait effacé de la mémoire des hommes.

Dirait-on que c'est exagérer les conséquences, que

c'est s'alarmer trop tôt, tandis que déjà, en plusieurs endroits, le peuple refuse violemment de payer des contributions justes, que l'on ne peut ni ne doit supprimer; tandis qu'une sédition contagieuse semble se répandre dans l'armée ; tandis que plusieurs de nos villes sont épouvantées des fureurs de soldats dignes des châtimens les plus sévères; de soldats qui pillent les caisses de leurs régimens, qui outragent, emprisonnent, menacent leurs officiers ; de soldats dont la nation avait amélioré le sort de toute manière; de soldats qui sont venus assister à une des plus imposantes, des plus augustes cérémonies qu'ait jamais vues un peuple libre, pour y jurer d'être fidèles à la loi, à la nation, au roi? Ils ne sont retournés dans leurs garnisons que pour être, à leur arrivée, rebelles à la loi, rebelles à la nation, rebelles au roi; et ils n'ont mis que l'intervalle d'un mois entre le serment et le parjure.

Je voudrais que ces personnes, dont je connais plusieurs, dignes d'estime, mais qui ne laissent pas d'être complètement tranquilles sur toutes ces fermentations populaires, de voir presque avec peine tous les efforts et les soins de la force publique pour les empêcher, et de regarder presqu'en pitié ceux qui s'en alarment ; je voudrais, dis-je, que pour nous rassurer entièrement, elles daignassent prendre la plume et nous prouver que ces fermentations, ces orages, cette tourmente prolongée ne conduisent pas où j'ai dit; qu'elles ne produisent pas l'esprit d'insubordination et d'indiscipline; ou bien, que cet esprit n'est pas le plus redoutable ennemi des lois et de la liberté. Je voudrais aussi qu'elles nous montrassent ce que pourrait devenir la France, si le gros du peuple français, las de ses propres imprudences, et de l'anarchie qui en serait la suite; las de ne pas voir arriver un terme qu'il aurait lui-même constamment éloigné, venait à croire que c'est là la liberté; à prendre en dégoût la liberté elle-même; et, comme le souvenir des maux passés s'efface promptement, finissait par regretter l'antique joug sous lequel il rampait sans trouble. Ces mêmes personnes ne cessent de nous répéter que les choses se conservent par les mêmes moyens qui les ont acquises. Si par-là elles veulent dire qu'il faut du courage, de l'activité, de l'union, pour conserver sa liberté comme pour la conquérir, rien n'est plus indubitable, et ne touche moins à la question; mais si elles entendent que dans les deux cas, ce courage, cette activité, cette union, doivent se manifester de la même manière et par les mêmes actions, cela n'est pas vrai; c'est le contraire qui est vrai : car, pour détruire et renverser un colosse de puissance illégitime, plus le courage est ardent, emporté, rapide, plus le succès est assuré. Mais après cela, quand la place est préparée, quand il faut reconstruire sur de vastes et durables fondemens, quand il faut faire après avoir défait : alors le courage doit être précisément le contraire de ce qu'il était d'abord; il doit être calme, prudent, réfléchi; il ne doit se manifester qu'en sagesse, en tenacité, en patience; il doit craindre de ressembler aux torrens qui ravagent et n'arrosent pas : d'où il suit que les moyens qui ont opéré la révolution, employés seuls et de la même manière, ne pourraient qu'en détruire l'effet, en empêchant la constitution de s'établir; d'où il suit encore que ces écrivains de fougueux pamphlets, ces effrénés démagogues qui, ennemis, comme nous l'avons vu, de tout gouvernement, de toute discipline, tonnèrent, au commencement de la révolution, contre les antiques abus, se trouvèrent alors avoir raison ; qu'ils se trouvèrent dans ce court instant réunis avec tous les gens de bien, à nous prêcher des vérités qui nous ont faits libres ; mais qu'ils ne doivent pas réclamer notre confiance comme une dette, et accuser nos mépris d'ingratitude, aujourd'hui qu'employant les mêmes expressions, les mêmes déclamations contre des choses absolument différentes, ils prêchent réellement une toute autre doctrine, qui nous conduirait à une autre fin.

J'oserai dire plus ; j'oserai dire que, surtout, lorsqu'un peuple commence ses établissemens politiques, il doit, s'il les veut durables, se méfier même des excès d'un enthousiasme honnête et généreux : car, dans cette ferveur première, rien ne paraît pénible ni difficile ; mais comme cette passion, portée à ce degré, est trop ardente et trop active pour ne pas bientôt se consumer d'elle-même, il se trouverait, lorsqu'elle serait calmée et que le peuple se serait rassis, que les institutions et les lois qui n'auraient pas eu d'autres bases, seraient, pour ainsi dire, dans une région trop élevée ; et ne portant plus sur aucune tête, en n'atteignant plus personne, n'auraient plus ni action ni objet, et seraient bientôt oubliées ; au lieu que les institutions, véritablement sublimes et éternelles, sont ces institutions vastes et fortes qui, ayant pour base et pour moyens toutes les facultés humaines, envisagées sous leurs rapports simples et habituels, saisissant ainsi et enveloppant les hommes dans tous leurs mouvemens, n'ont besoin d'un grand enthousiasme que pour s'établir, et ensuite continuent leur cours par le penchant naturel des choses, et n'exigent plus qu'un enthousiasme modéré, qu'elles-mêmes inspirent et alimentent.

Prévenons donc, il en est temps encore, tant et de si grands maux qui sont si près de nous. Nous marchons au bord des précipices; soyons calmes, attentifs, déterminés; donnons-nous le temps de saisir, de posséder profondément le sens et l'esprit des décrets, des institutions sur lesquelles notre avenir est fondé. Ce n'est point la méchanceté, c'est l'ignorance qui fait pécher le plus grand nombre. Les méchans ne sont jamais puissans que par l'ignorance de ceux qui les écoutent. Dans plusieurs endroits de la France, des magistrats, des pasteurs vraiment dignes de ce beau titre, se consacrent à expliquer à la classe la moins instruite les décrets de l'Assemblée nationale, à leur en montrer le but, à les leur traduire dans leur langage rustique, à leur en faciliter l'exécution. Dans ces cantons tout est paisible : ces hommes n'ont point ambitionné de s'élever sur un grand théâtre, et d'attirer sur eux tous les regards; mais ils auront rendu à la vérité, à la constitution, au bonheur public, plus de services que plusieurs dont les noms sont vantés. Puisse leur exemple être fécond! puisse-t-il réveiller par toute la France beaucoup de citoyens aussi respectables qui prennent sur eux un si noble, un si patriotique emploi! qu'ils instruisent le peuple, qu'ils lui montrent son bonheur, sa liberté dans ses devoirs; qu'ils lui rendent palpable et facile ce qu'il doit faire, et les moyens de le faire; qu'ils le conduisent par la main dans les routes nouvelles qui lui sont tracées; et bientôt, connaissant tous bien nos vrais intérêts, nous serons dociles et obéissans à la loi ; bientôt les principes du bonheur public ne seront plus une espèce de doctrine secrète entre les sages ; bientôt, dans toutes les classes, tous les citoyens sauront ce que tous doivent savoir :

Qu'il ne peut y avoir de société heureuse et libre sans gouvernement, sans ordre public ;

Qu'il ne peut y avoir de fortune privée, si le revenu public, c'est-à-dire, si la fortune publique n'est pas assurée ;

Que la fortune publique ne saurait être assurée sans ordre public ;

Que si dans les États despotiques on appelle ordre public l'obéissance aveugle aux caprices des despotes, sous une constitution libre et fondée sur la souveraineté nationale, l'ordre public est l'unique sauve-garde des biens et des personnes, l'unique soutien de la constitution ;

Qu'il n'est point de constitution, si tous les citoyens, affranchis de toute espèce de joug illégitime, ne sont unis de cœur à porter le joug de la loi, toujours léger quand tous le portent également ;

Que toute nation estimable se respecte elle-même ;

Que toute nation qui se respecte, respecte ses lois et ses magistrats choisis par elle ;

Qu'il n'est point de liberté sans loi ;

Qu'il n'est point de loi, si une partie de la société, fût-ce la partie la plus nombreuse, pouvait attaquer par violence et essayer de renverser l'ancienne volonté générale, qui a fait la loi, sans attendre les époques et observer les formes indiquées par la constitution ;

Que, comme M. de Condorcet l'a très-bien développé

dans un écrit publié depuis peu de jours, lorsque la constitution donne un moyen légal de réformer une loi que l'expérience a montrée fautive, l'insurrection contre une loi est le plus grand crime dont un citoyen puisse être coupable ; par ce crime il dissout la société autant qu'il est en lui : c'est là le vrai crime de lèze-nation ;

Qu'il n'est point de liberté, si tous n'obéissent point à la loi, et si aucun est contraint d'obéir à autre chose qu'à la loi et aux agens de la loi ;

Que nul ne doit être arrêté, recherché, interrogé, jugé, puni que d'après la loi, conformément à la loi et par les officiers de la loi ;

Que la loi ne peut s'appliquer qu'aux actions, et que les inquisitions sur les opinions et les pensées ne sont pas moins attentatoires à la liberté lorsqu'elles s'exercent au nom de la nation, que lorsqu'elles s'exercent au nom des tyrans.

Quand nous serons tous bien imbus de ces vérités éternelles, et devenues triviales parmi tous les hommes qui pensent, il nous sera facile de conclure que tous ceux qui nous inculquent sans relâche ces préceptes, source de tout bien, sont nos amis et nos frères ; que les autres, par leurs discours emphatiques, ne peuvent que nous tromper et nous nuire ; et nous commencerons à avoir des yeux pour regarder et pour voir, et nous commencerons à soupçonner d'où peuvent naître les maux qui nous affligent tous ; et l'artisan, le marchand, l'ouvrier, tous ceux qui vivent des détails de commerce, s'ils ne travaillent plus, si leur négoce languit, si leur industrie est contrainte de dormir, jugeront s'ils ne doivent pas s'en prendre aux fureurs, aux menaces, aux violences, qui, tenant éloignés de la France ou du grand jour grand nombre d'hommes opulens, dont les besoins et le luxe les aidaient à vivre, ont presque tari ces canaux de la prospérité privée. Et nos villes et nos campagnes commenceront à deviner à qui elles doivent attribuer, au moins en partie, ces révoltes de régimens parjures, et ces assassinats, ces incendies, ces brigandages si fréquens, qui souillent d'horribles, d'ineffaçables taches, une révolution qui n'aurait dû inspirer aux peuples étrangers et à la postérité que l'émulation et l'estime ; et nous tous, enfin, nous tous citoyens français, nous commencerons à entrevoir combien nous sommes redevables à ces prétendus patriotes, qui n'épargnent rien pour enraciner à jamais dans nos cœurs les haines, les vengeances et les discordes civiles.

Que si ensuite, essayant de pénétrer plus avant, nous examinons quels peuvent être leurs motifs à nous égarer ainsi, nous trouverons que puisqu'ils se sont séparés de l'intérêt public, leur sacrilége intérêt particulier les y excite fortement ; car un instinct qui ne les trompe pas, leur dit que dans le calme et la paix, le mérite, les talens, la vertu étant pesés dans une balance sévère, il n'est que la bruyante faveur populaire qui puisse les élever à ces succès lucratifs et rapides qui préviennent cet examen. Il leur importe donc de faire naître, d'agiter, d'aigrir toutes les passions populaires qui éloignent la paix. Il leur importe d'aller au-devant des désirs de la multitude, de la flatter, de la caresser aux dépens de qui il appartiendra ; de remplir ses oreilles de leur nom, et de gagner ainsi un puissant, quoique peu durable avantage sur ces citoyens incorruptibles, qui, moins jaloux des applaudissemens du peuple que de ceux de leur conscience, osent le braver pour lui être utile; l'abandonnent dès qu'il abandonne la justice; préfèrent sa reconnaissance à venir à sa faveur du moment, et savent enfin dédaigner la popularité pour mériter l'estime publique, quand la popularité et l'estime publique ne sont pas la même chose.

Nous demeurerons bien convaincus dès-lors, qu'il n'est rien sur la terre de plus coupable que ces hommes qui fatiguent ainsi l'esprit public, qui le font flotter d'opinions vagues en opinions vagues, d'excès en excès, sans lui donner le temps de s'affermir et de s'asseoir sur des principes stables et éternels; qui usent et épuisent l'enthousiasme national contre des fantômes, au point qu'il n'aura peut-être plus de force s'il se présente un véritable combat : et que si nous sommes assez insensés pour nous livrer à leur conduite, nous courons l'infaillible danger de tomber dans une anarchie interminable, destructrice certaine de notre constitution naissante, de notre liberté, de notre patrie. Aussi, tous ceux qui, follement ou odieusement attachés à l'ancien régime, n'ont pas honte de le regretter; tous ceux qui s'efforcent d'avilir l'Assemblée nationale, dont ils ont l'honneur d'être membres, par des oppositions déraisonnables soutenues de scandaleuses folies; tous ceux, enfin, qui ne veulent ni liberté, ni constitution, ni patrie, ne fondent-ils plus aucun espoir que sur les extravagantes fureurs de ces hommes-là. Ils redoutent, ils haïssent mortellement tous ces citoyens probes et sages qui, par un patriotisme mêlé de cette fermeté inflexible dans les choses et de cette modération dans les moyens qui composent la vraie équité, veulent élever la France à une prospérité inébranlable. Ils ont raison de haïr et de craindre ces derniers, car ce sont leurs vrais ennemis, et par conséquent nos vrais amis; mais pour les autres, ils ont tout à en attendre: ce sont donc leurs vrais amis, leurs amis réels, et par conséquent nos vrais ennemis: et, quelle que soit la différence de langage de ces deux partis, puisqu'ils tendent au même but, puisque le succès de l'un amènerait infailliblement ce que l'autre désire, il est palpable qu'ils ne doivent être à nos yeux qu'un seul et même parti.

Ainsi, nous connaîtrons qui nous devons écouter, qui nous devons craindre; ainsi, nous saurons à quels hommes nous devons les maux passés et présens: et nous les punirons, non point par ces soulèvemens tumultueux et cruels, par ces persécutions acharnées, qui montreraient que nous ne serions pas encore tout-à-fait sortis de leur école, mais par un repentir notoire de toutes les violences, de toutes les imprudences qu'ils nous ont déjà fait commettre, par un désir efficace de les réparer; et pour eux, par une défiance éternelle et un intarissable mépris.

Nous avons été conduits à ces conclusions par un enchaînement simple de principes et de conséquences. Si j'en ai interverti l'ordre naturel, si j'y ai mêlé de faux raisonnemens et des sophismes, que sans emportement, sans injure, quelqu'un prenne la plume et me réfute; mais jusque-là, qu'il me soit permis d'attester hautement les bons esprits de tous les temps et de tous les pays éclairés, et de les sommer de me dire si ce n'est point là la doctrine qu'ils professent tous; si dans ce cercle ne sont point renfermés tous les devoirs de l'homme citoyen ; s'il est d'autre avis que l'on doive donner aux hommes pour qu'ils soient libres et justes ; s'il est d'autres notions dont les amis du peuple français doivent remplir ses oreilles, son cœur, sa pensée, sa mémoire, pour établir sa félicité sur des principes solides et immuables.

Et plût au ciel que tous les vrais citoyens, tous les vrais patriotes, tous les vrais Français, épouvantés des hasards qui nous menacent, stimulés par une crainte réellement fondée, se tinssent tous par la main, et fissent tous ensemble, je dirais presqu'un vertueux complot, une conspiration patriotique pour répandre cette doctrine salutaire et dissoudre cette redoutable ligue des ennemis de la paix, de l'ordre, du bonheur public! Qu'ils tinssent les yeux ouverts sur toutes ses démarches ; qu'aucun de ses mouvemens ne leur échappât; et que, non contens de l'emporter par la droiture des intentions ou par celle du jugement, ils apprissent encore à lutter de force et d'adresse contre ces dangereux adversaires.

Mais il est bien vrai que, dans les combats de cette espèce, les hommes qui, sous un masque imposant de rigidité patriotique, ne veulent qu'asservir les suffrages, maîtriser les jugemens et égarer les opinions de leurs contemporains, ont et doivent naturellement avoir beaucoup plus d'activité, de vigilance, de rapidité dans les résolutions, que les vrais citoyens, qui ne veulent que maintenir leurs droits et les droits de tous, et qui ne veulent point faire de la chose publique leur chose privée. En effet, les premiers, ne voyant rien que le but de leur ambition, ne ménagent rien pour y parvenir; toute arme, tout moyen leur est bon, pourvu que les obstacles soient levés. Ils savent d'ailleurs qu'ils n'ont qu'un moment, et que, s'ils laissent aux humeurs populaires le temps de s'apaiser, ils sont perdus. Ainsi, tout yeux, tout oreilles, hardis, entreprenans, avertis à temps, préparés à tout, ils pressent, ils reculent, ils s'élancent à propos, ils se tiennent, ils se partagent ; leur doctrine est versatile, parce qu'il faut suivre les circonstances, et qu'avec un peu d'effronterie les mêmes mots s'adaptent facilement à des choses diverses ; ils saisissent l'occasion, ils la font naître, et finissent quelquefois par être vainqueurs : quittes ensuite, lorsque l'effervescence est calmée, mais que le mal est fait, à retomber dans un précipice aussi profond que leur élévation avait été effrayante et rapide.

Tandis que souvent les fidèles sectateurs de la vérité et de la vertu, craignant de les compromettre elles-mêmes par tout ce qui pourrait ressembler à des moyens indignes d'elles ; ennemis de tout ce qui peut avoir l'air de violence, se reposant sur la bonté de leur cause, espérant trop des hommes, parce qu'ils savent que tôt ou tard ils reviennent à la raison ; espérant trop du temps, parce qu'ils savent que tôt ou tard il leur fait justice, perdent les momens favorables, laissent dégénérer leur prudence en timidité, se découragent, composent avec l'avenir, et, enveloppés de leur conscience, finissent par s'endormir dans une bonne volonté immobile et dans une sorte d'innocence léthargique.

De plus, il ne faut point, avant de finir, omettre une réflexion d'une haute importance, et qui mérite d'être mûrement considérée par tous ceux qui veulent sincèrement le bien : c'est que les orateurs qui excitent les hommes à ces méfiances indistinctes, à cette fermentation vague et orageuse, à cette insubordination funeste et outrageante, ont un bien grand avantage sur ceux qui les rappellent à la modération, à la fraternité, à l'examen tranquille et impartial des accusations, à l'obéissance légitime ; en ce qu'ils trouvent dans le cœur humain et dans la nature des choses de bien plus puissans mobiles de persuasion. Les uns aigrissent nos soupçons contre les hommes éminens, et le peuple est naturellement soupçonneux contre tous ceux que lui-même a élevés au-dessus de lui ; ils nous alarment toujours sur de nouveaux périls, et le peuple a besoin de s'alarmer ; ils nous excitent à faire usage et montre de nos forces et de notre pouvoir, et c'est ce que les hommes aiment le mieux : tandis que les autres ne peuvent nous rassurer qu'en nous invitant à des discussions que le plus grand nombre ne peut pas faire ; qu'ils ne peuvent nous faire sentir la nécessité de modérer nous-mêmes l'usage de nos forces, qu'en nous présentant des considérations morales, bien faibles contre ce que nous regardons comme notre intérêt pressant.

Ainsi, les uns n'ont besoin que de tout confondre dans leurs discours, de nous frapper les yeux par des chimères colossales, de transporter sur des classes entières de citoyens les crimes de quelques individus, de revêtir leurs tableaux de couleurs fortes et pathétiques, si faciles à trouver lorsqu'on ne respecte rien, et de nous assourdir en plaçant à grands cris et à tout propos les noms des choses les plus sacrées, pour nous entraîner, nous égarer et nous rendre fous et injustes : au lieu que les autres ont besoin, pour nous calmer et nous rendre justes et sages, d'employer des divisions, des distinctions d'idées qui échappent à l'attention vulgaire, et des raisonnemens compliqués qui ont besoin, pour être sentis, de ce sang froid équitable que la multitude n'a pas, et non de ces passions irritables qu'elle a toujours.

Ainsi, par notre nature, nous allons au-devant des uns, nous évitons les autres : les uns, en nous guidant où nous voulons aller, sont écoutés avec amour; tandis que les autres, nous retenant malgré nous, sont écoutés souvent avec estime, mais toujours avec répugnance : les uns, enfin, nous montrent la douceur de vivre sans frein; les autres nous présentent sans cesse le frein sévère de la raison, frein que nous recevons quelquefois, mais que nous mordons toujours. Ainsi, pour ouvrir l'oreille à la paisible vérité et repousser le turbulent mensonge, nous sommes contraints de lutter contre nous-mêmes, et de nous défier de ce qui nous plaît, opération toujours difficile et qui suppose déjà un certain degré de sagesse : et c'est là ce qui explique, en tout pays, le pouvoir effrayant des délateurs dont les histoires antiques et modernes offrent tant de sanglans témoignages ; et c'est là aussi ce qui explique parmi nous le prodigieux succès des perfides ou des fanatiques excitateurs de troubles, quoiqu'ils n'aient sur leurs adversaires ni l'avantage de la vérité, ni certes celui des lumières et des talens.

Et qu'on ne m'objecte pas que je les ai tous confondus ensemble, sans distinguer mes accusations contre chacun d'eux; car c'est collectivement et en masse qu'ils sont redoutables, séparément ils n'existent pas.

J'ai, ce me semble, établi sur des notions assez claires, et fait reconnaître à des signes assez évidens, quels sont les vrais amis et les vrais ennemis du peuple; j'ai aussi suffisamment démontré combien il importe de les bien connaître et de ne pas s'y tromper. Puissé-je n'avoir point nui à l'intérêt du sujet; et puisse ce travail, qui au moins par son objet n'est pas inutile à la chose publique, trouver un grand nombre de lecteurs! S'il peut seulement aider quelque citoyen honnête, mais aveugle et imprudent, à ouvrir les yeux sur les dangers qui nous environnent tous; s'il peut enhardir quelque citoyen honnête et éclairé, mais tiède et timide, à se déclarer ouvertement en faveur de l'ordre public, de la vraie liberté, du vrai patriotisme, contre la fausse liberté, le faux patriotisme, l'enthousiasme théâtral et factice, je ne croirai pas avoir perdu ma peine. J'espère, je l'avouerai, que mon ouvrage pourra produire cet effet. J'avais résolu, dans le commencement, de ne point essayer de sortir de mon obscurité dans les conjonctures présentes, de ne point faire entendre ma voix inconnue au milieu de cette confusion de voix publique et de cris particuliers, et d'attendre en silence la fin de l'ouvrage de nos législateurs, sans aller grossir la foule de ces écrivains morts-nés que notre révolution a fait éclore. J'ai pensé depuis que le sacrifice de cet amour-propre pouvait être utile, et que chaque citoyen devait se regarder comme obligé à cette espèce de contribution patriotique de ses idées et de ses vues pour le bien commun. J'ai, de plus, goûté quelque joie à mériter l'estime des gens de bien, en m'offrant à la haine et aux injures de cet amas de brouillons corrupteurs que j'ai démasqués. J'ai cru servir la liberté, en la vengeant de leurs louanges : si, comme je l'espère encore, ils succombent sous le poids de la raison, il sera honorable d'avoir, ne fût-ce qu'un peu, contribué à leur chute; s'ils triomphent, ce sont gens par qui il vaut mieux être pendu que regardé comme ami.

Je n'ai pas eu la prétention de dire des choses bien neuves, et d'ouvrir des routes profondes et inconnues; et, tout en avouant qu'une pareille tâche eût été fort au-dessus de moi, je ne laisserai pas d'ajouter que rien n'eût été plus inutile. Heureusement, les principes fondamentaux du bonheur social sont aujourd'hui bien connus et familiers à tous les hommes de bien qui ont cultivé leur esprit; il ne s'agit que de les propager, de les disséminer, de les faire germer dans cette classe très-nombreuse qui renferme quantité de citoyens vertueux et honnêtes, mais à qui la pauvreté et une vie toute employée aux travaux du corps, n'ont pas permis de perfectionner leur entendement par ces longues réflexions, par cet apprentissage de la raison, par cette éducation de l'esprit qui seule enseigne aux hommes à rappeler à des principes certains et simples toutes les actions de la vie humaine. Voilà à quel défaut il s'agit de suppléer en eux. Il ne s'agit que de leur faire comprendre, voir, toucher, qu'il n'est, je le répète, comme il faut le leur répéter, qu'il n'est point de bonheur, de bien-être, de contentement sur la terre, sans l'amour de l'ordre et de la justice, sans l'obéissance aux lois, sans le respect pour les propriétés et pour tous les droits d'autrui; que le salut public, la prospérité nationale et particulière n'est que là. Et si, pour cet effet, tous les citoyens sages et vertueux s'associaient en une ligue active et vigilante; si, sans se piquer de dire des vérités neuves, ils se bornaient à manifester hautement, en toute occasion, les sentimens qui leur sont communs à tous; s'ils les prêchaient en tous lieux, s'ils réunissaient leurs voix à élever une forte clameur publique en faveur de la justice, du bon sens et de la raison : la justice, le bon sens, la raison triompheraient toujours, et les cris des sots et des méchans seraient toujours étouffés.

Tels sont les motifs qui ont donné naissance à cet écrit, pour lequel je ne demande point d'indulgence; les principes dont il est rempli n'en ont pas besoin : et quant au style, il me suffit qu'on le trouve clair et simple.

Passy, 24 août 1790.

RÉFLEXIONS

SUR

L'ESPRIT DE PARTI.

L'ASPECT de tout ce qui se passe sous nos yeux, dans ces temps si féconds en événemens, m'a fait jeter sur le papier, sans dessein et sans suite, quelques réflexions sur l'esprit de parti. Jamais matière ne fut plus abondante; et jamais écrit sur cette matière ne put paraître plus à propos. Je me suis donc déterminé à les publier comme elles me sont venues, sans essayer de les lier par un meilleur ordre, auquel elles auraient gagné au moins d'être sans doute abrégées. Je sens qu'elles pourraient être plus courtes, et renfermer plus de choses. Mais je ne les croirai pas inutiles, si elles sont cause que d'autres, voyant ce qui me manque, prennent la plume, et disent plus et mieux que moi. Il serait bon que tous les citoyens honnêtes et bien intentionnés représentassent comme en un tableau les diverses choses qui les ont frappés. Je crois que peindre les vices, c'est travailler à leur destruction.

La peur, qui est un des premiers mobiles de toutes les choses humaines, joue aussi un grand rôle dans les révolutions. Elle prend le nom de prudence; et sous prétexte de ne pas vouloir compromettre la bonne cause, elle reste muette devant la faction dominante, tergiverse, ne dit la vérité qu'à moitié ; et seconde par cette mollesse les entreprises d'un petit nombre d'audacieux, qui s'embarrassent peu que les gens de bien les estiment ou les approuvent, pourvu qu'ils se taisent et les laissent faire.

L'homme vertueux et libre, le vrai citoyen ne dit que la vérité, la dit toujours, la dit toute entière. Dédaignant la popularité d'un jour, n'aspirant à se rendre considérable aux yeux des hommes que par son invincible fermeté à soutenir ce qui bon et juste, il hait, il poursuit la tyrannie partout où elle se trouve. Il ne veut d'autre maître que la volonté nationale, connue et rédigée en loi ; il veut lui obéir, et que tous obéissent comme lui. Il ne feint pas de prendre pour la nation quelques centaines de vagabonds oisifs. Il n'excusera pas sans cesse avec une respectueuse terreur *le patriotisme égaré de Mesdames de la Halle*; il ne veut pas plus de leurs priviléges que de ceux des femmes de cour. Des voyageurs arrêtés, des voitures fouillées et retenues au hasard, et sans ordre du magistrat, tant d'autres tumultueux *Plébiscites* ne valent pas mieux à ses yeux que des lettres-de-cachet; il ne le dissimule pas : il ne sait pas plus ramper dans les rues que dans les antichambres.

Aujourd'hui que toutes les passions sont agitées par les contradictions, par les outrages, par le spectacle du mouvement général; qu'un grand nombre de places élec- tives ont réveillé toutes les ambitions à la fois : tous les partis, toutes les opinions se bravent et s'intimident tour à tour. Plusieurs hommes, effrayés, étourdis de tout ce bruit, même quand c'est eux qui l'ont fait, déses- pèrent, crient que tout est perdu, que rien ne peut aller. Mais ils ne voient pas que toutes ces clameurs qui les épouvantent, ne partent que d'un très-petit nombre de citoyens, qui sont partout les mêmes ; que cet enthousiasme ardent et exagéré, qu'inspirent nécessai- rement aux hommes de grands changemens et de grands intérêts dont ils ne s'étaient jamais occupés, se consume et s'épuise bientôt par sa propre violence ; que la grande partie de la nation, cette classe laborieuse et sage de marchands, de commerçans, de cultivateurs, a besoin de la paix établie sur de bonnes lois ; qu'elle la veut, que c'est pour elle surtout que s'est faite la révolution, que c'est elle surtout qui peut la soutenir par son cou- rage, sa patience, son industrie.

C'est là vraiment le peuple français. Je ne conçois pas comment tant de personnes, et même des législateurs, se rendent assez peu compte de leurs expressions, pour prodiguer sans cesse ces noms augustes et sacrés de *Peuple*, de *Nation*, à un vil ramas de brouillons, qui ne fe- raient pas la centième partie de la nation : mercenaires étrangers à toute honnête industrie; inconnus et invisi- bles, tant que règne le bon ordre; et qui, semblables aux loups et aux serpens, ne sortent de leurs retraites que pour outrager et nuire. L'établissement des clubs et de ces assemblées où l'on discute bien ou mal les prin- cipes de l'art social, est très-utile à la liberté, quand ces sociétés se multiplient beaucoup et sont de facile accès, et composées de membres très-nombreux. Car, il est impossible qu'à la longue, beaucoup d'hommes rassemblés et délibérant au grand jour, s'accordent à soutenir des idées fausses, et à prêcher une doctrine pernicieuse. Mais l'instant de la naissance de ces sociétés est et doit être celui où une espèce de rivalité les anime les unes contre les autres. Chacun s'attache exclusivement à celle dont il est, où il a parlé, où il a été applaudi : et si, ce qui est vraiment dangereux et redoutable, elles ont le désir d'influer d'une manière active sur le gouvernement et sur l'opinion publique, alors elles s'épient, s'attaquent, s'accusent mutuellement; la moindre différence dans les choses ou dans les expressions, est présentée comme un schisme, comme une hérésie ; elles finissent par ressembler à ces antiques congrégations de moines, qui, toutes ennemies entre elles, quoique annonçant toutes le salut, ne voulaient que lutter de crédit et de puissance, en prônant, à l'envi l'une de l'autre, l'efficacité de leurs reliques et les miracles de leurs saints.

Nous avons vu détruire les corps : il faut plus de temps pour détruire l'esprit de corps. C'est l'incurable maladie de tous les caractères ardens, joints à un jugement faible et à un esprit sans culture. On s'appuie sur ses voisins, et on croit marcher; on répète, et on croit dire.

C'est surtout dans les momens de réformes et d'innovations, que celui qui veut demeurer sage et conserver son jugement sain et incorruptible, doit penser, méditer, réfléchir seul, ne s'attacher qu'aux choses, et négliger absolument les personnes. S'il fait autrement, s'il se crée des idoles ou des objets d'inimitié, il n'est bientôt plus qu'un homme de parti. La raison lui paraît démence dans telle bouche; l'absurdité, sagesse dans telle autre : il ne juge plus les actions que par les hommes, et non les hommes par les actions.

Souvenons-nous bien que toutes les personnes, que tous les clubs, que toutes les coteries délibérantes ou non délibérantes passeront, que la liberté restera : parce que la France entière la connaît, la veut, la sent. Que le fond de la constitution restera à jamais : parce qu'il n'a point pour base de vaines fantaisies ou des conventions momentanées, mais tous les rapports qui découlent nécessairement de la nature de l'homme et de celle de la société.

Les petites républiques d'Italie, avant de tomber entre les mains de divers princes étrangers, parlaient beaucoup de la liberté qu'elles ne connaissaient pas. Entièrement dépourvues de toutes les idées qui mènent à un bon gouvernement, elles étaient abandonnées à des factions capricieuses, qui, sans poser aucun principe, sans rien instituer qui pût être durable, se bornaient à se proscrire et à s'exiler mutuellement tour à tour. La France n'est point dans cet état; et les Français sont beaucoup plus divisés par les haines que par les opinions. Les principes reconnus et établis par l'Assemblée nationale, sont ceux que tous les bons esprits de tous les temps ont annoncés en tout ou en partie comme les vrais fondemens du pacte social. Leur évidence a frappé la presque totalité de la nation. Plusieurs même des mécontens les adoptent souvent dans la discussion. Il n'y a donc que les fausses conséquences que l'intérêt de quelques particuliers en a su tirer, et que les injustices auxquelles ils les ont fait servir de prétexte, qui aient pu élever contre eux un si grand nombre d'ennemis.

Ne sont-ils donc pas bien condamnables, ceux qui semblent avoir pris à tâche d'entretenir cette aigreur dans les esprits, d'envenimer les plaies dès qu'elles paraissent prêtes à se fermer; de réveiller les passions dès qu'elles semblent s'assoupir; et de ranimer sans cesse cette fermentation populaire, que les lois doivent craindre dès qu'elles ne peuvent pas l'arrêter?

Quelques-uns disent que cela sert à intimider les ennemis du dedans et du dehors. Je dirais que la raison et l'expérience montrent que cela doit produire l'effet contraire. Mais il ne faut pas répondre sérieusement à des discours qui ne sont que de vaines défaites.

Examinons un des moyens les plus sûrs et le plus souvent employés, dans tous les temps, pour tenir la multitude en haleine : les délations. Nous en avons été inondés pendant deux ans. Qu'a-t-on découvert? quel crime a été démontré? Et alors que de tristes infamies nous avons vues en pure perte! Les dénonciations les plus vagues et les plus odieuses accueillies avec éloge; les parentés, les amitiés, suspectes ou perfides; les épanchemens d'une confiance antique portés à une audience; des convives ne rougissant pas de venir révéler les propos tenus à la table hospitalière où ils s'étaient assis; des citoyens, assemblés en espèce de tribunal, ne rougissant pas de recevoir cette honteuse déposition; des écrivains ne rougissant pas de décorer du nom de civisme cette lâcheté méprisable.

Nous respirions; le mauvais succès de ces délateurs les avait réduits au silence : et voilà que des sociétés entières les excitent de nouveau, les appellent au secours de la patrie, se déclarent solidaires pour eux. Je suis persuadé que de bonnes intentions ont dicté ces démarches; mais quel en peut être l'effet? Elles rendront les délations plus fréquentes : les rendront-elles plus croyables, plus vraies, plus utiles? Si une délation accompagnée de preuves est l'acte d'un bon citoyen, un amas de délations bientôt reconnues fausses n'a-t-il pas deux effets nuisibles: d'effrayer les gens de bien, et de rassurer les méchans? N'a-t-il pas celui de corrompre les hommes simples? de les rendre haineux et malveillans, de leur inspirer de la méfiance contre le tribunal dont la décision ne justifiera pas leur préjugé? de leur laisser une longue prévention contre des accusés absous? ce qui n'est pas à négliger dans une constitution comme la nôtre, où une ambition honnête n'a d'autre voie pour s'élever que l'estime et le suffrage public; et surtout aujourd'hui, une telle mesure n'est-elle pas plus imprudente que jamais?

Encore une fois, je ne suis pas de ceux qui, prêts à imiter eux-mêmes les emportemens qu'ils blâment, attribuent d'abord à toute une société les projets les plus désastreux et les vues les plus criminelles : je sais que, dans tous les temps où de grandes nouveautés et de puissans intérêts font naître des troubles et des factions, beaucoup d'hommes aveugles et passionnés, mais honnêtes, sont entraînés par trois ou quatre méchans habiles et ambitieux; mais il est déplorable que ces sociétés ne voient pas que, par un tel exemple, elles contribuent à tenir le peuple entier dans cette agitation qui éloigne tout établissement. Ces commotions se communiquent au loin; tout s'agite : la vraie populace, c'est-à-dire, cette partie du peuple qui n'a ni propriété, ni domicile, ni industrie, devient l'arme de qui veut s'en servir : de-là pillages, meurtres, incendies, attroupemens séditieux qui demandent des têtes, qui menacent l'Assemblée nationale elle-même, qui s'appellent insolemment la nation, comme si les citoyens paisibles, qui vaquent à leurs affaires domestiques en obéissant aux lois, étaient des esclaves ou des étrangers. Des écrivains avides alimentent ce feu, sachant que, dans les temps de trouble, on n'est pas lu et on ne vend pas ses feuilles, si l'on parle de concorde et de raison. Chaque jour, quelque nouveau crime, quelque nouveau danger est pathétiquement révélé aux plus crédules, pour leur apprendre à inquiéter, à tourmenter au hasard ceux qu'on leur désigne comme ennemis; à ressusciter cette exécrable coutume des otages qui rend le fils présent responsable des fautes du père absent; à se défier de leurs législateurs, de leurs magistrats, de leurs généraux, de tous les officiers publics, qui ne peuvent rien que par la confiance publique; à les embarrasser d'obstacles, de dégoûts, de violences; à sévir eux-mêmes contre des hommes vaguement accusés qui peuvent être coupables, mais qui, suivant l'expression de ce sage et vertueux Tacite, condamnés *sans être entendus et sans défense, meurent comme meurt un innocent.*

Si tous ces excès ont trouvé parmi nous des apologistes, ne nous étonnons pas que l'on ait montré un peu trop d'indulgence pour un pernicieux exemple de la commune d'Arnay-le-Duc, qui, malgré les lois et malgré l'Assemblée nationale, s'obstinait à vouloir retenir Mesdames tantes du roi, dont le voyage a fait dire et faire tant de sottises. On a dit, pour excuser cette absurdité, qu'elle avait sa source dans le patriotisme; et moi, je dis qu'elle pourrait bien n'avoir sa source que dans cette fureur qui tourmente la plupart des hommes, d'exercer un empire quelconque, de soumettre quelqu'un à leur seule autorité, et de s'élever par la force au-dessus de la place que les lois et la raison leur ont marquée.

Un grand mal est que cette erreur, et d'autres semblables, qui peut-être ne tarderont pas d'avoir lieu, appuieront trop bien les sophismes de quelques déclamateurs, qui, suivant leur coutume, faisant envisager cette inquiétude insensée de quelques villages comme *le vœu de la nation*, essaieront, par ce moyen, inutilement sans doute, d'arracher à l'Assemblée nationale cette loi sur les émigrans, dont la seule proposition eût dû être rejetée avec mépris : loi imprudente et vexatoire, ennemie du commerce et de la liberté, et heureusement aussi impossible à écrire qu'à exécuter.

Toutes les bonnes lois sont des lois contre l'émigration : faites exécuter les lois qui sont déjà faites ; que toute propriété soit inviolable, que les seuls agens de la loi commandent, que tout citoyen paisible soit en sûreté, que des soupçons vagues ne donnent pas lieu aux inquisitions, aux diffamations, et chacun restera dans ses foyers. Vous pouvez tout cela ; et, quand vous ne le faites point, vous n'avez pas plus le droit que le pouvoir de retenir ceux qui ne veulent point vivre parmi vous : et il n'est vraiment pas concevable que ce soit aux hommes qui ont détruit la Bastille, qu'il faille apprendre combien il est absurde et infâme de vouloir empêcher de sortir d'un lieu où l'on n'est pas bien.

J'ai entendu des partisans de cette loi s'étendre beaucoup sur plusieurs idiots fanatiques, ou brigands incendiaires, qui sont, dit-on, parmi les Français absens, et qui cherchent partout de l'argent et des troupes pour rentrer dans leur patrie les armes à la main, et asservir par le fer et le feu la volonté nationale à leur intérêt et à leur volonté. Mais des hommes qui tenteraient d'exécuter ces détestables projets ne s'appellent pas des émigrans; ce seraient des assassins et des parricides, qui, du moment qu'ils poseraient un pied hostile sur le sol français, ne devraient y trouver qu'une loi de proscription qui ne leur laisserait que le choix de se faire tuer sur le champ de bataille ou de périr sur l'échafaud. Et j'ajouterai que ce n'est qu'avec de l'union et un courage calme et clairvoyant, que l'on peut prévenir ou repousser de telles attaques, s'il est vrai que nous en soyons menacés.

Quelqu'un a dit que si l'on agit comme la révolution étant finie, elle ne se finira jamais; et moi, je réponds que si l'on se persuade toujours que la révolution n'est pas finie, et que si l'on agit toujours comme la révolution n'étant pas finie, c'est alors qu'elle ne se finira jamais. Je sais fort bien que l'organisation d'une partie du gouvernement, beaucoup trop retardée, n'est pas encore achevée. Mais quoi! suit-il de-là que les troubles, les inquiétudes, les sacrifices, les travaux de deux années, ne nous ont pas plus avancés que si nous fussions demeurés tout ce temps-là dans la plus profonde léthargie? Y a-t-il maintenant assez de lois faites pour que tous les citoyens connaissent bien leur état et leur devoir? oui. Y a-t-il des tribunaux? oui. Y a-t-il des administrateurs? oui. Y a-t-il une force publique suffisante pour faire exécuter la loi quand on le voudra réellement? oui. Qu'y aura-t-il donc de plus, quand on nous dira que la révolution est finie, et que le règne des lois a commencé? Certes, au moment où toutes ces institutions nouvelles entrent en activité, s'écrier ainsi qu'elles n'existent même pas, n'est propre qu'à les étouffer dès leur naissance, à les rendre méprisables aux yeux des faibles et des ignorans qui croiront que nos lois ne sont que des jeux, et nos magistrats de vains fantômes. Et tout justifier sans cesse en répétant que c'est la faute du moment, n'est que le vrai moyen d'éterniser ce moment.

C'est ici le lieu de se souvenir de quelques personnages, qui, voilant leur ambition ou leur triste insensibilité sous une affectation de patriotisme stoïque, déclarent abhorrer ces mots d'*ordre*, d'*union* et de *paix*; car, disent-ils, c'est le langage des hypocrites. Ils ont raison, il est vrai, ces mots sont dans la bouche des hypocrites; et ils doivent y être, car ils sont dans celle de tous les gens de bien; et l'hypocrisie ne serait plus dangereuse, et ne mériterait pas son nom, si elle n'avait l'art de ne répéter que les paroles qu'elle a entendu sortir des lèvres de la vertu; et certes, tant de fougueux démagogues, tant de héros d'un jour seraient bientôt démasqués, s'ils n'avaient pas cet art insidieux, s'ils ne s'emparaient pas de ces noms de liberté, d'égalité, de bien public, d'amour de la patrie, et de tout ce qu'il y a de sacré pour les ames honnêtes, afin d'en couvrir leurs projets, leurs vengeances, leurs fureurs; et c'est ainsi qu'ils se revêtent d'une autorité censoriale, qu'ils distribuent des brevets de civisme : quiconque ne s'enrôle pas avec eux, et n'admire pas leur turbulente loquacité, et ne brûle pas de l'encens sur leur autel, est déclaré par eux ennemi de l'État et de la constitution. Comme des prêtres, dans tous les pays, ont dit, disent et diront, que vouloir les soumettre aux lois, réduire leur opulence usurpée, mépriser leurs fables corruptrices et leur sévérité intéressée, ou leur indulgence vénale, c'est attaquer le ciel même, c'est être ennemi de Dieu et de la vertu.

Comme je n'ai ni le loisir, ni la volonté de faire un livre, et que je me borne à jeter à la hâte quelques réflexions que je crois justes, je ne m'arrêterai pas ici à marquer les différences faciles à saisir entre ces tartufes politiques et les vrais amis de la patrie, de la liberté, du genre humain. Je ne pourrais guère rien ajouter sur cette matière à ce qui a été développé avec une force et une maturité peu communes, dans une lettre à un membre célèbre de l'Assemblée nationale, par un auteur à qui je regrette que l'immense multitude de ses travaux n'ait pas toujours laissé le temps d'exprimer aussi dignement d'aussi saines réflexions.

Je crois d'ailleurs que ceux qui m'entendraient et m'applaudiraient n'ont pas besoin de mes avis, et que ceux pour qui ce que je dirais serait entièrement nouveau, sont bien loin de cet état de paix et de méditation où l'ame est disposée à revenir de ses erreurs : le temps seul pourra les instruire.

Aussi, lorsqu'au mois d'août de l'année dernière j'ai publié mes pensées à ce sujet dans un *Avis aux Français sur leurs véritables ennemis*, je n'en ai pas attendu de bien grands effets. Je n'en attends pas davantage de ce que je publie aujourd'hui : je sais trop que, dans le fort des tempêtes civiles, la raison sévère et calme a une voix trop faible pour lutter contre les cris de ceux qui, toujours prompts à servir, à exciter les passions populaires, toujours exagérant le danger commun, et leurs propres inquiétudes, et leurs sacrifices au bien public; accusant au hasard les hommes riches et puissans, qui sont toujours enviés, finissent par régner sur une multitude égarée. Mais n'est-ce pas un noble et vertueux plaisir pour l'homme de bien, de poursuivre par des vérités mâles et courageuses le triomphe de ces conquérans iniques; de justifier leur conscience, en leur apprenant tout le mépris qu'on a pour eux; de braver enfin, avec quelque danger peut-être, ceux qui peuvent braver impunément la justice et l'honnêteté.

Je ne veux point qu'aucun de mes écrits serve jamais à amuser la malignité des lecteurs oisifs, toujours avides spectateurs des combats de plume. C'est pour cette raison que je m'abstiens de nommer les personnes qui m'ont fait naître ces réflexions, et non par aucun désir de les ménager; car je déclare ici à quiconque se reconnaîtra dans mes peintures, que c'est en effet lui, lui-même, que j'avais en vue.

Entre les causes qui doivent nous faire souhaiter ardemment que l'Assemblée nationale, abandonnant aux législatures prochaines tout ce qui n'exige pas sa main, ne perde pas un instant pour achever la constitution, et mettre un terme à son immense ouvrage, l'espoir de voir finir tous ces partis qui nous fatiguent et détériorent l'esprit public, ne me semble pas devoir être compté pour une des moindres. Alors seulement nous en devons attendre la fin. Tant que l'Assemblée nationale durera, les peuples attentifs, voyant toujours agir la main qui a tout détruit et tout rebâti, demeurent toujours en suspens, et semblent toujours prévoir quelque nouveauté. On n'habite la maison avec sécurité que lorsque les ouvriers n'y sont plus. Alors seulement, tous, patriotes et mécontens, seront bien convaincus que l'édifice est stable et ferme ; et comme ce sont les mouvemens intérieurs dont l'Assemblée est agitée qui vont de-là agiter le corps entier de la nation, alors seulement la concorde et la paix pourront renaître parmi nous comme parmi nos législateurs.

L'Assemblée actuelle, composée de membres hétérogènes, réunis entre eux malgré eux, ne saurait aucunement être paisible : trop d'intérêts ennemis, trop de prétentions rivales, trop de passions aigries la divisent, et forcent la raison même à être quelquefois oppressive. Il est évident que les assemblées futures n'auront pas les mêmes inconvéniens : leurs membres, tous élus par les mêmes commettans, au même titre, de la même manière, pour la même chose, ne seront plus partagés que par ces différences d'opinions qui ne font pas un schisme. Tous partiront des mêmes principes : constitutionnels, parce qu'ils sont vrais ; et respectés de tous, parce qu'ils sont constitutionnels. Alors aussi s'évanouiront toutes ces dénominations qui rangent les citoyens en deux armées; nul n'osera plus fouiller dans les pensées d'autrui ; chaque mortel, comme c'est son droit, aura l'opinion qu'il lui plaira, sans pouvoir être inquiété ; la loi punira les perturbateurs et les rebelles. Alors aussi, l'Assemblée nationale jouira d'une véritable gloire et de la reconnaissance publique ; car l'aspect des scènes fâcheuses dont elle a trop souvent été le théâtre ne frappera plus nos yeux. Le souvenir des fautes, facilement réparées, où les circonstances dont j'ai parlé, et d'autres encore, l'ont précipitée quelquefois, sera comme effacé par l'éloignement. Nous aurons oublié jusqu'aux noms de ces audacieux despotes, qui, s'emparant tyranniquement de ses délibérations, l'ont quelquefois engagée, presque à son insu, dans des démarches inconsidérées, que dans l'ivresse de leur pouvoir ils dédaignent même de colorer par des sophismes ; tandis que, d'autre part, les principes humains, féconds, éternels, qu'elle a fait servir de base à notre constitution, fructifiant de tous côtés en industrie, en richesse, en vertus nationales, nous attacheront à nos lois, et nous rappelleront sans cesse à la mémoire ces deux années, quelquefois amères par plus d'une journée funeste, mais fertiles en bienfaits encore plus grands et plus nombreux, et remplies de travaux qui pourraient honorer deux siècles. Qu'il me soit donc permis de dire qu'après ce 14 juillet, et tant d'autres beaux jours que l'Assemblée nationale a donnés au peuple français, le plus beau jour qui lui reste à nous donner sera celui de son départ.

Comme je n'ai jusqu'ici parlé que des excès d'un seul parti, on pourra m'accuser moi-même de cet esprit de parti que j'ai pris à tâche de peindre : qu'on observe toutefois que celui dont j'ai parlé jusqu'à ce moment, étant de beaucoup le parti le plus fort, il est dans la nature des choses que ses erreurs soient plus nombreuses, ses injustices plus frappantes, ses égaremens plus dangereux pour la bonne cause ; mais certes, les fureurs et les extravagances de leurs adversaires ne sont pas moindres.

Et, en effet, des hommes ennemis déclarés de cette véritable humanité qui veut que tous les hommes soient heureux et libres, des hommes que le nom seul d'égalité met en fureur, qui regardent l'espèce humaine comme un amas de vils troupeaux, créés pour appartenir à un petit nombre de maîtres; qui regardent la royauté comme une sorte de quatrième personne en Dieu, devant qui il faut se prosterner sans même oser ouvrir les yeux; en un mot, qui ont adopté, rhabillé toutes les maximes des tyrans, que pourraient-ils être que des tyrans, s'ils avaient le pouvoir entre les mains?

Ainsi, nous voyons les antiques fléaux se renouveler de nos jours : les peuples crédules, soulevés au nom de Dieu pour protéger la rapacité de quelques hommes, pour renouer la vieille ligue de la tyrannie et de la superstition, ceux pestes souvent rivales lorsqu'elles n'ont plus rien à redouter, mais toujours unies lorsqu'il s'agit de combattre la raison ; des personnages usés de vices et de débauches, criant qu'il n'y a plus de religion. Et toujours l'intérêt du peuple mis en avant; car quelle sorte d'hypocrites n'emploie point ce langage de l'équité et de la vertu? On en a vu plusieurs, après s'être engraissés vingt années du pillage du trésor public, poussés hors de leur patrie par la crainte, à l'époque de la révolution, s'attendrir en partant sur ce peuple infortuné qui méconnaissait leurs services, et assurer naïvement qu'il ne restait plus d'honnêtes gens en France.

Je n'ai pas besoin de redire combien je désapprouve les violences illégales exercées contre les chefs de ce parti; mais quand je les entends se plaindre aussi avec amertume des précautions qu'emploie l'Assemblée nationale pour les empêcher de lui nuire et de renverser l'édifice public, je ne reviens pas de mon étonnement : qu'ils me disent quel État a jamais toléré des actes de rébellion ouverte et déclarée? qu'ils me disent quel gouvernement serait plus méprisable que le nôtre, s'il trouvait bon que, de tous côtés, des sermons, des mandemens, des lettres pastorales, des réquisitoires, des déclamations sous toutes les formes, aillent semer le mensonge et la crainte, alarmer les consciences, inspirer la haine de la patrie et des lois, enseigner aux hommes simples et honnêtes (car il y en a dans ce parti-là comme dans les autres) à croire en effet qu'une constitution qui assure les droits de tous attente aux droits de quelqu'un, et que Dieu condamne des établissemens destinés à rendre heureux le genre humain ; à attribuer à la déclaration des droits de l'homme tous les excès qui attaquent le plus ces mêmes droits ; à faire un crime aux lois de tous les crimes qui sont faits contre elle : car voilà ce qu'on entend dire mille fois par jour, et voilà l'unique doctrine qui résulte des fougueuses diatribes de ces gens qui semblent avoir fait serment de renoncer à toute idée d'humanité, de justice et de sens commun, pour soutenir *l'honneur du corps.*

C'est cet *honneur de corps*, l'éternel apanage de ceux qui trouvent trop difficile d'avoir un honneur qui soit à eux ; c'est, dis-je, cet *honneur de corps* qui fait sortir des salles d'armes des essaims de héros, ou jadis nobles, ou devenus tels depuis qu'il n'y en a plus ; armés pour le soutien du trône, qui certes n'a pas besoin d'eux ; impudens et méprisables parasites, qui, en osant se nommer les défenseurs du roi, ont pris le seul moyen qu'ils pussent avoir de lui faire tort : ils rôdent, ils courent çà et là, tout prêts à chercher querelle à quiconque n'est pas des leurs et ne désire pas la guerre civile, et à le tuer pour avoir raison contre lui. Et les femmes, toujours aveuglément livrées à leurs passions du moment, toujours éprises de ce qui ressemble au courage, de tout temps admiratrices secrètes ou déclarées de ces assassinats chevaleresques appelés *duels*, semblent encourager, par d'homicides applaudissemens, cette férocité lâche et stupide.

C'est pour cet *honneur de corps* que des furieux, devenus implacables ennemis de leur patrie, se réjouissaient presque à la nouvelle des horreurs qui ont ensanglanté nos provinces méridionales; et, falsifiant les décrets, égarant le peuple des campagnes, semant la discorde, appelant le sang, emploient les mêmes armes que les plus vils brouillons qui aient déshonoré le parti contraire, et semblent vouloir les justifier; ils n'ont pas honte de maudire la France et tous les Français, d'invoquer dans leurs vœux toutes les puissances de la terre contre une nation qui ne connaît plus leur livrée, et se repaissent constamment de l'absurde et abominable espérance que l'univers entier se réunira pour venir exterminer un pays où ils ne sont plus marquis, et où l'on ne les encense plus dans l'église de leur village.

Tous ceux qui s'indignent qu'un grand peuple n'ait plus voulu être esclave, et qui appellent usurpateurs et rebelles les hommes qui reprennent leurs droits, n'ont rien où ils se complaisent davantage qu'en une peinture de la situation du roi; ils ne tarissent pas en complaintes sur l'infortune d'un prince réduit à être le premier citoyen d'une nation libre, et qui, tout puissant encore pour faire le bien, borné seulement dans la faculté de nuire, ne se montrant aux hommes que pour leur dicter les lois faites par eux pour leur félicité commune, n'en peut être haï que s'il le veut expressément, et n'a, pour être aimé d'eux, qu'à remplir à la lettre les augustes fonctions dont il est chargé.

Mais ces déclamateurs pathétiques, aux yeux de qui un pareil destin est si déplorable, qui sont-ils ? Ce sont (on ne peut se le rappeler sans rire), ce sont d'anciens pairs de France, d'anciens magistrats, d'anciens courtisans, que nous avons entendus jadis, lors des oppositions du parlement contre la cour, tenir un bien autre langage : ils désiraient alors, ils demandaient, ils appelaient une révolution plus favorable à leurs vues particulières, et alors ils ne cessaient de nous fatiguer les oreilles d'un méprisable amas d'anecdotes calomnieuses sur ce même roi, sur toute sa famille, et ne savaient même pas se taire, quand un homme sage leur disait : « Tout ce que vous contez là est vrai ou faux, mais n'importe en aucune manière. Si les rois s'égarent, ceux qui les élèvent et qui les entourent sont plus coupables qu'eux. Mais, quand même la conduite des rois serait irréprochable, il n'en faudrait pas moins établir une constitution libre et forte qui rendît le sort des nations indépendant des vices ou des vertus d'un seul homme. »

J'observerai la même chose sur notre *haut Clergé*, jadis si fier de sa résistance aux prétentions de la cour romaine, aujourd'hui si prompt à lui accorder plus qu'elle n'a jamais demandé. A Dieu ne plaise que je veuille accuser d'imposture et de mauvaise foi tous les ecclésiastiques à qui nos établissemens nouveaux semblent incompatibles avec leurs anciens sermens. Sans rien comprendre à leur manière de raisonner, je crois à la conscience de tous ceux qui ont donné volontairement leur démission. Mais la plupart de ceux qui se déclarent avec le plus d'emportement contre l'impiété de ces lois fondées seulement sur la raison humaine, qui nous traduisent les véhémentes apostrophes des Cyrille et des Grégoire de Naziance, qui veulent mourir pour la foi, qui implorent le martyre, qui sont-ils? Tout le monde le sait : des prélats perdus de luxe et de dettes ; souvent héros d'histoire qu'on feignait de ne dire qu'à l'oreille ; souvent livrés aux plus vils charlatans, et à de sottes superstitions que leur propre loi punissait de mort ; des abbés dont les bons-mots anti-religieux, et les chansons, et les contes égayaient les sociétés de la capitale ; en un mot, des hommes sans vertu comme sans talens, et dont l'existence ne fût jamais sortie d'une obscurité profonde, si les intrigues de toute espèce, et les noms des courtisanes, toujours cités dans les grandes villes, et toujours mêlés avec les leurs, ne leur eussent donné souvent une scandaleuse célébrité.

Tout cela fait-il quelque chose à leurs raisonnemens? me dira quelqu'un. Non. Leurs raisonnemens étaient assez mauvais sans cela. Mais cela sert à faire voir quel degré de confiance et d'estime on doit à des hommes, qui changeant tous les jours de principes, et d'intérêts, et d'amis, et de conscience, se montrent également indignes et incapables de rien discuter par la raison.

J'aurais voulu trouver l'occasion de dire aussi un mot de ces politiques illuminés, de ces rose-croix patriotes, qui, suivant l'éternel usage de leurs pareils, adaptant toujours aux idées de leur siècle tous ces amas d'antiques superstitions qui ont toujours infesté la terre, prêchent la liberté et l'égalité, comme les mystères d'Eleusis ou d'Ephèse ; traduisent la déclaration des droits de l'homme en doctrine occulte et en jargon mythologique, et changent les législateurs en obscurs hiérophantes. Ceux-là pourraient n'être que ridicules, si pourtant il n'était pas toujours prudent de se méfier de ces gens à qui la franche et simple vérité ne suffit pas, à qui la raison ne saurait plaire, si elle n'emprunte les habits de la folie et du mensonge; et qui ont plus de plaisir à voir une aggrégation d'initiés fanatiques, qu'une vaste société d'hommes libres, tranquilles et sages.

Voilà quelles querelles politiques, succédant aux querelles scholastiques et aux querelles théologiques, mais traitées de la même manière, dans le même esprit, avec les mêmes sophismes (car le caractère de l'espèce humaine ne change point), aigrissent aujourd'hui les sociétés, divisent les familles, et jettent de telles semences de haines et de calomnies, que les plus absurdes accusations de vols, d'empoisonnemens, d'assassinats secrets, sont familières à tous les partis, et n'étonnent plus personne. Chacun, dans sa puérile vanité, appelant vertu, sagesse, probité, son amour pour ses opinions, déclare malhonnête homme quiconque ne pense pas comme lui, assure qu'il a tout fait, qu'il fait tout, que sans lui tout serait perdu; crie, menace, cherche à intimider, et embrasse avidement ou repousse avec horreur des choses qu'il connaît mal, et des mots dont il a négligé de comprendre le sens.

J'en donnerai un exemple. Plusieurs partis se réunissent à proscrire le mot de *république*. Ils regardent d'un œil de colère celui qui ose s'en servir. Ils croient voir un sacrilége, un ennemi de l'État et du roi. Comme si tout pays où la nation fait ses lois, s'impose elle-même, demande compte aux agens publics, n'était pas une *république*, quel que soit d'ailleurs son mode de gouvernement; et comme si celui qui veut parler avec précision et justesse, devait se priver d'une expression qui rend bien une bonne idée, parce que beaucoup de gens parlent ou écoutent, sans entendre ce qu'ils disent, ou ce qu'on leur dit.

Une chose remarquable dans cette révolution, qui sous tant de rapports ne ressemble à aucune autre, et qui, malgré les fautes et les crimes dont elle a été l'occasion, a plus fait pour la justice et pour la vérité qu'aucune autre révolution connue, c'est que les passions, irritées et enflammées à un si haut degré, n'aient produit encore aucun de ces écrits atroces, mais vraiment éloquens, que la postérité blâme, mais aime à relire ; que les seuls bons ouvrages que nous voyons paraître soient aussi les seuls sages ; et surtout que nos mécontens, qui certes n'ont pas épargné la presse, et à qui d'absurdes priviléges détruits, un fol orgueil humilié, et aussi, pour dire vrai, le ressentiment de plusieurs duretés trop voisines de l'injustice, avaient dû inspirer au moins cette véhémence qui développe les talens, ou en tient lieu quelquefois, n'aient mis au jour que de froides exagérations ou d'insipides railleries. Je sais bien que tout le parti se pâme de joie au sel de ces bouffonneries, ou tombe d'admiration devant ces foudres d'éloquence. Mais je sais bien aussi qu'il suffit de quelques minutes de conversation avec les prôneurs de ces nobles ouvrages, pour apercevoir qu'ils les vantent, les achètent, se les passent de main en main, nous en menacent comme d'un coup de tonnerre, mais n'ont pas pu en soutenir la lecture, et sont pris au dépourvu quand on les leur cite.

Entre mille exemples, on peut rappeler deux épaisses

brochures qui nous sont arrivées d'Angleterre l'année dernière : l'une, absolument vide de sens, quoique dictée par une méchanceté turbulente et inquiète, est morte en naissant; l'autre, tout aussi peu lue, est encore connue, parce qu'elle est l'ouvrage d'un étranger, qui, ne s'occupant de nous qu'afin de nous poursuivre par des présages sinistres, a surpassé dans la violence et la rage de ses imprécations tous ceux de nos Français que leurs intérêts privés ont le plus animés contre nos institutions nouvelles. Comme l'auteur jouit dans sa patrie d'une certaine célébrité, comme son livre était depuis long-temps annoncé avec faste par ceux dont il flatte les passions; et comme ses sentimens sur notre révolution, manifestés dans le parlement d'Angleterre au commencement de l'année dernière, furent la cause d'une dissension très-vive entre lui et un de ses amis politiques des plus distingués, j'ai cru qu'il ne serait pas hors de propos de m'étendre un peu plus sur l'auteur et sur l'ouvrage.

Cet homme est un Irlandais, nommé Edmund-Burke, et depuis trente années membre du parlement d'Angleterre. Associé dans la chambre des communes, à des hommes de beaucoup d'esprit et de talens, il n'a pas été inutile à son pays, en aidant à réprimer les excès de l'autorité royale, excès dont il se montre avec tant de zèle l'aveugle champion dans les pays étrangers. D'une extrême véhémence dans ses attaques contre le parti qui n'était pas le sien, il se rendait moins redoutable par ses emportemens, ses exagérations hyperboliques, et son impuissance à se contenir dans les bornes de la raison. Il s'était fait une réputation d'éloquence par des descriptions étincelantes et quelquefois belles, toujours perdues dans un informe chaos d'idées incohérentes, d'expressions outrées et fausses, de métaphores basses, d'allusions obscures, de citations pompeuses, le tout

Cousu par intervalles
De proverbes traînés dans les ruisseaux des halles.

Toutes ces qualités réunies sautent aux yeux dans le gothique volume qu'il a publié sur les affaires de France. Les lecteurs y peuvent admirer, sinon son amour pour la vérité, au moins son talent pour les tableaux fantastiques, en considérant l'incroyable amas de chimères inouïes qu'il entasse, quand il peint et la France, et Paris, et l'Assemblée nationale, et l'état du roi et de la reine, et en un mot tout ce qu'il peint. Là se trouve bien développée la profession de foi que ses discours et sa conduite n'ont jamais dissimulée; c'est-à-dire, un profond dédain pour toute espèce de principes constans et immuables, et pour tous ces examens philosophiques destinés à ramener les hommes à des notions qui ne sont fondées que sur la vérité et sur la nature des choses ; c'est là qu'en termes exprès il déclare qu'il aime les préjugés, précisément parce que ce sont des préjugés.

Voici un échantillon de sa dialectique, et de la manière dont il comprend les questions. L'égalité de droits parmi les hommes est une des choses qui le révoltent le plus : il en fait de violens reproches à l'Assemblée nationale ; car il croit que les hommes ne sont égaux en droit que depuis que l'Assemblée nationale l'a reconnu, et qu'avant, cela n'était pas ; puis il objecte que tous les hommes étant égaux en droits, il suit évidemment que le gouvernement sera dans les mains des portefaix, des usuriers, etc. Il observe encore que l'Assemblée nationale ayant reconnu cette éternelle égalité de droits entre les hommes, elle a certainement déclaré par-là que Tacite, Montesquieu, Rousseau, n'avaient pas plus de capacité que leur cordonnier : sur quoi il cite l'Ecclésiaste, qui dit avec raison qu'il ne faut pas que les charpentiers fassent les lois. Il est vrai qu'en citant l'Ecclésiaste, il ajoute modestement qu'il ne prend pas sur lui de décider si ce livre est apocryphe ou non, tant il apporte de prudence et de circonspection dans sa critique.

C'est ainsi, j'en atteste tous ceux qui ont eu la patience de lire son indigeste fatras, c'est ainsi qu'il raisonne, argumente, juge, constamment et partout : toujours sûr de lui-même, toujours triomphant, toujours émerveillé de la beauté de ses conceptions. Voilà à quel tribunal la France est citée, voilà quel grotesque mélange de bisarreries bouffonnes et de sottises pédantesques remplit un énorme volume, qui serait assez divertissant par le ridicule, si, à tout moment, la plate grossièreté des injures, ou l'atrocité des calomnies ne soulevaient la nausée ou n'allumaient l'indignation.

Quel moyen de répondre à un semblable écrit ? quel honnête homme peut vouloir se mesurer avec un auteur toujours ivre de mauvais sens et de colère, dont chaque page ne montre qu'incertitude et absurdité dans les principes, aveuglement ou honteuse mauvaise foi dans les raisonnemens, intrépide ignorance dans les faits, dont chaque assertion n'admet d'autre réponse qu'un démenti? Mais je ne crois pas inutile de faire connaître aux Français, par un fait qui ne sera pas, comme ceux qu'il raconte, méchamment inventé ou follement exagéré, mais par un fait bien constant et bien notoire, quel est ce déclamateur qui s'érige en arbitre de leurs lois et de leurs actions. Cet homme qui vient ici calomnier auprès du roi et de la reine une nation mieux disposée à les respecter depuis qu'elle n'est plus contrainte à les aduler, qui cherche à envenimer dans leurs cœurs le souvenir des peines que tous les bons citoyens auraient voulu leur épargner, mais que nos inévitables circonstances leur ont fait partager avec tous les citoyens; qui ose imputer à toute la nation les crimes de quelques bandits que la nation abhorre et désavoue : il faut qu'on sache comment il a, lui, traité le roi d'Angleterre dans une occasion récente.

Le roi d'Angleterre, à la fin de 1788, fut attaqué d'une maladie affligeante pour l'orgueil de l'espèce humaine, qui mit pour quelque temps sa tête hors d'état de soutenir une couronne. Une partie de la chambre des communes pensa qu'il fallait revêtir le prince de Galles de l'autorité royale, avec le titre de régent. Edmund Burke était de cette opinion. Dans son discours, il n'eut pas honte de s'appesantir, avec son acrimonie ordinaire, sur le triste état du roi; il n'eut pas honte de peindre et bien faire ressortir les déplorables symptômes d'une infirmité qui inspire, même aux ennemis honnêtes, une respectueuse commisération; il n'eut pas honte de terminer son tableau par ces propres expressions, qui rappelèrent celles que Milton emploie en parlant de la chute de Satan : *Dieu a étendu sa main sur lui; il l'a précipité du trône; il l'a réduit plus bas que le dernier paysan de son royaume.*

Cette ineptie, qui renfermait deux inhumanités à la

fois, indigna tous les partis : ses amis se virent dans la nécessité de renouveler souvent leurs inutiles efforts, pour tâcher, par la subtilité des interprétations, d'affaiblir l'impression d'horreur que cette barbare extravagance de leur *honorable ami* avait laissée dans les esprits. Et quiconque aura connu l'Angleterre dans ces derniers temps peut attester qu'il les réduit souvent à cette nécessité ; et qu'avec une imagination vive et une érudition assez étendue, ce rhéteur sans goût, sans jugement, sans aucune idée de critique et de ce qui est décent et honnête, semble ne plus ouvrir la bouche que pour embarrasser ses amis et faire rire ses ennemis.

Aujourd'hui, c'est la nation française, ses nouvelles lois, sa liberté, qui ont servi d'objet aux délires de son injurieuse démence. Aucunes choses, aucunes personnes n'ont été à l'abri de ce débordement de fiel. Et comme j'ai un frère qui s'est aussi vu en butte à l'insolente imbécillité de ses rêveries frénétiques, j'ai peur que quelques lecteurs, et lui-même, n'attribuent à cette cause, dont je ne rougirais pas, ma juste indignation contre son dégoûtant libelle. Mais je le prie, ainsi que mes lecteurs, de croire qu'ayant demeuré trois années en Angleterre, je n'avais nul besoin de son nouveau chef-d'œuvre pour connaître et apprécier l'intempérance désordonnée de sa bile, l'incurable perversité de son jugement, et surtout sa prodigieuse fécondité à inventer des accusations atroces et à vomir de basses injures.

En prenant la plume pour lui rendre ici la justice qui lui est due, je me suis souvenu que, bien qu'il ne soit pas encore dans l'âge le plus avancé, j'ai souvent entendu ses amis l'excuser sur une vieillesse précoce ; et le plaindre, en assurant qu'il était parvenu plutôt que les autres hommes à ce moment où les forces de l'entendement sont épuisées, et où la raison humaine en décrépitude ne fait plus que balbutier. Je sais combien les hommes doivent de respects et d'égards à cette dernière enfance de l'homme; mais j'ai pensé, néanmoins, que lorsque la vieillesse est pétulante, inconsidérée et calomnieuse, lorsqu'un présomptueux orgueil la rend semblable à une adolescence inepte et mal élevée, ce n'est pas alors qu'elle mérite quelque indulgence, et ce n'est pas des mensonges et des outrages qu'il lui est permis de bégayer; et si elle appuie ses prétentions sur le souvenir d'une renommée plus éclatante que solide, mais qui en impose aux sots, alors surtout il est bon de le faire rougir par la vérité; et quoiqu'il faille mépriser ses insultes, il ne faut pas les mépriser en silence.

Cet arrogant sophiste, qui aime tant les citations, aimera sûrement beaucoup qu'en finissant je lui cite le portrait que le père des poëtes nous a tracé de Thersite, le bouffon de l'année grecque : *Parleur sans choix et sans mesure, dont l'esprit n'était plein que d'ignobles et intarissables bavardages.*

LETTRE

DE MARIE-JOSEPH DE CHÉNIER.

Paris, 17 février 1788.

Je n'ai pu, mon cher frère, répondre plutôt à votre lettre du 4 de ce mois. Elle m'a été remise quelques jours après l'arrivée du courrier; et j'ai employé quelques autres jours à chercher la tragédie d'*Agis* que je vous envoie, et qui ne se trouvait point chez la veuve Duchesne, à qui l'on s'adresse ordinairement pour les pièces de théâtre. Je n'ai d'ailleurs jamais eu tant d'occupations. Je faisais imprimer une ode sur la rentrée des protestans en France, quand un petit événement m'a engagé à m'occuper d'un autre ouvrage. Il a paru, dans cette ville des facéties, une facétie intitulée : *Almanach des grands hommes*. On accuse de ce chef-d'œuvre anonyme un comte de Rivarol et un M. de Champcenet que trop vous connaissez. C'est une longue satire en prose où l'on insulte les vivans par ordre alphabétique. Dans cette liste de six cents auteurs, la plupart absolument ignorés, on en trouve quelques-uns qui ne le sont pas, l'abbé Delille, par exemple, et d'autres. Ces messieurs m'ont fait l'honneur de penser à moi. Ils n'ont point parlé des ouvrages que j'ai publiés jusqu'ici, mais ils assurent que je dirige les Étrennes de Polymnie. C'est un recueil de vers qui paraît tous les ans au mois de janvier, et dont ils m'ont appris le nom. J'ai fait, à l'occasion de cette sottise, qui n'a pas laissé d'avoir de la vogue, précisément parce qu'elle blâmait quantité de personnes; j'ai fait, dis-je, un *dialogue du public et de l'anonyme*. C'est une pièce d'environ trois cents vers. Elle est d'un goût assez nouveau, et ces messieurs, qui n'y sont point nommés, seront, à ce qu'on dit, passablement corrigés. Je me suis nommé, car c'est une satire. Je suis d'avis qu'on ne doit attaquer personne ; mais il est bon de se venger, surtout lorsqu'en se vengeant on peut se faire autant d'amis. Quelque forte que soit la vengeance, le tort est toujours à l'agresseur. Cela paraîtra dans la semaine, et ma nouvelle ode quelques jours après. Je vous enverrai les deux ouvrages.

Vous vous plaisez à Londres, et je m'y attendais. Je voudrais bien pouvoir un jour vous aller embrasser dans cette belle ville avant de vous revoir à Paris. C'est de tous les voyages celui qui me plairait davantage, mais jusqu'ici mon espérance à cet égard est un peu éloignée.

Vous me paraissez indulgent sur Shakespeare. Vous trouvez qu'il a des scènes admirables. J'avoue que dans tous ses drames je n'en connais qu'une seule qui mérite à mon gré ce nom, du moins d'un bout à l'autre. C'est l'entretien d'Henri IV mourant, avec son fils le prince de Galles. Cette scène m'a toujours semblé parfaitement belle. Ailleurs et dans la même pièce, il y a des morceaux qui unissent la noblesse à l'énergie; mais il m'a paru qu'ils étaient courts. Dans le Jules-César, par exemple, la scène vantée de Brutus et de Cassius, avant la bataille de Philippe, est, selon moi, très-vicieuse. Ces deux philosophes, ces derniers Romains, c'est tout dire, ont la colère de deux hommes du peuple. Ce que Shakespeare a copié de Plutarque est fort bon ; mais je ne saurais admirer ce qu'il y a ajouté. Les Anglais diront que c'est naturel. Ce n'est point là le naturel des OEdipes et du Philoctète.

Je vous parle du Jules-César parce qu'il m'est fort présent. J'ai relu cette pièce attentivement à l'occasion de ma tragédie de Brutus et Cassius que je fais aussi imprimer. J'y ai fait des corrections qui je crois étaient nécessaires. J'ai trouvé moyen de supprimer le long monologue de Porcie au troisième acte. Enfin j'ai retranché beaucoup de fautes ; il en restera toujours assez. J'ai aussi changé quelque chose à l'épître dédicatoire qui vous est adressée ; je pense qu'elle en vaudra mieux. Je m'étais exprimé sur Spartacus d'une manière trop dure. J'ai fort adouci mes expressions, sans rien changer à mon jugement.

Vous voyez que j'aime à vous rendre compte de mes travaux ; j'espère que vous en userez de même : vous savez combien je suis sensible aux marques de votre amitié, et combien vous devez compter sur la mienne. Un des grands plaisirs que je puisse avoir est de recevoir de temps en temps de ces beaux vers que vous savez faire. Adieu. Prenez bien soin de votre santé, qui est précieuse aux lettres et à tous ceux qui vous connaissent. Je ne vous écris point de nouvelles politiques ; je présume qu'elles vous parviennent plus rapidement et plus sûrement, car je vois fort peu de monde. Je vous embrasse en bon frère, en bon ami.

M.-J. de Chénier.

(London, Covent-Garden, hood's Tavern.
Vendredi, 3 avril 1789, à 7 h. du soir.)

Comme je m'ennuie fort ici, après y avoir assez mal dîné, et que je ne sais où aller attendre l'heure de se présenter dans quelque société, je vais tâcher de laisser fuir une heure et demie sans m'en apercevoir, en barbouillant un papier que j'ai demandé. Je ne sais absolument point ce que je vais écrire ; je m'en inquiète peu. Quelque absurde et vide et insignifiant que cela puisse être (et cela ne saurait guère l'être autant que la conversation de deux Anglais qui mangent à une table à côté de moi, et qui écorchent de temps en temps quelques mots de français, afin de me faire voir qu'ils savent, ou plutôt qu'ils ne savent pas ma langue), je reverrai peut-être un jour cette rapsodie, et je ne me rappellerai pas, sans plaisir (car il y en a à se rappeler le mal passé), la triste circonstance qui m'a fait dîner ici tout seul.

Ceux qui ne sont pas heureux aiment et cherchent la solitude. Elle est pour eux un grand mal, encore plus qu'un grand plaisir. Alors le sujet de leur chagrin se présente sans cesse à leur imagination, seul, sans mélange, sans distraction ; ils repassent dans leur mémoire avec larmes ce qu'ils y ont déjà repassé cent fois avec larmes ; ils ruminent du fiel ; ils souffrent des souffrances passées et présentes ; ils souffrent même de l'avenir : car, quoiqu'un peu d'espérance se mêle toujours au milieu de tout, cependant l'expérience rend méfiant : et cette inquiétude est un état pénible. On s'accoutume à tout, même à souffrir. — Oui, vous avez raison, cela est bien vrai. — Si cela n'était pas vrai, je ne vivrais pas. Et vous qui parlez, vous seriez peut-être mort aussi ; mais cette funeste habitude vient d'une cause bien sinistre. Elle vient de ce que la souffrance a fatigué la tête et a flétri l'ame : cette habitude n'est qu'un total affaiblissement. L'esprit n'a plus assez de force pour peser chaque chose et l'examiner sous son juste point de vue ; pour en appeler à la sainte nature primitive et attaquer de front les dures et injustes institutions humaines ; l'ame n'a plus assez de force pour s'indigner contre l'inégalité factice établie entre les pauvres humains, pour se révolter à l'idée de l'injustice, pour repousser le poids qui l'accable. Elle est dégradée, descendue, prosternée ; elle s'accoutume à souffrir, comme les morts s'accoutument à supporter la pierre du tombeau : car ils ne peuvent point la soulever. Voilà ce que c'est que s'accoutumer à tout, même à souffrir. Dieu préserve mes amis de cette triste habitude ! Les petits chagrins rendent tendre ; les grands rendent dur et farouche. Les uns cherchent la société, les distractions, la conversation des amis ; les autres fuient tout cela : car ils savent que tout cela n'a aucun pouvoir à les consoler ; et ils trouvent injuste d'attrister les autres, surtout inutilement pour soi-même. Peut-être aussi ont-ils quelque pudeur de laisser voir à l'amitié, qu'elle-même, et son doux langage, et son regard caressant, et des serremens de main, ne peuvent pas guérir toutes les plaies : et cependant la vue et les soins de mes amis m'ont toujours fait du bien, même s'ils ne m'ont pas entièrement guéri.

Mais ici je suis seul, livré à moi-même, soumis à ma pesante fortune, et je n'ai personne sur qui m'appuyer. Que l'indépendance est bonne! Heureux celui que le désir d'être utile à ses vieux parens et à toute sa famille, ne force pas à renoncer à son honnête et indépendante pauvreté! Peut-être un jour je serai riche. Puisse alors le fruit de mes peines, de mes chagrins, de mon ennui, épargner à mes proches le même ennui, les mêmes chagrins, les mêmes peines. Puissent-ils me devoir d'échapper à l'humiliation! Oui, sans doute, l'humiliation. Je sais bien qu'il ne m'arrive rien dont mon honneur puisse être blessé; je sais bien aussi que rien de pareil ne m'arrivera jamais : car cette assurance-là ne dépend que de moi seul. Mais il est dur de se voir négligé, de n'être point admis dans telle société qui se croit au-dessus de vous; il est dur de recevoir sinon des dédains, au moins des politesses hautaines; il est dur de sentir, quoi? qu'on est au-dessous de quelqu'un? — Non; mais il y a quelqu'un qui s'imagine que vous êtes au-dessous de lui. Ces grands, même les meilleurs, vous font si bien remarquer en toute occasion cette haute opinion qu'ils ont d'eux-mêmes! Ils affectent si fréquemment de croire que la supériorité de leur fortune tient à celle de leur mérite! Ils sont bons si durement; ils mettent tant de prix à leurs sensations et à celles de leurs pareils, et si peu à celles de leurs prétendus inférieurs! Si quelque petit chagrin a effleuré la vanité d'un de ceux qu'ils appellent leurs égaux, ils sont si chauds, si véhémens, si compatissans! Si une cuisante amertume a déchiré le cœur de tel qu'ils appellent leur inférieur, ils sont si froids, si secs; ils le plaignent d'une manière si indifférente et si distraite : comme les enfans qui n'ont point de peine à voir mourir une fourmi, parce qu'elle n'a point de rapport à leur espèce.

Je ne puis m'empêcher de rire intérieurement, lorsque, dans ces belles sociétés, je vois de fréquens exemples de cette sensibilité distinctive, et qui ne s'attendrit qu'après avoir demandé le nom. Les femmes surtout sont admirables pour cela. Dès qu'un prince, qu'elles ont rencontré au bal, dès qu'un grand qui est leur intime ami, car elles ont dîné avec lui deux fois, est malade, ou affligé pour avoir perdu une place ou un cheval, elles y prennent tant de part, elles déplorent son malheur de si bonne foi, elles se récrient si pathétiquement! et véritablement elles croient être au désespoir; car presque toutes étant dépourvues de la sensibilité franche et vraie et naïve, elles croient que ces singeries et ces vaines simagrées sont en effet ce que l'on entend par ce nom.

Allons, voilà une heure et demie de tuée; je m'en vais. Je ne sais plus ce que j'ai écrit, mais je ne l'ai écrit que pour moi. Il n'y a ni apprêt ni élégance. Cela ne sera vu que de moi; et je suis sûr que j'aurai un jour quelque plaisir à relire ce morceau de ma triste et pensive jeunesse. Puisse un jour tout lecteur en avoir autant à lire ce que j'aurai écrit pour tous les lecteurs.

LES AUTELS DE LA PEUR.

Des peuples anciens avaient élevé des temples et des autels à la Peur. Nous ne les avons pas encore précisément imités en cela dans Paris. Mais, comme de tous temps les hommes profondément religieux ont observé que le cœur est le véritable autel où la Divinité se plaît d'être honorée, et que l'adoration interne vaut mieux mille fois que toutes les pompes d'un culte magnifique, confié à un petit nombre de mains, et circonscrit dans de certains lieux par une consécration expresse, nous pouvons dire que jamais la Peur n'eut plus de véritables autels qu'elle n'en a dans Paris; que jamais elle ne fut honorée d'un culte plus universel; que cette ville entière est son temple; que tous les gens de bien sont devenus ses pontifes, en lui faisant journellement le sacrifice de leur pensée et de leur conscience.

Mais leur *dévotion* semble s'être ranimée dans le peu de jours qui viennent de s'écouler, et jamais cette divinité ne reçut d'eux plus d'hommages. Lorsque l'ignorance fanatique de quelques-uns, l'inflexibilité vindicative de quelques autres, les sermons factieux de quelques prêtres réfractaires, l'intolérance de quelques-uns de leurs successeurs devenus leurs ennemis, sont au moment de nous replonger dans ces cruelles et méprisables guerres de religion qui ont ensanglanté toute notre histoire; lorsque des lois de liberté sont prêtes à servir de texte à la persécution, le département de Paris vient rassurer et réjouir le cœur de tous les bons citoyens par un arrêté humain, sage, profond, qui seul peut produire cette tolérance universelle, hors de laquelle il n'est point de bonheur. Tous les hommes bons et éclairés désirant enfin de voir sur ces matières une loi qui soit l'ouvrage des philosophes bienfaisans, et non celui d'une secte, jadis opprimée, qui veut opprimer à son tour, attendent avec impatience que cet arrêté devienne entre les mains de l'Assemblée nationale une loi de l'État; et dans le même temps vingt ou trente imbécilles rassemblés dans une section le blâment de leur autorité privée; et les gens de bien se taisent; et des hommes qui s'apprêtent à profiter de la liberté qu'on leur donne et qui leur est due, sont insultés, menacés par une *vraie populace*; c'est-à-dire, par un amas de gens étrangers à toute justice, à toute humanité; armés depuis quelques jours d'instrumens honteux de violence et de tyrannie : et l'homme de bien que tant d'infamies indignent, n'ouvre pas la bouche; et s'il se trouve le témoin de quelqu'un de ces attentats, accompagnés d'exécrables risées, qui outragent publiquement la pudeur, qui humilient la faiblesse, qui violent éminemment la liberté et l'honnêteté; il fuit; ou même peut-être il leur sourit en tremblant, de *peur* qu'on ne soupçonne qu'il n'approuve pas, qu'il ne partage pas cette lâche et ignoble férocité.

Il y a quelques jours, une société de citoyens se

rassemble pour se livrer, dans l'enceinte d'une maison privée, à des divertissemens qui ne troublent en rien l'ordre public. Une active et inquiète oisiveté attroupe autour de la porte de ce domicile une foule de curieux sans intention, où se mêle, suivant l'usage, bon nombre de ces brouillons qui sont partout à épier l'occasion de mal faire. On crie; on menace d'enfoncer les portes; on menace de tuer. Un homme sage, envoyé par sa section, est contraint, pour éviter de plus grands maux, d'entrer lui-même, de satisfaire les injustes désirs d'une multitude insensée, de soumettre (il en rougissait sans doute) des citoyens à un interrogatoire illégal, à une inquisition absurde et révoltante. Il dresse la liste de leurs noms pour la montrer à cette foule extravagante, qui doit en conclure qu'elle avait droit de la demander.

Et on garde le silence sur ces indignités; et l'on ferme la bouche à l'homme de bien qui essaie de les réprimer, en lui assurant que les personnes rassemblées là étaient *des aristocrates.* Il a honte de se taire; il voudrait répondre qu'il n'en sait rien; que cela peut être; mais que, même en le supposant, il est assurément bien contraire aux lois, bien contraire au sens commun, d'inquiéter les citoyens dans leur maison à cause de leurs opinions politiques. Que la faculté de se réunir n'appartient pas exclusivement aux patriotes, mais à quiconque veut la payer. Que des hommes et des femmes qui viennent, en plein jour, tous ensemble dans une maison, pour assister à un concert, ne peuvent évidemment pas être des machinateurs de trames obscures; que, d'ailleurs, ils sont chez eux; et que tous les cris exagérés, toutes les craintes de conciliabules anti-patriotiques, ne sont évidemment que d'odieux prétextes pour éterniser ces vexations contre les personnes et ces violations de domicile, qui renversent toutes les lois, et qui n'ont jamais mené à aucune découverte de quelque importance. Il voudrait dire tout cela. Mais il se tait, car il a *peur* d'être appelé lui-même *aristocrate*.

Il voudrait tonner avec force contre cette lie des écrivains et de l'espèce humaine, à qui tous ces funestes égaremens n'inspirent qu'une joie féroce et que d'abominables railleries; contre ces *orateurs du peuple*, ces prétendus *amis du peuple*, qui trempent leur plume dans le sang et dans la boue; mais pour l'intimider, on lui dit, et on ment en lui disant que ces misérables ont servi la cause de la liberté; et il se tait, car il a *peur* de passer pour un *aristocrate*.

Et toujours agité de *peur* en *peur*, s'il rencontre dans la conduite d'un officier public, d'un magistrat de l'ancien régime, surtout d'un ministre, quelque chose qui soit digne d'éloge; il se garde bien de la louer, de *peur* qu'on ne l'appelle *aristocrate* : et si d'autre part il aperçoit ou dans un représentant du peuple, ou dans quelque autre citoyen connu pour son patriotisme, soit un peu de négligence à surveiller les agens publics, soit trop de facilités sur l'emploi de nos deniers, ou quelque oubli de la dignité nationale, et quelque tendance à une sorte de flatterie courtisane non moins méséante à un homme libre que l'insolence et les bravades; il se garde bien d'en rien dire de *peur* qu'on ne l'appelle *républicain*.

Cette dernière *peur* est, à la vérité, beaucoup moins commune que l'autre. Le simple sens de ce mot *aristocrate*, engourdit un homme public, et attaque chez lui jusqu'au principe du mouvement. Il veut le bien de tout son cœur ; il s'y porte avec zèle, il y sacrifierait toute sa fortune ; il est toujours prêt à marcher. Au milieu de son action, qu'il entende prononcer contre lui ces cinq funestes syllabes, il se trouble, il pâlit ; le glaive de la loi lui tombe des mains. Or, il est bien clair que Cicéron ne sera jamais qu'un *aristocrate* au dire de Clodius et de Catilina : si donc Cicéron a *peur*, que deviendrons-nous ?

L'effroi de cette terrible épithète se reproduit partout, dans les petites choses et dans les grandes. Je souhaite qu'il se trouve des hommes curieux qui conservent dans leur cabinet la formule de signalement que l'on donne à un homme qui veut faire un voyage. Sa taille, son visage, la couleur et la forme de tous ses traits y sont détaillés avec la plus scrupuleuse exactitude ; et il faut de plus deux témoins qui soient cautions pour l'identité de sa personne. Je n'ignore pas que plusieurs négligent absolument de se munir de pareils passe-ports ; mais aussi d'autres les croient nécessaires et ont *peur* de partir sans cette précaution. Or, ils savent fort bien que rien n'est plus contraire et au texte et à l'esprit de la loi, que ces absurdes entraves. Ceux qui les y soumettent le savent aussi ; ceux qui leur délivrent ces ridicules papiers le savent pareillement. Que ne se plaignent-ils donc hautement ? On les appellerait *aristocrates*.

La *peur* donne aussi du courage. Elle fait qu'on se met avec éclat du côté du plus fort qui a tort, pour accabler le faible qui a tort aussi. Ce n'est pas une *peur*, mais vingt différentes espèces de *peur* combinées, qui font prendre ce parti. Et partout la *peur*.

Il est des hommes qui au moins n'ont pas *peur* du mépris, de la honte et de l'infamie. Ils saisissent habilement les momens où des causes bonnes ou mauvaises, naturelles ou factices, ont excité une fermentation populaire ; et alors leur éloquence triomphe à nous échauffer encore davantage, toujours approuvant tout ce qui s'est fait et tout ce qui se fera. Si, par un funeste et effrayant exemple, des troupes égarées ont désobéi à leurs chefs, ils ne manquent pas de prouver, même au travers des huées, que cette désobéissance est très-conforme à la raison, et à l'esprit de la constitution. C'est alors aussi qu'ils entassent contre les agens publics ce qu'ils appellent des *dénonciations*, c'est-à-dire, des inculpations vagues, appuyées sur d'autres assertions tout aussi vagues, et prouvées par d'autres assertions encore. Tous ces discours sont très-peu propres à nous éclairer sur la conduite des ministres et des autres fonctionnaires, et sur toutes les choses qu'il nous importe de connaître ; mais ils sont d'une merveilleuse efficacité pour nous inspirer des redoublemens de haine bien aveugle, pour justifier à propos toutes les effervescences de la multitude, et aussi pour tenir toujours de nouveaux objets tout prêts, lorsque les anciens sont épuisés.

Chardin rapporte que les Persans se servent d'une sorte de léopards pour chasser les autres bêtes; mais quand l'animal a manqué la proie sur laquelle ils l'avaient lancé, il revient furieux; et ses conducteurs, ayant *peur* pour eux-mêmes, ont toujours en réserve quelque autre proie qu'ils lui jettent pour l'apaiser.

Il est, certes, bon et utile que chacun éprouve une sollicitude vigilante pour le salut de la liberté et de la patrie commune. Mais quand la *peur* des conjurations, la *peur* des princes allemands, la *peur* de M. Mirabeau, qui, comme Cadmus, enfante des armées en semant des dents de serpens, et tant d'autres *peurs* souvent chimériques, nous fatiguent et nous précipitent à des excès : il est bien fâcheux que la *peur* d'empêcher la fin d'une constitution fondée sur les principes les plus saints, et qui doit faire notre bonheur et notre gloire ; la *peur* d'arrêter encore dans son cours une révolution déjà trop longue ; la *peur* de nous affaiblir par nos désordres, et d'appeler par-là l'ennemi ; la *peur* de ruiner la fortune publique ; la *peur* de déshonorer la liberté aux yeux de ceux qui la connaissent assez mal pour lui imputer nos fautes ; et tant d'autres *peurs*, malheureusement trop fondées, soient les seules qui ne nous touchent point.

Citoyens honnêtes et timides, les méchans veillent, et vous dormez. Les méchans sont unis, et vous ne vous connaissez pas. Les méchans ont le courage de l'intérêt, le courage de l'envie, le courage de la haine ; et les bons n'ont que l'innocence, et n'ont pas le courage de la vertu.

J'ai indiqué un bien petit nombre des sacrifices que chaque jour reçoit la *Peur*. Je lui en ai peut-être fait plus d'un moi-même. Je ne lui ferai pas celui de dissimuler le nom de l'auteur qui vient de chanter cet hymne à sa louange.

PREMIER CHAPITRE

d'un ouvrage

SUR LES CAUSES ET LES EFFETS

de la perfection et de la décadence des lettres.

Il n'y a de bonheur pour aucune espèce vivante qu'à suivre ce à quoi la nature la destine. Les hommes, d'après la perfection de leur voix et de leurs organes, et leur inquiétude à chercher toujours quelque chose, à se dégoûter du présent, à s'étendre en tous sens, à s'élancer en de nouvelles idées, et à laisser des vestiges de leur existence, doivent sentir que la nature ne les a point créés pour ne connaître que les soins et les appétits de la vie animale, comme les bêtes, mais pour agir d'esprit non moins que de corps, et pour vivre ensemble. Nulle société ne pouvant durer sans l'équité et la justice, elle les a faits capables de moralité dans leurs actions : ils sont donc composés de raison et de passions; les unes, mal dirigées, aveuglent et perdent l'autre. Mais, quand les unes sont réglées par des mœurs saines et de bonnes lois, et que l'autre reste libre et vraie, alors la raison nous fait juger ce qui est bon et utile, et les passions nous échauffent d'un amour avide pour ce qui est beau et illustre.

Quelques-uns, plus grands que tous, n'ont que le pur enthousiasme de la vertu, d'autres y joignent le désir de la gloire. De ce désir, ou de celui d'être utile, naît l'émulation, source de mille biens dans toute société bien ordonnée, puisque alors elle aiguillonne chaque homme à se montrer parfait dans la vertu, et le meilleur entre les bons. Ce sentiment est bien loin de l'envie ; car il est fondé sur la conscience de ses talens et de sa probité, et sur l'estime qu'on fait d'autrui ; et l'envie est un aveu d'impuissance et d'infériorité.

Deux choses étant, plus que les autres, le fruit du génie ou du courage et ordinairement de tous deux, mènent plus sûrement à la vraie gloire. Ce sont les grandes actions qui soutiennent la chose publique et les bons écrits qui l'éclairent. Bien faire est ce qui peut le plus rendre un homme grand ; bien dire n'est pas non plus à dédaigner : et souvent un bon livre est lui-même une bonne action ; et souvent un auteur sage et sublime étant la cause lente de saines révolutions dans les mœurs et dans les idées, peut sembler avoir fait lui-même tout ce qu'il fait faire de bien.

Mais dans les commencemens des républiques, la vertu étant encore un peu rude et agreste, et chacun ne veillant qu'à s'établir sûrement, à travailler sa terre, à maintenir sa famille, à protéger le pays par le glaive, on ne songeait point aux lettres ; on s'évertuait chez soi, on suait à l'armée ; avec peu d'expérience on n'avait que peu à dire dans la place publique ; on laissait de hauts-faits à narrer, sans s'occuper de narrer ceux d'autrui ; et pour toutes lettres, on chantait et on se transmettait de bouche des poésies chaudes et populaires, toujours le premier fruit de l'imagination humaine, où les rhythmes harmonieux et les vives descriptions de guerres patriotiques et de choses simples et primitives, exaltaient la pensée et enflammaient le courage. Puis, quand, les établissemens fixés, les fortunes assurées, les ennemis chassés, on goûta le loisir et l'abondance, les arts de la paix naquirent en foule. Le temps et les révolutions étrangères ou domestiques avaient éclairé sur plus d'objets. On chercha la célébrité par les monumens de l'esprit. On trouva juste de donner et d'obtenir l'immortalité pour récompenses du mérite; on raconta d'autrui avec enthousiasme, ou de soi avec fidélité; et joignant, pour le bien public, celle-ci aux autres institutions salutaires, les poëtes par leurs peintures animées, les orateurs par leurs raisonnemens pathétiques, les historiens par le récit des grands exemples, les philosophes par leurs discussions persuasives, firent aimer et connaître quelques secrets de la nature, les droits de l'homme, et les délices de la vertu.

Certes, alors les lettres furent augustes et sacrées; car elles étaient citoyennes: elles n'inspiraient que l'amour des lois, de la patrie, de l'égalité, de tout ce qui est bon et admirable; que l'horreur de l'injustice, de la tyrannie, de tout ce qui est haïssable et pernicieux. Et l'art d'écrire ne consistait point à revêtir d'expressions éblouissantes et recherchées, des pensées fausses, ou frivoles, ou point de pensées du tout; mais à avoir la même force, la même simplicité dans le style que dans les mœurs, à parler comme on pensait, comme on vivait, comme on combattait. Alors aussi les lettres furent honorées, car elles méritaient de l'être. Ils se plurent à révérer des hommes qu'ils voyaient travailler dans les travaux communs, et travailler encore quand les autres se reposaient; se distinguer de leurs citoyens par un talent de plus; veiller sur les dangers encore lointains; lire l'avenir dans le passé, employer leur étude, leur expérience, leur mémoire au salut public; aussi vaillans que les autres et plus éclairés, servir la patrie par la main et par le conseil. Comme ils étaient respectables, ils furent aussi respectés, et ils devenaient magistrats, législateurs, capitaines. Les choses furent ainsi tant que l'on conserva les bonnes institutions, qu'il n'y eut parmi les hommes d'inégalité que de mérite; et que les talens, le travail, et une vie innocente, menèrent à tout ce qu'un citoyen peut désirer justement. Bientôt, lorsque l'avarice, la mollesse, la soif de dominer, et les autres pestes qui précipitent les choses humaines, eurent perverti le bon ordre et corrompu la république; qu'un petit nombre se partagèrent tout, que les ancêtres et les richesses mirent au-dessus des lois, que les nations purent se vendre et s'acheter, et que la bassesse des uns et l'insolence des autres se liguèrent pour que la vertu pauvre fût obscure et méprisée, elle fut contrainte à se replier sur soi-même, et à tirer d'elle seule son éclat et sa vengeance. Alors donc, plus qu'auparavant, des hommes vécurent uniquement pour les lettres. Exclus de l'honneur de bien faire, ils se consolèrent dans la gloire de bien dire. Des écrivains employèrent une éloquence véhémente à rappeler les antiques institutions, à tonner sur les vices présens, à servir au moins la postérité, à pleurer sur la patrie; et ne pouvant, à travers les armes et les satellites, la délivrer avec le fer, soulagèrent leur bile généreuse sur le papier, et firent peut-être quelquefois rougir les esclaves et les oppresseurs.

Mais ce courage fut rare et ne dura point. Car, à mesure que le temps, et l'argent, et l'activité affermirent les tyrannies, les écrivains, effrayés par le danger, ou attirés par les récompenses, vendirent leur esprit et leur plume aux puissances injustes, les aidèrent à tromper et à nuire, enseignèrent aux hommes à oublier leurs droits; et se disputant à qui donnerait les plus illustres exemples de servitude, l'art d'écrire ne fut désormais que l'art de remplir de fastidieuses pages d'adulations ingénieuses, et par-là plus ignominieuses; et par cette bassesse mercantile, les saintes lettres furent avilies, et le genre humain fut trahi. De-là les esprits généreux, si ces siècles ignobles en produisirent quelques-uns à qui une nature meilleure eût donné une ame plus forte et un jugement plus sain, méprisèrent la littérature, n'ayant lu que les écrits de ces temps de misère, et négligeant d'étudier les lettres antiques, qui n'avaient point appris la vertu à ceux qui faisaient profession de les savoir. Mais ensuite, après avoir erré dans les projets, dans les charges, dans les voluptés, las d'une vie agitée et vide, et ne sachant où paître leur ame avide de connaissances et de vrais honneurs, ils retournèrent aux lettres, les séparèrent des lettrés, étendirent leurs lectures; et voyant par la méditation que, la tyrannie s'usant elle-même, des circonstances pouvaient naître où les lettres pourraient seules réparer le mal dont elles avaient souffert et qu'elles avaient propagé, ils prirent quelquefois la plume pour hâter cette résurrection autant qu'il était en eux. Pour moi, ouvrant les yeux autour de moi au sortir de l'enfance, je vis que l'agent et l'intrigue étaient presque la seule voie pour aller à tout; je résolus donc, dès-lors, sans examiner si les circonstances me le permettraient, de vivre toujours loin de toutes affaires, avec mes amis, dans la retraite, et dans la plus entière liberté. Choqué de voir les lettres si prosternées, et le genre humain ne pas songer à relever sa tête, je me livrai souvent aux distractions et aux égaremens d'une jeunesse forte et fougueuse. Mais toujours dominé par l'amour de la poésie, des lettres et de l'étude; souvent chagrin et découragé par la fortune ou par moi-même, toujours soutenu par mes amis, je sentis au moins dans moi que mes vers et ma prose, goûtés ou non, seraient mis au rang du petit nombre d'ouvrages qu'aucune bassesse n'a flétris. Ainsi, même dans les chaleurs de l'âge et des passions, et même dans les instans où la dure nécessité a interrompu mon indépendance, toujours occupé de ces idées favorites, et chez moi, en voyage, le long des rues, dans les promenades, méditant toujours sur l'espoir, peut-être insensé, de voir renaître les bonnes disciplines, et cherchant à la fois, dans les histoires et dans la nature des choses, *les causes et les effets de la perfection et de la décadence des lettres*, j'ai cru qu'il serait bien de resserrer en un livre simple et persuasif ce que nombre d'années m'ont fait mûrir de réflexions sur ces matières.

Mais, quand j'y ai regardé de bien près, j'ai trouvé que ces vérités-ci ne sont pas moins périlleuses et moins odieuses que les autres; car, dans nos définitions des diverses manières du bien et du mal écrire, il ne se peut guère que beaucoup de mauvais écrivains ne se croient désignés; et les lecteurs qui sont auteurs, ou qui ont des amis qui le sont, n'approuvent dans vos préceptes que ce qu'eux ou leurs amis ont fait ou peuvent faire. Tout le reste, ou les blesse comme au-dessus d'eux, ou les fait rire comme folle vision ; et en outre, quand vous pesez, comme il convient, la fierté de l'ame et la liberté de la pensée pour les seuls fondemens des bonnes lettres, tous ceux dont la vie et les écrits sont bas et serviles, et tous ceux aussi qui les paient pour cet avilissement, haïssent un auteur dont ils se sentent méprisés. Ainsi, quoi qu'on fasse, le vrai, souvent inutile, produit sûrement des ennemis. J'ai cru cependant pouvoir me fier à la conscience que l'intention de profiter à tous, sans nuire à personne, se fera voir assez dans la naïve simplicité de cet écrit, et me donne droit de l'entreprendre : sûr de n'envier jamais ni la richesse au prix de la liberté, ni l'amitié ou la familiarité des princes et des grands, ni les éloges privés, ni l'association à aucun musée ou académie, ou autre confrérie savante, ni enfin aucune espèce de récompense royale ou littéraire ; déterminé à ne point vivre partout où la pensée ne sera point libre, à ne connaître de guide que la raison, de maître que la justice, et de protecteur que les lois. Je puis, autant que ma nature m'aidera, chercher la vérité sans déguisement, la trouver sans que des préjugés me l'obscurcissent, et la dire sans que ni désir, ni espérance, ni crainte, viennent altérer ma franchise ou la rendre muette. Je n'ai pas même voulu que des intérêts plus honnêtes pussent retenir ma plume. J'ai fui, par cette raison, de me lier avec quantité de gens de bien et de mérite, dont il est honorable d'être l'ami, et utile d'être l'auditeur, mais que d'autres circonstances, ou d'autres idées, ont fait agir et penser autrement que moi. L'amitié et la conversation familière exigent au moins une conformité de principes. Sans cela, les disputes interminables dégénèrent en querelles et produisent l'aigreur et l'antipathie. De plus, prévoir que mes amis auraient lu avec déplaisir ce que j'ai toujours eu dessein d'écrire, m'eût été amer. Je n'avais donc que ce moyen d'éviter en écrivant le reproche de prévarication ou d'ingratitude; car, ou l'amitié vous empêche de dire ce que vous croyez vrai, ou, si vous le dites toujours, on vous accuse de dureté, et l'on vous regarde et l'on vous peint comme un homme intraitable et farouche, sur qui la société n'a point de pouvoir et l'amitié point de droits.

Tels sont les motifs et la fin de cet écrit. Et comme ce qui se dit bien en trois mots n'est jamais si bien dit en quatre, et qu'un bon livre n'est pas celui qui dit tout, mais qui fait beaucoup penser, j'établirai mes idées premières sans en épuiser les conséquences ; je laisserai le lecteur se développer bien des choses à lui-même : et me renfermant de bon gré dans les bornes de mes talens, je ne serai point orné, mais clair; point véhément pour entraîner, mais évident pour convaincre; et je chercherai moins la gloire d'une éloquence abondante, qu'une nerveuse et succulente briéveté : content si l'on trouve plutôt cet ouvrage trop court que trop long, et si les penseurs vertueux en approuvent le but, le ton, les principes ; si ma précision leur cause quelques regrets ; si, en le lisant, il leur en fait faire un plus beau, et s'ils disent qu'on y peut ajouter beaucoup, mais qu'il est impossible d'en rien ôter.

A SA MAJESTÉ
STANISLAS-AUGUSTE,

ROI DE POLOGNE, GRAND-DUC DE LITHUANIE.

Sire,

J'ai reçu des mains de M. Mazzeï la médaille dont Votre Majesté m'a destiné l'honorable présent. Il m'a fait connaître aussi avec quelle indulgence elle s'est exprimée sur mon compte, en jugeant digne d'une traduction en langue polonaise, l'*Avis aux Français* que j'ai publié depuis quelques mois *.

Ma surprise a égalé ma respectueuse reconnaissance; mais, attentif depuis long-temps à tout ce qui se fait sur la terre pour le rétablissement de la raison et l'amélioration de l'espèce humaine, je n'étais pas assez étranger aux affaires de la Pologne, pour ne pas connaître le caractère de Votre Majesté et le prix dont un pareil suffrage doit être aux yeux d'un honnête homme. Aussi dois-je avouer que l'inscription de la médaille ne peut manquer de m'énorgueillir un peu; car elle me rappelle

---

* « Le livre de M. de Chénier, écrivait le roi de Pologne, m'a paru
» si modéré, si sage, si propre à calmer l'effervescence, et si appli-
» cable même à d'autres pays, que je le fais traduire. J'ai pensé que
» la médaille ci-jointe serait une marque convenable du cas que je fais
» de cette production, et de l'opinion que j'ai de l'auteur. »

que c'est uniquement la pureté des principes que j'ai essayé de développer et le désir ardent que j'ai eu d'être utile, qui m'ont valu l'honneur que je reçois, et qui vous ont fait chercher dans la foule un inconnu, pour le prévenir par des marques aussi flatteuses de votre approbation. Vous avez, Sire, applaudi aux souhaits, et compâti aux chagrins d'un homme pour qui il ne sera point de bonheur, s'il ne voit point la France libre et sage; qui soupire après l'instant où tous les hommes connaîtront toute l'étendue de leurs droits et de leurs devoirs; qui gémit de voir la vérité soutenue comme une faction, les droits les plus légitimes défendus par des moyens injustes et violens, et qui voudrait enfin qu'on eût raison d'une manière raisonnable.

Si l'ouvrage, quel qu'il soit, que j'ai publié dans ces intentions, survit aux circonstances qui l'ont fait naître (et il n'est pas impossible que le souvenir des distinctions dont Votre Majesté l'a honoré lui assure cet avantage), ce sera, je n'en doute pas, un des traits dont on se servira pour caractériser notre siècle et l'époque où nous vivons, qu'un pareil écrit ait été une recommandation auprès d'une tête couronnée. Mais cette particularité sera à peine remarquable dans l'histoire d'un homme-roi, dont la vie entière, animée du même esprit, n'aura été qu'un enchaînement d'efforts pour rappeler les hommes, ses concitoyens, à des institutions saines et les élever à la hauteur de la liberté; et qui, dans le dessein de poser ou d'affermir dans sa patrie les fondemens d'une constitution équitable et forte, aura mis en œuvre autant de soins, de ressources et d'activité que les rois en auraient employé jusqu'ici à outrager la nature humaine et éterniser son esclavage et sa honte. Les fables nous racontaient de semblables choses d'un Thésée; et si les historiens antiques y joignaient les noms d'un ou deux rois, à qui elles attribuaient aussi cette divine pensée de rendre les peuples heureux par la liberté et de circonscrire eux-mêmes volontairement leur pouvoir dans les justes limites de la loi et de la félicité publique, le spectacle de ce qui s'était passé dans notre Europe nous faisait rejeter ces histoires parmi les fables. Cette incrédulité ne sera plus permise à ceux qui de nos jours tourneront les yeux vers la Pologne.

Je reconnaîtrais mal la bienveillance honorable que Votre Majesté m'a témoignée, si je l'embarrassais ici par des louanges que ceux qui les méritent n'aiment pas à recevoir en face. Je crois d'ailleurs que les princes capables de concevoir et d'exécuter de si belles entreprises, goûtent dans leur conscience une satisfaction trop au-dessus des louanges. Après ce témoignage intérieur, quel autre plaisir pourrait vous toucher, si ce n'est la réussite complète de ces vues humaines et bienfaisantes, et la douceur de sentir un jour et d'entendre tous les Polonais avouer que leur bonheur est votre ouvrage? Et il ne manquerait rien sans doute à la récompense qui vous est due, si ce noble exemple fructifiait à vos yeux dans tous les empires, et pouvait être imité par tous les rois. Puisse ce dernier succès vous être aussi assuré que les bénédictions de vos contemporains et de la postérité!

Agréez avec bonté, Sire, l'expression de mon respect et de ma reconnaissance et les vœux ardens que je fais pour votre prospérité, que vous avez inséparablement attachée à celle de votre brave nation.

Paris, 18 octobre 1790.

A GUILLAUME-THOMAS RAYNAL [*].

L'Assemblée nationale venait de décerner des honneurs à la mémoire de Voltaire. C'est le lendemain de ce jour qu'on lui annonce une lettre de vous. Ce moment inspira sans doute un vif intérêt à tous ceux qui aiment la constitution, et qui ont étudié les causes de la révolution à qui nous en sommes redevables. En vain tous les citoyens s'abstiennent d'interrompre les travaux de l'Assemblée, quand ils n'ont rien à lui demander. Elle sentait, chacun sentait comme elle, que vous pouviez être excepté ; qu'elle pouvait donner quelques instans à votre conversation ; et il y eût eu à vous de la noblesse et de la dignité à vous reconnaître ce droit et à savoir en user. Voltaire, Montesquieu, Rousseau, Mably, sont morts avant d'avoir vu fructifier les germes qu'ils avaient semés dans les esprits. Vous vivez, vous qui avez avec eux préparé les voies de la liberté ; et comme dans ces associations ingénieuses, où les vieillards qui survivent héritent

---

[*] Moniteur, 5 juin 1791.

de toute la fortune de leurs confrères morts, on se plaisait à voir accumuler sur votre tête le tribut de reconnaissance et d'hommages que l'on ne peut plus offrir qu'à leur cendre.

Vous promettiez à l'Assemblée de la juger sévèrement; et cette promesse, honorable pour vous et pour elle, a excité encore plus de satisfaction et de confiance. Nul ne doutait de vos principes : c'eût été vous faire outrage. Ceux qui profitent de leurs lectures se rappelaient surtout, dans le livre qui a fait votre gloire (tome 2, page 407), cette adresse au roi, que la postérité pourrait prendre souvent pour une prophétie faite après l'événement, et pour un tableau historique des travaux de l'Assemblée nationale : tant vous y indiquez avec précision toutes ses opérations, et l'esprit qui les a guidées, et la nécessité absolue de faire ce qu'elle a fait. Mais comme, au milieu de son vaste et rapide ouvrage, il est impossible qu'elle n'ait pas omis ou tronqué plus d'une chose importante, qui cependant peut n'avoir point frappé les yeux des spectateurs vulgaires : chacun attendait de vous, soit de nouvelles conséquences des principes reconnus par vous et par elle, soit de nouvelles vues sur l'organisation du corps politique, soit de nouveaux moyens d'exécution; en un mot, des leçons où tous les citoyens puiseraient le respect et l'obéissance aux lois, et les législateurs des lumières sur l'art de faire des lois dignes de l'obéissance.

Quel a donc été l'étonnement général, quand on a vu qu'un écrit présenté sous votre nom, sous le nom d'un homme qui conseillait jadis au roi de faire le bien par des réformes totales et rigoureuses, sans avoir nul égard aux cris et aux murmures, ne renfermait que des plaintes vaines, que des déclamations vagues et communes, sans aucune réflexion profonde, sans aucune idée dont il fût possible de profiter! Quel a été l'étonnement de vous voir prendre le ton de vos anciens persécuteurs, de vous voir regarder comme ami et comme allié par ceux qui jadis ne parlaient de vous qu'avec ces expressions injurieuses, qu'eux et leurs pareils prodiguaient à quiconque haïssait le fanatisme et la tyrannie et voulait le bonheur du genre humain! Et cette alliance n'est pas venue d'eux; car ce n'est pas eux qui ont changé d'esprit et de langage.

Qui jamais eût pu s'attendre à vous compter parmi les détracteurs de la déclaration des droits? Que des hommes qui ne réfléchissent point confondent sans cesse avec des principes toutes les détestables équivoques auxquelles on fait servir les principes; qu'ils attribuent à la connaissance des droits de l'homme tous les excès qui blessent le plus ces mêmes droits, et qu'on ne punit qu'en vertu de ces mêmes droits : mais vous! vous! regarder comme un système de désorganisation et de désordre l'acte qui, pouvant seul assurer les droits et la liberté de tous, peut seul être la base d'une société durable! car je ne pense pas que vous accusiez l'Assemblée d'avoir donné aux hommes des droits qu'ils n'avaient pas en effet. Et qu'avez-vous invoqué pour les Américains, si ce n'est les droits de l'homme? Et qu'avez-vous trouvé dans le livre de Payne (*le sens commun*) que vous avez extrait et loué, si ce n'est les droits de l'homme? Et qu'avez-vous cité aux nations européennes pour les faire rougir de l'esclavage des nègres, si ce n'est les droits de l'homme? Sur cette matière même, vous vous êtes livré à des emportemens éloquens, mais pas assez prudens peut-être. Vous avez appelé à grands cris un libérateur qui mît le fer à la main de ces malheureux opprimés ; vous l'avez nommé d'avance un *héros*, un *grand homme* ; vous avez *tressailli de joie* en prévoyant le jour où *les champs américains s'enivreront avec transport du sang européen* (tome VI, page 221). Que diriez-vous de l'Assemblée nationale si elle eût tenu un pareil langage ?

A la vérité, comme autrefois vous faisiez amende honorable d'avoir été prêtre, vous semblez aujourd'hui vous excuser d'avoir professé les maximes de la philosophie, et faire entendre que les discours des philosophes ne doivent pas se prendre à la lettre. Mais c'est là une chose qui doit faire baisser les yeux à tous vos véritables amis. Ils doivent gémir qu'à la fin d'une carrière que la philosophie seule a rendue illustre, vous paraissiez abjurer d'aussi honorables succès, et prêter l'appui de votre autorité à l'ignorance ambitieuse et hautaine, toujours ennemie des hommes libres et studieux ; et qui ne manquera pas de dire, suivant son usage : « Pourquoi écouter ces philosophes ? Leurs idées d'humanité, de liberté, de justice, sont des rêveries dont eux-mêmes ne croient pas un mot. »

Les crimes de quelques brigands qui profitent de l'inévitable anarchie, ont fait saigner tous les cœurs honnêtes. Mais, était-ce vous qui deviez en accuser l'Assemblée nationale en corps ? Quoi ! quand vous avez chanté, invoqué la liberté avec tant de force et de chaleur, ignoriez-vous que l'établissement de la liberté, surtout chez une nation détériorée par un long esclavage, entraîne toujours des désordres et des malheurs d'un moment ? Et si vos amis répondent que vous l'ignoriez ; quelle pitoyable excuse pour un homme qui a passé sa vie à écrire ! quoi ? l'histoire ! c'est-à-dire, de tous les ouvrages de l'esprit, celui qui exige, qui suppose le plus de maturité dans le jugement, la connaissance la plus approfondie de tous les événemens humains, et de leurs causes, et de leurs effets. L'histoire n'est pas une déclamation de rhéteur. Le grand historien n'est que l'homme d'État, la plume à la main, surtout lorsque, sachant fort bien qu'il n'existe point d'histoire qui ne doive être *philosophe et politique*, il écrit néanmoins ces deux mots sur son frontispice ; et par le faste même de ce titre, promet spécialement au lecteur l'étude la plus consommée de toutes les bases de l'art social et de la félicité humaine.

L'Église de France vous arrache aussi des larmes. Je fais gloire d'être de ceux qui, sans estimer aucun collége de prêtres, à quelque communion qu'ils appartiennent, auraient cependant voulu qu'on prît des moyens de changer les choses sans inquiéter les personnes, et qui ont vu avec bien de la joie l'Assemblée nationale rentrer, autant qu'elle a pu, à l'occasion de l'arrêté du département de Paris, dans le sentier de l'immuable raison. Mais en envisageant cette affaire sous son point de vue le plus défavorable, qu'y verra-t-on ? un clergé forcé de céder la place à un autre clergé, mais avec un traitement de retraite dont un très-grand nombre a lieu d'être content. Je ne conçois pas en quoi ce destin peut vous paraître si lamentable, à vous qui nous traciez d'un style si amer l'origine des biens ecclésiastiques ; à vous qui aviez le courage de nous dire (tome VI, page 203) : *Si cette religion existait, n'en faudrait-il pas étouffer les ministres sous les débris de leurs autels?* Et ailleurs (tome x, page 145) : *S'il existait dans un recoin d'une contrée soixante mille citoyens enchaînés par ces vœux* (chasteté, pauvreté, obéissance), *qu'aurait à faire le souverain que de s'y transporter avec un nombre suffisant de satellites armés de fouets, et de leur dire : Sortez, canaille fainéante, sortez ; aux champs, à l'agriculture, aux ateliers, à la milice?* On extrairait de votre livre vingt pages de ce ton, qui, suivant beaucoup de bons esprits, n'est ni celui de l'humanité, ni celui de l'histoire.

Tant et de si frappantes contradictions doivent embarrasser beaucoup les vrais amis de votre gloire, et je suis de ce nombre plus que vous ne pensez. Que pourront-ils répondre à celui qui jugera votre démarche d'après l'importance que votre renommée attache à tout ce qui vient de vous? Il observera que, pendant deux années entières, les plus grandes questions qui puissent occuper les hommes, se sont succédées dans des discussions d'où dépendait le sort de l'empire, sans qu'une fois vous ayez présenté à la patrie le fruit de vos veilles et de vos travaux ; sans qu'une fois vous ayez offert votre aide à l'Assemblée nationale pour la diriger dans une difficulté, pour lui inspirer ou lui éclaircir un doute, pour lui épargner une erreur, pour lui indiquer un écueil : et c'est au moment où nous sommes près de donner de l'importance à de misérables querelles ecclésiastiques ; c'est au moment où quelques méchans et quelques insensés affichent, follement à la vérité, des espérances parricides ; et où des brouillons et des factieux de tous les partis n'épargnent rien pour ébranler l'édifice naissant, et discréditer les lois sous lesquelles nous devons vivre, que votre lettre paraît. Un tel ouvrage, dans de telles circonstances, ne semble-t-il pas arraché à votre vieillesse trompée, dans l'intention d'étayer des projets sinistres de l'autorité de votre nom, et d'obtenir par-là ce désordre et cette anarchie dont vous vous plaignez, ainsi que tous les gens de bien. Il est incontestable que votre lettre peut produire cet effet, et je vous demande si cette idée vous laisse tranquille, et si vous croyez un pareil succès capable d'honorer vos vieux jours?

Je n'ai pas la prétention extravagante de vous offrir mes conseils; mais je ne puis me refuser quelques réflexions sur la belle occasion qu'avait l'abbé Raynal de servir encore la liberté, et d'illustrer son retour dans une ville dont le despotisme superstitieux lui avait fermé l'entrée. C'est ce qu'il eût fait, s'il eût exactement rempli la promesse faite en son nom à l'Assemblée nationale; s'il eût soumis l'ouvrage de nos législateurs à un examen critique et judiciaire, sans passions et sans flatterie, tel qu'on devait l'attendre de lui. Il n'aurait pas répété qu'on a tout détruit, au lieu de se borner à la réforme des abus : il aurait cherché si cela était possible; il aurait discuté si beaucoup de vieilles institutions, très-vicieuses, très-étroitement liées entre elles, et profondément enracinées dans les habitudes même et dans les opinions des hommes, peuvent être réformées l'une après l'autre; il aurait félicité le genre humain d'une déclaration des droits de l'homme, de cet acte vraiment authentique, de cette charte ineffaçable qu'on ne peut plus déchirer dès qu'une fois elle est écrite; il aurait suivi, comparé les conséquences que l'Assemblée nationale en a tirées, leurs rapports, leurs influences mutuelles ; il aurait éclairci, réuni, rectifié, puis il aurait pesé les obstacles de toute espèce qu'elle a eus à vaincre ; il l'aurait affermie, éveillée, encouragée. De-là il serait passé à l'examen de ses fautes ; il en eût développé les causes et les remèdes ; il eût tonné sur les passions privées qui ont quelquefois traversé l'intérêt général ; il eût démasqué et les hypocrites de royalisme et les hypocrites de patriotisme ; mêlant aux éloges et aux reproches, de ces aperçus lumineux, de ces conseils d'une prudence fondée sur la connaissance des hommes et des choses, et tout cela énoncé avec cette simplicité noble, cette gravité majestueuse, digne du sujet, digne de la vérité.

Ou je suis bien trompé, ou une lettre écrite dans cet esprit n'eût pas été moins digne d'une ame forte et fière, et eût été plus utile à la chose publique et à votre gloire. Et l'Assemblée nationale qui n'a pu que supporter celle que vous lui avez adressée ; l'Assemblée nationale, que certes on n'accusera pas d'avoir manqué de vénération pour les génies illustres, eût accueilli ces leçons de l'expérience et de l'étude avec la reconnaissance due au zèle et le respect dû à l'âge et aux talens.

Voilà quelques-unes des réflexions que m'a fait naître votre lettre à l'Assemblée nationale. Plusieurs lecteurs trouveront mauvais que j'aie osé vous les communiquer. Ils riront de voir au commencement mon nom obscur à côté de votre nom célèbre ; et cette disparate ne manquera pas de leur inspirer beaucoup de bons mots. Ces sortes de remarques trouvent toujours quelqu'un qui s'en empare ; car elles sont commodes pour l'amour-propre ; elles tiennent lieu de réponse aux yeux de beaucoup de gens, et il ne faut que peu ou point d'esprit pour les faire.

Vous avez fait en homme libre en disant votre pensée à l'Assemblée nationale : je fais de même en vous disant la mienne. Je ne vous ai point parlé un langage de parti. Le peu de personnes qui me connaissent savent que je n'ai jamais été attaché à aucun parti, que je n'ai rien fait pour plaire à aucun, que je n'en servirai aveuglément aucun ; et qu'un ardent désir du bonheur des hommes est la seule passion que je porte dans les discussions politiques. Ne voyez surtout dans ma franchise nul dessein de vous offenser. Quelles que soient vos opinions, quelles que soient les miennes, je n'oublie pas le précepte sage et humain d'un législateur antique : « Lève-toi devant la tête blanchie, et honore la présence du vieillard. » J'espère que l'auteur de la lettre à l'Assemblée nationale m'excusera d'oser citer Moïse à l'auteur de l'*Histoire philosophique*.

DE LA
CAUSE DES DÉSORDRES
QUI TROUBLENT LA FRANCE
ET ARRÊTENT L'ÉTABLISSEMENT DE LA LIBERTÉ *.

La société des amis de la constitution, séante aux Jacobins, s'est souvent occupée, comme on le voit par le journal de ses séances, des moyens de ramener et d'assurer le calme dans Paris et dans le royaume. Quoique je n'aie jamais été membre de cette société, et que je ne l'aie même jamais vue, je me joins cette fois à elle du fond du cœur, pour adhérer à ce vœu qu'elle prononce, et qui est celui de tout bon citoyen ; et comme il faut connaître la véritable source des maux pour en découvrir le remède, je vais, sans m'arrêter à quelques causes particulières et momentanées de dissensions, inséparables de tout nouvel ordre de choses, indiquer ce que je crois être la cause féconde et universelle des troubles et des désordres qui nous agitent à la suite d'une révolution pour

---

* Journal de Paris, 26 février 1792.

laquelle le genre humain votera un jour des remercîmens à la France.

Il existe au milieu de Paris une association nombreuse qui s'assemble fréquemment, ouverte à tous ceux qui sont ou passent pour être patriotes, toujours gouvernée par des chefs visibles ou invisibles, qui changent souvent et se détruisent mutuellement, mais qui ont tous le même but, de régner, et le même esprit, de régner par tous les moyens. Cette société s'étant formée dans un moment où la liberté, quoique sa victoire ne fût plus incertaine, n'était pourtant pas encore affermie, attira nécessairement un grand nombre de citoyens alarmés, et pleins d'un ardent amour pour la bonne cause. Plusieurs avaient plus de mérite que de lumières. Beaucoup d'hypocrites s'y glissèrent, ainsi que beaucoup de personnages endettés, sans industrie, pauvres par fainéantise, et qui voyaient de quoi espérer dans un changement quelconque. Plusieurs hommes justes et sages, qui savent que dans un État bien administré tous les citoyens ne font pas les affaires publiques, mais que tous doivent faire leurs affaires domestiques, s'en sont retirés depuis ; d'où il suit que cette association doit être en grande partie composée de quelques joueurs adroits qui préparent les hasards, et qui en profitent ; d'autres intrigans subalternes, à qui l'avidité et l'habitude de mal faire tiennent lieu d'esprit, et d'un grand nombre d'oisifs honnêtes, mais ignorans et bornés, incapables d'aucune mauvaise intention, mais qui peuvent servir, sans le savoir, les mauvaises intentions d'autrui.

Cette société en a produit une infinité d'autres : villes, bourgs, villages en sont pleins ; presque toutes sont soumises aux ordres de la société mère, et entretiennent avec elle une correspondance très-active. Elle est un corps dans Paris, et elle est la tête d'un corps plus vaste qui s'étend sur la France. C'est ainsi que l'Église de Rome *plantait sa foi*, et gouvernait le monde par des congrégations de moines.

Cette congrégation fut imaginée et exécutée par des hommes très-populaires, il y a deux ans, et qui virent fort bien que c'était un moyen d'augmenter leur pouvoir, et de tirer un grand parti de leur popularité, mais qui ne virent pas combien un pareil instrument était redoutable et dangereux. Tant qu'ils les gouvernèrent, toutes les erreurs de ces sociétés leur parurent admirables ; depuis qu'ils ont été détruits par cette mine qu'ils avaient allumée, ils détestent des excès qui ne sont plus à leur profit ; et disant vrai, sans être plus sages, ils se réunissent aux gens de bien pour maudire leur ancien chef-d'œuvre ; mais les gens de bien ne se réunissent point à eux.

Ces sociétés délibèrent devant un auditoire qui fait leur force ; et si l'on considère que les hommes occupés ne négligent point leurs affaires pour être témoins des débats d'un club, et que les hommes éclairés cherchent le silence du cabinet, où les conversations paisibles, et non le tumulte et les clameurs de ces bruyantes mêlées ; on jugera facilement quels doivent être les habitués qui composent cet auditoire. On jugera de même quel langage doit être propre à s'assurer leur bienveillance.

Une simple équivoque a suffi à tout. La constitution étant fondée sur cette éternelle vérité, *la souveraineté du peuple*, il n'a fallu que persuader aux tribunes du club qu'elles sont *le peuple*.

Cette définition est presque généralement adoptée par les publicistes faiseurs de journaux. Et quelques centaines d'oisifs réunis dans un jardin ou dans un spectacle, ou quelques troupes de bandits qui pillent des boutiques, sont effrontément appelés *le peuple;* et les plus insolens despotes n'ont jamais reçu, des courtisans les plus avides, un encens plus vil et plus fastidieux que l'adulation impure dont deux ou trois mille usurpateurs de la souveraineté nationale sont enivrés chaque jour par les écrivains et les orateurs de ces sociétés qui agitent la France.

Comme l'apparence du patriotisme est la seule vertu qui leur soit utile, quelques hommes, qu'une vie honteuse a flétris, courent y faire foi de patriotisme par l'emportement de leurs discours : fondant l'oubli du passé et l'espérance de l'avenir sur des déclamations turbulentes et sur les passions de la multitude, et se rachetant de l'opprobre par l'impudence.

Là se manifestent journellement des sentimens et même des principes qui menacent toutes les fortunes et toutes les propriétés. Sous le nom d'*accaparemens*, de *monopoles*, l'industrie et le commerce sont représentés comme délits. Tout homme riche y passe pour un ennemi public. L'ambition et l'avarice n'épargnant ni honneur ni réputation, les soupçons les plus odieux, la diffamation effrénée s'appellent *liberté d'opinions.* Qui demande des preuves d'une accusation est un homme suspect, un ennemi du peuple.

Là toute absurdité est admirée, pourvu qu'elle soit homicide; tout mensonge est accueilli pourvu qu'il soit atroce. Des femmes y vont faire applaudir les convulsions d'une démence sanguinaire.

La doctrine que toute délation vraie ou fausse est toujours une chose louable et utile, y est non-seulement pratiquée, mais enseignée au moins comme ce que les jésuites appelaient une *opinion probable*. Un homme fait un discours rempli d'invectives et d'imputations diffamantes, dans l'allégresse générale on en décide l'impression ; puis interrogé pourquoi il ne l'avait pas publié tel qu'il l'avait prononcé, et pourquoi il a supprimé quelques-unes de ces brillantes délations qui en avaient fait le succès, il répond, avec une franchise qui ne l'honore pas moins que ceux dont il était alors le président, qu'au fond il n'était pas sûr que tout ce qu'il avait dit fût bien vrai, et qu'il a mieux aimé ne pas s'exposer à un procès criminel.

On y attaque aussi quelquefois des coupables, et on les y attaque avec une férocité, un acharnement, une mauvaise foi, qui les font paraître innocens.

Là se distribuent les brevets de patriotisme. Tous les membres, tous les amis de ces congrégations sont de bons citoyens ; tous les autres sont des perfides. La seule admission dans ce corps, comme le baptême de Constantin, lave tous les crimes, efface le sang et les meurtres. Les monstres d'Avignon ont trouvé là des amis, des défenseurs, des jaloux.

Ces sociétés se tenant toutes par la main, forment une espèce de chaîne électrique autour de la France. Au même instant, dans tous les recoins de l'empire, elles s'agitent ensemble, poussent les mêmes cris, impriment les mêmes mouvemens, qu'elles n'avaient certes pas grand'peine à prédire d'avance.

Leur turbulente activité a plongé le gouvernement

dans une effrayante inertie : dans les assemblées primaires ou électorales, leurs intrigues, leurs trames obscures, leurs tumultes scandaleux ont fait fuir beaucoup de gens de bien, dont toutefois la faiblesse est très-condamnable, et ont sali de noms infâmes quelques listes de magistrats populaires. Partout les juges, les administrateurs, tous les officiers publics qui ne sont point leurs agens et leurs créatures, sont leurs ennemis et en butte à leurs persécutions. Usurpateurs même des formes de la puissance publique, ici ils se transportent à un tribunal et en suspendent l'action; là ils forcent des municipalités à venir chez eux recevoir leurs ordres; dans plus d'un lieu ils ont osé entrer de force chez des citoyens, les fouiller, les juger, les condamner, les absoudre. La rébellion aux autorités légitimes trouve chez eux protection et appui. Tout homme se disant patriote, et qui a outragé les lois et leurs organes, vient s'en vanter parmi eux. On en a vu se faire gloire non-seulement de leurs délits, mais des actes judiciaires qui les avaient justement flétris. Tout subalterne renvoyé et calomniateur est une victime de son patriotisme; tout soldat séditieux et révolté peut leur demander la couronne civique; tout chef insulté ou assassiné a eu tort. Au moment où une horde de rebelles fugitifs, secondée de la malveillance des étrangers, semble nous annoncer la guerre, ils désignent les généraux à l'armée comme des traîtres dont elle doit se défier. Quiconque veut exécuter les lois est dénoncé chez eux, et par eux dans les places publiques, et par eux à la barre même de l'Assemblée nationale, comme mauvais citoyen et contre-révolutionnaire.

Ils ne laissent pas de se plaindre aussi eux-mêmes de

l'inexécution des lois. Ce gouvernement, dont chaque jour ils embarrassent la marche, ils l'accusent chaque jour de ne point marcher. Chaque jour ils invoquent la constitution, et chaque jour leurs discours et leur conduite l'outragent, et chaque jour s'élancent du milieu d'eux des essaims de pétitionnaires qui vont faire retentir de violentes inepties contre la constitution, les voûtes mêmes sous lesquelles la constitution a été faite.

Ils reçoivent, à la face de la France entière, des députations qui, comme s'il n'existait ni assemblée législative, ni tribunaux, ni pouvoir exécutif, s'adressent à eux pour obtenir ou une loi, ou la réparation de quelque tort, ou un changement d'officiers publics.

Et quand l'indignation et la douleur soulèvent tous les esprits, ils crient eux-mêmes plus que personne contre les désordres qu'ils ont faits et qu'ils entretiennent; ils accusent de leurs ouvrages tous ceux qu'ils oppriment; et levant à la fois le masque, ils arment au milieu de Paris, sans dissimuler leurs préparatifs de guerre. Enfin, au midi de la France, ils ont osé se promettre d'une ville à l'autre l'appui d'une force armée, dans le cas où la puissance publique essaierait de les faire rentrer dans le devoir des sujets de la loi.

Les procès-verbaux de toutes les administrations, ceux de l'Assemblée nationale, tous les journaux, et ceux principalement qui sortent du sein même de ces sociétés, la notoriété publique, les yeux et la conscience de la France entière, attesteront que ce tableau hideux n'est que fidèle. Voilà dans quel chaos ils ont jeté cet empire, qui a une constitution. Voilà comment, soit par la terreur, soit par le découragement, ils ont réduit les talens et la probité au silence ; et l'homme dont le cœur est juste et droit (car celui-là seul est libre), étonné entre ce qu'on lui annonçait et ce qu'il voit, entre la constitution et ceux qui se nomment ses amis, entre la loi qui lui promet protection et des hommes qui parlent plus haut que la loi, rentre en gémissant dans sa retraite, et s'efforce d'espérer encore que le règne des lois et de la raison viendra enfin réjouir une terre où l'on opprime au nom de l'égalité, et où l'effigie de la liberté n'est qu'une empreinte employée à sceller les volontés de quelques tyrans.

Il est certes bien étonnant que toutes ces choses fussent assez inconnues à un membre de l'Assemblée nationale, pour qu'il ait pu demander hautement, il y a peu de jours, qu'on lui citât quelques-uns des excès de ces sociétés si mal nommées *patriotiques* ; et il faut en effet que cet incroyable défi ait frappé l'Assemblée d'un grand étonnement, puisqu'elle ne s'est pas levée toute entière pour lui répondre d'une manière trop satisfaisante, par la triste énumération que je viens de faire.

Il a paru sous le nom d'un magistrat une lettre qui m'a semblé bien niaise; d'autres l'ont jugée pernicieuse. Ils ont cru y voir le désir de servir les factions les plus ennemies du bien public, de justifier les passions les plus inouies et les plus anti-sociales, et d'armer tous ceux qui n'ont rien contre tous ceux qui ont quelque chose. Mais quoique je ne connaisse point ce magistrat, et que je l'entende prôner par des gens que je n'aime point et pour qui je n'ai aucune estime, je n'ai rien vu dans sa conduite ni dans son écrit qui m'autorisât à adopter de pareils soupçons. Quoi qu'il en soit, cette lettre assure en différens endroits et de différentes manières, *que la bourgeoisie n'est plus aussi attachée à la révolution.* Si ce fait important est vrai, il me semble qu'il aurait dû inspirer à ce magistrat d'autres réflexions que celles qu'on lit dans sa lettre. Il aurait dû considérer que cette classe, qu'il désigne par ce mot de *bourgeoisie*, étant celle qui est placée à distance égale, entre les vices de l'opulence et ceux de la misère, entre les prodigalités du luxe et les extrêmes besoins, fait essentiellement la masse du vrai *peuple*, dans tous les lieux et dans tous les temps, où l'on donne un sens aux mots qu'on emploie ; que cette classe est la plus sobre, la plus sage, la mieux active, la plus remplie de tout ce qu'une honnête industrie enfante de louable et de bon ; que lorsque cette classe entière est mécontente, il en faut accuser quelque vice secret dans les lois ou dans le gouvernement. Des lois qui rétablissent l'égalité parmi les hommes, des lois qui ouvrent le champ le plus vaste et le plus libre à toute espèce de travaux ; des lois qui, malgré les imperfections dont nul ouvrage humain n'est exempt, sont au moins évidemment destinées à fonder la concorde et le bonheur de tous sur les intérêts de tous, ne peuvent assurément pas être la cause de leur mécontentement. Il faut donc, ou que le gouvernement contrarie les lois, ou que le gouvernement n'ait point de force. Si ensuite ce magistrat eût regardé autour de lui ; s'il eût vu les tribunaux sans force, les administrateurs sans pouvoir et sans confiance, la France entière alarmée sur l'état de ses finances, sur celui de sa dette, sur les contributions, sur la fortune publique, et par conséquent les particuliers inquiets sur leur fortune privée ; la défiance et l'effroi arrêtant ou précipitant les transactions commerciales, les spéculations les plus légitimes devenues dangereuses ; vingt tentatives pour taxer le prix des denrées : le discrédit de nos papiers, effet infaillible de toutes ces causes ; il n'aurait pas été embarrassé de rendre raison de ce grand nombre de mécontens qui se grossit tous les jours. Il eût ensuite cherché d'où peut naître un relâchement si incroyable dans toutes les parties du gouvernement, et cette terreur des bons, et cette audace des méchans : je doute que ses yeux eussent trouvé à se fixer ailleurs que sur ces sociétés, où un infiniment petit nombre de Français paraissent un grand nombre parce qu'ils sont réunis et qu'ils crient.

Et alors, comparant leur action et leur organisation avec les idées qu'il doit s'être faites d'un État libre et bien ordonné, il aurait, je pense, conclu avec moi et avec tout lecteur qui n'est pas ou un des fripons intéressés à tant de désordres, ou d'une imbécillité à qui tout raisonnement soit interdit, qu'il est absolument impossible d'établir et d'affermir un gouvernement à côté de sociétés pareilles ; que ces clubs sont et seront funestes à la liberté ; qu'ils anéantiront la constitution ; que la horde énergumène de Coblentz n'a pas de plus sûrs auxiliaires ; que leur destruction est le seul remède aux maux de la France ; et que le jour de leur mort sera un jour de fête et d'allégresse publique. Ils crient partout que la patrie est en danger. Cela est malheureusement bien vrai, et cela sera vrai tant qu'ils existeront.

AUX AUTEURS DU JOURNAL DE PARIS.

27 mars 1792.

L'AMNISTIE, absolument nécessaire à la suite des troubles d'une révolution où toutes les passions agitées ne peuvent guère se contenir dans les bornes du devoir, et font une foule de coupables qui ne sont pas tous des criminels, vient de rendre la liberté aux soldats suisses du régiment de Châteauvieux; et, par une conséquence admirable, la ville de Paris les reçoit dans son sein avec une pompe triomphale.

Les Romains gravaient sur l'airain les exploits des généraux à qui l'on accordait le triomphe, et leurs titres à ces grands honneurs, qui faisaient de la gloire la récompense de la vertu, et échauffaient le cœur des citoyens d'une émulation tout au profit de la chose publique.

J'imagine que la ville de Paris suivra cet exemple, et que ceux qui seront témoins de cette superbe entrée, liront sur le char de victoire :

« Pour s'être révoltés à main armée, et avoir répondu
» à la lecture des décrets de l'Assemblée nationale qui les
» rappelaient à leur devoir, qu'ils persistaient dans leur
» révolte.

» Pour avoir été déclarés criminels de lèze-nation au
» premier chef, par un décret de l'Assemblée nationale
» du lundi 16 août 1790.

» Pour avoir pillé la caisse de leur régiment.

» Pour avoir dit ces mémorables paroles : *Nous ne » sommes pas Français ; nous sommes Suisses, il nous » faut de l'argent.*

» Pour avoir fait feu sur les gardes nationales de Metz » et autres lieux, qui marchaient vers Nancy d'après les » décrets de l'Assemblée nationale. »

Le général Bouillé avait trompé toute la France et ses représentans. Très-peu croyaient à son amour pour l'égalité et pour les nouvelles lois, mais tous lui croyaient assez de courage pour se refuser à un serment qu'il ne voulait pas tenir. Il n'y eut que ces soldats suisses qui pénétrèrent ses mauvais desseins. Ils jugèrent qu'il ne tarderait pas à devenir traître et parjure. En conséquence, ils s'armèrent contre lui lorsqu'il exécutait la loi, parce qu'ils prévoyaient qu'un jour il s'armerait lui-même contre la loi ; et ils s'emparèrent de la caisse du régiment, de peur que cet argent, tombé dans ses mains moins patriotiques, ne servît à la contre-révolution.

Puisque le général Bouillé s'est montré un lâche et perfide ennemi de la patrie, il est clair que ceux qui ont fait feu sur lui et sur les citoyens français qui marchaient sous ses ordres en vertu d'un décret de l'Assemblée nationale, ne peuvent être que d'excellens patriotes.

Dans tout procès, dans tout délit, il ne peut y avoir qu'une des parties de condamnable. Par exemple, quand un homme assassiné se trouve avoir été un scélérat, il est évident que son assassin ne peut plus être qu'un honnête homme.

Ces soldats ont été remis en liberté par un décret qui

les comprend dans l'amnistie. Or *amnistie* signifie *oubli*, or il est palpable que lorsqu'on déclare oublier les fautes d'un homme, on entend par-là que cet homme n'a point commis de faute, et qu'il mérite récompense.

Quand les esprits plus calmes jugeront de loin les événemens passés, ce triomphe des Suisses de Châteauvieux ne peut manquer d'acquérir une véritable gloire à la ville et à la municipalité de Paris, et d'expier les honneurs funèbres rendus dans cette même ville à la mémoire du jeune Désiles et des gardes nationaux tués par ces triomphateurs patriotes.

Ce jour sera vraiment un jour de fête pour tous les citoyens qui croient que, s'il doit y avoir une proportion entre les délits et les peines, il doit y en avoir une entre le mérite et la récompense, et que les honneurs éclatans sont le juste prix des éclatantes vertus civiques. Ils attendront aussi de ces honneurs prodigués à des soldats qui n'ont été convaincus que de rébellion armée, une merveilleuse facilité à rétablir la discipline dans les troupes.

Les piques et les bonnets n'avaient pu rien produire. Il a bien fallu essayer une plus grande machine pour attrouper les oisifs, et réchauffer cette ville de Paris, qui, quoi qu'on fasse, manifeste un étrange dégoût pour l'anarchie, et une tendance au bon ordre qui est vraiment désespérante.

Quelques personnes demandent à quoi bon écrire si souvent contre les partis puissans et audacieux ; qu'on ne leur fait aucun mal, qu'on se fait passer pour aristocrate, etc.

Je réponds qu'en effet une immense multitude d'hommes parlent et décident d'après des passions aveugles, et croient juger; mais que ceux qui le savent ne mettent aucun prix à leurs louanges, et ne sont point blessés de leurs injures.

J'ajoute qu'il est bon, qu'il est honorable, qu'il est doux de se présenter, par des vérités sévères, à la haine des despotes insolens qui tyrannisent la liberté au nom de la liberté même.

Quand des brouillons tout-puissans, ivres d'avarice et d'orgueil, tombent détruits par leurs propres excès, alors leurs complices, leurs amis, leurs pareils, les foulent aux pieds; et l'homme de bien, en applaudissant à leur chute, ne se mêle point à la foule qui les outrage. Mais jusque-là, même en supposant que l'exemple d'une courageuse franchise ne soit d'aucune utilité, démasquer sans aucun ménagement des factieux avides et injustes, est un plaisir qui n'est pas indigne d'un honnête homme.

LETTRE DE LOUIS XVI
AUX DÉPUTÉS A LA CONVENTION,
RÉDIGÉE PAR ANDRÉ CHÉNIER.

Messieurs,

J'ai paru sans murmure devant votre tribunal; j'ai répondu à toutes vos questions avec candeur et simplicité. Je n'ai fait aucune réflexion sur la nature de plusieurs de ces questions, les regardant toutes comme également propres à manifester ma droiture et mon innocence, et ne croyant pas que des explications entre moi et ceux que le peuple français reconnaît pour ses Représentans, pussent jamais m'avilir, de quelque manière que fût fait l'interrogatoire. Je ne me suis servi ni des maximes éternelles du droit des gens, ni des observations publiées par plusieurs même d'entre vous, pour élever des doutes sur votre compétence et pour réclamer en ma faveur toutes ces formes, bases indispensables de toute jurisprudence, puisqu'elles seules peuvent protéger le faible, puisqu'elles seules peuvent prouver, ou du moins rendre probable qu'un jugement n'a été dicté que par la conviction intime, et qu'une sentence est en effet un vœu de la justice, et non un déguisement de la violence. Il était pourtant visible que ces formes, si nécessaires à observer dans toutes les causes ordinaires, l'étaient peut-être plus encore dans celle-ci ; car elles n'ont été inventées que comme une digue à la toute-puissance et aux passions. Et n'est-il pas évident que le procès que vous venez de juger n'a pu être amené que par des circonstances extraordinaires qui, renversant toutes les idées et toutes les institutions de plusieurs siècles, et donnant à tout de nouveaux commencemens, ont dû nécessairement réveiller l'activité de toutes les passions humaines? Les argumens employés pour justifier ces défauts de formes, se réduisent à dire, qu'en cela, comme en tout le reste, vous n'êtes que les mandataires du peuple français ; que c'est lui qui m'a jugé ; et que vous n'avez fait que prononcer son jugement. Je veux admettre, sans contestation, ces raisonnemens ; et je crois qu'en me déclarant digne de mort, vous pensiez ne prononcer, en effet, que l'opinion du peuple français. Mais je dis que vous vous êtes trompés, et que l'opinion du peuple français n'est point celle-là. Les mêmes raisons qui exigeaient dans cette affaire la plus rigide observation des formes judiciaires, ne permettent assurément pas qu'elle soit jugée en première instance, sans appel. A qui donc en appeler de la sentence des mandataires du peuple, jugeant en son nom ? Au peuple lui-même.

Messieurs, j'en appelle au peuple français, dont j'ai reconnu la souveraineté en acceptant la constitution. Je demande qu'il soit consulté ; je demande à discuter par écrit devant lui l'acte d'accusation que vous avez dressé contre moi. Je demande qu'à une époque fixée par vous, tous les citoyens français, réunis en assemblées primaires, confirment ou annulent votre sentence, par *oui* ou par *non*; et que leurs vœux soient recueillis par la voie des scrutins secrets : car il serait dérisoire de prétendre que leurs vœux pourraient être libres, s'ils étaient recueillis autrement. Je le répète, j'en appelle au peuple français du jugement porté en son nom.

Ce n'est point le désir de conserver des jours bien malheureux qui m'engage à cette démarche; quoique je ne fusse point insensible au plaisir de montrer aux Français dans une vie privée, que le trône ne m'avait point corrompu autant qu'on a voulu le leur persuader. Mais je pense qu'outre l'éternelle équité qui l'exige, l'honneur de la nation et le vôtre est intéressé au succès de cet appel. Alors seulement, et la nation elle-même et vous et moi et le monde entier et la postérité, pourront savoir avec certitude s'il est vrai que les Français en veulent aux jours d'un homme qui fut leur roi, qui a pu se tromper souvent; mais qui n'a jamais voulu que le bonheur de ses concitoyens; et qui, loin de mériter qu'on lui impute des projets sinistres et des ordres sanguinaires, ne serait peut-être pas réduit à l'état où il se trouve aujourd'hui, s'il n'avait pas toujours eu horreur de verser du sang. Je pense enfin, Messieurs, que le refus d'une demande aussi juste et aussi simple pourrait inspirer aux autres plus de doutes que je n'en ai moi-même sur l'impartialité de votre jugement.

FIN.

TABLE DES MATIÈRES.

	Pages.
Sur la vie et les ouvrages d'André Chénier.	v
L'Invention, poëme.	1

IDYLLES.

L'oaristys, imitée de la XVIIe Idylle de Théocrite.	15
L'aveugle.	23
La liberté.	33
Le malade.	40
Le mendiant.	46
Mnazile et Chloé.	58
Lydé.	60
Arcas et Palémon.	61
Bacchus.	63
Euphrosine.	64
Hylas. Au chevalier de Pange.	65
Néere.	67
Fragmens.	69
Épilogue.	75

ÉLÉGIES.

Ire.	77
II, tirée d'une Idylle de Bion.	78
III.	80

TABLE

SUITE DES ÉLÉGIES.

IV.	83
V.	85
VI.	87
VII.	90
VIII.	92
IX.	95
X, au Chevalier de Pange.	98
XI.	102
XII.	103
XIII, tirée d'une Idylle de Moschus.	105
XIV.	106
XV.	109
XVI.	112
XVII.	115
XVIII.	117
XIX.	119
XX. (Dans le goût ancien.)	122
XXI.	123
XXII.	125
XXIII.	128
XXIV.	130
XXV.	131
XXVI.	133
XXVII.	134
XVIII.	136
XXIX.	138
XXX.	141
XXXI.	143
XXXII.	144
XXXIII.	147
XXXIV.	150
XXXV.	154

SUITE DES ÉLÉGIES.

XXXVI.	156
XXXVII. (Imité d'Asclépiade.)	157
XXXVIII.	160
XXXIX.	164
XL, aux deux Frères Trudaine.	167
Fragmens.	171

ÉPITRES.

Ire, à M. Le Brun et au marquis de Brazais.	177
A M. CHÉNIER L'AINÉ (ANDRÉ), par Le Brun.	185
II.	189
III.	194

ODES.

Ire, à Marie-Joseph de Chénier.	197
II.	198
III.	201
IV.	202
V, aux premiers fruits de mon verger.	203
VI.	205
VII.	206
VIII, à Fanny, malade.	208
IX, à Marie-Anne-Charlotte Corday.	210
X.	213
XI. LA JEUNE CAPTIVE.	216

POÉSIES DIVERSES.

Fragmens d'un poëme intitulé HERMÈS.	219
Fragmens d'un poëme sur L'AMÉRIQUE.	227
Fragmens d'un poëme sur L'ART D'AIMER.	229
HYMNE A LA FRANCE.	237
LE JEU DE PAUME, à Louis David, peintre.	243

TABLE DES MATIÈRES.

Sur un groupe de JUPITER ET EUROPE.	260
A M. de Pange.	261
FABLE. (Horace, Satyre VI, livre II.)	262
SUR LA FRIVOLITÉ.	264
Au bord du Rhône, le 7 juillet 1790.	265
IAMBE Ier, sur les Suisses révoltés, du régiment de Châteauvieux, fêtés à Paris sur une motion de Collot-d'Herbois.	267
IAMBE II.	268
IAMBE III.	269
IAMBE IV. (Derniers vers de l'auteur.)	271

MÉLANGES DE PROSE.

AVIS AUX FRANÇAIS SUR LEURS VÉRITABLES INTÉRÊTS.	275
RÉFLEXIONS SUR L'ESPRIT DE PARTI.	314
LETTRE DE MARIE-JOSEPH DE CHÉNIER.	342
Écrit daté de Londres, dans une taverne.	345
LES AUTELS DE LA PEUR.	349
Premier chapitre d'un ouvrage SUR LA CAUSE ET LES EFFETS DE LA PERFECTION ET DE LA DÉCADENCE DES LETTRES.	356
A SA MAJESTÉ STANISLAS-AUGUSTE, roi de Pologne, grand-duc de Lithuanie.	364
A GUILLAUME-THOMAS RAYNAL.	367
DE LA CAUSE DES DÉSORDRES QUI TROUBLENT LA FRANCE ET ARRÊTENT L'ÉTABLISSEMENT DE LA LIBERTÉ.	376
AUX AUTEURS DU JOURNAL DE PARIS.	386
LETTRE DE LOUIS XVI AUX DÉPUTÉS A LA CONVENTION, rédigée par André Chénier.	390

FIN DE LA TABLE DES MATIÈRES.

Vol

www.ingramcontent.com/pod-product-compliance
Lightning Source LLC
Chambersburg PA
CBHW051838230426
43671CB00008B/1003